Jakob Taube

Albasty
Kindbettdämonin und Vamp bei den Kasachen

Allgemeiner Teil

Wortraum - Natur IV

Danksagung

Mein Dank gilt meinen Lehrern, besonders Herrn Professor Burchard Brentjes, dessen Weite des Blicks mich beeindruckt und angeregt hat. Ich danke Frau Professor Ulla Johansen, die mir während eines Studienaufenthaltes in Köln Unterkunft gewährt und mich auch darüber hinaus unterstützt hat.

Weiterhin danke ich der Alexander von Humboldt-Stiftung, die mich eine Zeitlang mit einem Stipendium förderte und die mir einen Forschungsaufenthalt in Mittelasien finanzierte.

Ich danke den Freunden und Kollegen in Mittelasien und Sankt Petersburg für ihre freundliche Aufnahme als Gast und für ihre Hilfe insbesondere bei der Beschaffung von Literatur und bei der Übersetzung schwieriger Textstellen.

Ich danke meinen Eltern, von denen ich das Interesse an der Region geerbt habe, sowie meiner Schwester Ulli Brenn, die mir gezeigt hat, daß man mit den Texten, die ich behandeln wollte, auch anders als wissenschaftlich umgehen kann. Ich danke allen, mit denen ich über die Texte reden konnte oder die das Manuskript gelesen und mir Ratschläge oder sonstige Unterstützung gegeben haben, namentlich Christian Bogen und insbesondere Gerda Kunzendorf, die freundlicherweise das Lektorat übernommen hat, für die gute Zusammenarbeit.

Ein Dankeschön gilt dem Verleger, Olaf Wegewitz, der das Buch in seine Reihe aufgenommen hat.

Ich danke meiner Frau, Heike Patitz, für ihre Unterstützung und Begleitung.

Markkleeberg, im Frühjahr 2008   JT

Vorwort

Liebe Leserin, lieber Leser!
Mit diesem Buch möchte ich dich mit einer dämonischen Gestalt bei den Kasachen bekannt machen, die als Hexe die Frauen im Kindbett und die Neugeborenen tötet oder als attraktive Frau jungen Männern gehörig den Kopf verdreht und die in den alten traditionellen Glaubensvorstellungen einen bedeutenden Platz einnimmt. Zu diesem Zweck habe ich zehn Geschichten ausgewählt, in denen diese Dämonin eine Rolle spielt. Die meisten der Geschichten stammen aus alten russischen Zeitungen, Zeitschriften oder wissenschaftlichen Journalen. Ich zitiere sie in übersetzter Form.

Einige Bemerkungen zur Übersetzung und zur Aussprache: Der russische Sprachgebrauch verwendete seinerzeit (vor 1917) die Wörter *kirgiz, kirgizskij* ... für das, was heute „Kasache", „kasachisch" usw. bedeutet; ich habe in den Übersetzungen stets nur die heutige Bedeutung eingesetzt. Angaben in eckigen Klammern (Fragezeichen bei unklaren Stellen, kurze Erläuterungen oder Ergänzungen) stammen in der Regel von mir. Autorennamen gebe ich in einer Umschrift wieder, wie sie auch in Bibliotheken verwendet wird. Z ist dabei wie ein stimmhaftes s zu sprechen, š wie sch, ž wie ein stimmhaftes sch und č wie tsch. Bei anderen Namen und orientalischsprachigen Begriffen habe ich mich bemüht, eine Schreibung zu finden, die auch Laien den Lautwert erkennen läßt.

Nachdem ich sie vorgestellt habe, bespreche ich diese Geschichten mehr oder weniger ausführlich. Dabei bemühe ich mich um ein näheres Verständnis der Vorgänge, die in den Geschichten erzählt werden. Da es mir dabei um ein gemeinmenschliches Verständnis geht, fließen gelegentlich auch die Lebenserfahrungen Anderer und persönliche Erlebnisse mit ein. In einem zweiten, speziellen Teil beabsichtige ich, auf die Dinge einzugehen, die mehr für den

Philologen, Regionalwissenschaftler oder Leser mit botanischen Neigungen interessant sind.

Bevor ich dich nun in die Welt der mittelasiatischen Geister entführe, gestatte mir bitte, dich mit „Du" anzureden. Der Grund dafür ist einfach der, daß ich gelesen habe, daß das Unterbewußte eine Anrede in der dritten Person (liebe Leserin, lieber Leser) nicht versteht. Ich will dich aber als ganzen Menschen erreichen. Entsprechend offen will auch ich versuchen, dir gegenüberzutreten, möglichst ohne mich hinter einer „dritten Person" oder ungerechtfertigten Aufforderungsformen zu verstecken: Also nicht „man kann sagen" soll es heißen, sondern „ich meine", und nicht „es ist anzunehmen", sondern „ich nehme an". Und: „Ich" bin der Schreiber. „Du" bist die Leserin oder der Leser.

Inhaltsübersicht

Nächtliche Versuchungen 9

Die Ehe mit der Geisterfrau 17

Die andere Ehe mit der Geisterfrau 27

Gefangen im Traum 33

Leid durch Fehltritt, durch Umkehr Heilung 61

Wie man bei den Kasachen Schamane wird 81

Manchmal braucht's den Schamanen gar nicht 141

Magersucht im 19. Jahrhundert 159

Der Blick des Arztes 183

Die weibliche Sicht der Dinge 187

Nachwort 203

Literaturverzeichnis 205

Nächtliche Versuchungen

Die erste Geschichte, die ich dir vorstellen will, hat eine etwas eigenartige Herkunft. Sie steht in der Zeitschrift *Bote* oder *Informationsblatt des Orenburger Schulbezirks* in einem Artikel von I. KASTAN'E. Dieser hatte sich über einen längeren Zeitraum für die Glaubensvorstellungen der Kasachen interessiert, hat die Literatur dazu von verschiedenen Stellen zusammengetragen und in mehreren Artikeln publiziert. Diese Zusammenstellung veranlaßte den Redakteur der Zeitschrift, dessen Namen ich nicht kenne, in Anmerkungen noch einige eigene Informationen hinzuzufügen. Und unter diesen Informationen findet sich folgende kleine Geschichte:

[KASTAN'E 1912, S. 83, Anm. 3:]
Einmal machten sich zwei Kasachen auf nach [dem Ort] Troizk. Es ergab sich, daß sie nicht in einem Aul [einer Jurtensiedlung], sondern in der offenen Steppe übernachten mußten. Auf einmal erblickten sie in der Ferne ein Feuer und hörten menschliche Stimmen. Da sie annahmen, daß sich in jener Richtung ein Aul befindet, in welchem ein Fest stattfindet, begaben sie sich zu dem Feuer. Kasachen kamen zu ihrem Empfang heraus und luden sie zu sich ein. Sie gingen in die Jurte hinein, wo ihnen verschiedene Speisen vorgesetzt wurden. Die Gastgeber machten die Gäste darauf aufmerksam, daß sie das Vorgesetzte essen sollten, ohne „Bismilla [Im Namen Gottes] ..." auszusprechen. Doch einer von ihnen vergaß diese Anweisung und sprach „Bismilla" aus. Sobald dies gesagt war, verschwanden die Gastgeber sogleich; das ganze Essen erwies sich als ein solcher Unrat, welchen nur ein Schwein essen könnte. Auf diese Weise erwiesen sich die Gastgeber als Albasty, welche alsbald in großer Zahl erschienen, über die Kasachen herfielen und sie derart zu quälen begannen, daß sie kaum am Leben blieben. Anmerkung des Redakteurs.

Diese Geschichte ist mir in mehreren Varianten in der Literatur begegnet. Eine - ebenfalls von den Kasachen - wurde 24 Jahre zuvor von M. MIROPIEV veröffentlicht. MIROPIEV gibt die Geschichte sowohl als kasachischen Text als auch als russische Übersetzung, und er unterzeichnet ihn mit „Erzählung des Jusup Kasymow". Daher gehe ich davon aus, daß ich es hier mit der wörtlichen Rede eines einheimischen Gesprächspartners zu tun habe. Zum Vergleich zitiere ich auch diese Geschichte:

[MIROPIEV 1888, S. 8:]
Eines Tages ritten zwei Kasachen durch die Steppe, und da sie keinen Aul zum Übernachten finden konnten, waren sie schließlich gezwungen, in der Steppe zu nächtigen. Nachts erblickten die Kasachen in der Ferne ein Feuer. Sie sahen das, freuten sich, dachten, dort einen Aul zu finden, und machten sich zu jenem Feuer auf. Als sie nähergekommen waren, sahen sie viele Jurten und vier Burschen. Diese Burschen nahmen die Kasachen in Empfang und brachten sie auf ein Fest. Als die Kasachen, ohne daß ihnen etwas aufgefallen war, Platz genommen hatten und über die Ausschmückung des Jurteninneren staunten, brachten ihnen die erwähnten vier Burschen Palau[1] und sagten: „Eßt, ohne das zu sagen, was ihr [sonst] zu sagen pflegt!" Als die Kasachen da, „Bismilla [In Gottes Namen]" sprechend, ihre Hände in das Essen senkten, waren ihre Hände auf einmal mit Rinderkot besudelt. Da erkannten die Kasachen, daß dies Schaitan waren, stiegen auf ihre Pferde und flohen. Die Schaitan aber, indem sie deren Pferde umringten, peinigten sie bis zum Morgengrauen und ließen nicht ab. Nachdem die Sonne aufgegangen war, verschwanden die Schaitan - sagt man.

---

1 Festspeise aus Reis, Hammelfleisch, Möhren, Zwiebeln und diversen weiteren Zutaten und Gewürzen.

Die Übereinstimmungen zwischen den beiden Varianten sind sehr groß: In beiden sind zwei Kasachen genötigt, in der Steppe zu übernachten; beide Male haben sie sich offenbar bereits gelagert, ehe sie im Dunkel der Nacht in der Ferne einen Feuerschein erblicken; beide Male werden sie empfangen und zum Essen eingeladen, als sie am Ort des Feuers ankommen; beide Male werden sie aufgefordert, das, was sie sonst vor dem Essen sagen, diesmal nicht zu sagen; beide Male wird diese Aufforderung nicht befolgt und beide Male heißt es nach ihrer Flucht, daß sie von den Geistern gepeinigt werden. Strukturell sind diese Varianten so gut wie identisch, so daß ich annehmen könnte, sie haben eine gemeinsame Quelle oder sie beziehen sich auf denselben Fall.

Die Unterschiede betreffen eher die Art der Darstellung und hängen wohl mit der Perspektive des Erzählers oder des Autors zusammen. In der Variante von MIROPIEV kommt das Erzählerische stärker zum Tragen wie bei der Beschreibung des Empfangs durch die Geister, des Prunkes der Jurte oder auch des Peinigens bis zum Morgengrauen. Beim Redakteur von KASTAN'E dagegen hat die ganze Geschichte eher den Charakter einer einfachen Information.

Der auffälligste Unterschied zwischen den Varianten ist der, daß die Dämonen einmal als Albasty bezeichnet werden und einmal als Schaitan. Ich vermute, daß der Gesprächspartner von MIROPIEV an dieser Stelle das Wort *šajtan* „Teufel" als Ersatzwort für Albasty verwendet hat, um den Gebrauch dieses Namens zu meiden, wie es nicht selten im Albasty-Material zu beobachten ist.

Ein weiterer Unterschied besteht in der Aufforderung, die die Geister an die beiden Kasachen richten: Bei MIROPIEV heißt es sinngemäß, daß sie nicht sagen sollen, was sie sonst immer sagen, wenn sie sich ans Essen machen. Diese Formulierung ist folgerichtig im Sinne der Geschichte, denn die Dämonen können den Namen Gottes, den sie an dieser Stelle gerade nicht hören wollen, ganz unmöglich selbst im Munde führen. Im Text des Redakteurs von KASTAN'E wird ihnen genau das unterstellt: Da heißt es, die Kasachen wären aufgefordert worden, das Bismilla („Im Namen Gottes") nicht auszusprechen. Wie soll ich das verstehen? - Ich denke, es ist an dieser Stelle kein Zufall, daß die Folgerichtigkeit bei der wörtlichen Rede des Einheimischen (dem Gesprächspartner von MIROPIEV) liegt, während der Redakteur von KASTAN'E, von dem ich vermute, daß es kein Kasache ist, vielleicht die Geschichte erklärt bekommen hat oder er sie bei der Wiedergabe erklären wollte. Weitere Unterschiede erscheinen mir eher nebensächlich, so daß ich sie hier nicht weiter verfolgen will.

Was ich allerdings noch etwas besser verstehen will, ist die Funktion dieser Geschichte insgesamt: Was hat sie zu bedeuten? - Ein dumpfes Gefühl aus der Magengegend sagt mir, daß es um einen Regelverstoß geht. Mein Verstand fügt sogleich hinzu, daß als Argument für diese Annahme die Folgen der Geschichte für die beiden Kasachen herangezogen werden können: Sie werden von den Geistern gepeinigt bis zum Morgen. Und wie die Erfahrung lehrt, besteht für ein solches Verhalten von Geistern häufig ein Anlaß im Verhalten der Betroffenen. Doch zunächst kann ich bei den beiden Kasachen nichts Tadelnswertes entdecken. Einzig vielleicht die Gleichgültigkeit, mit der sie anscheinend über die Anweisung der Gastgeber hinweggehen, ist etwas auffällig.

Welcher gute Grund wäre denkbar, der eine solche Anweisung rechtfertigen würde? Kann es überhaupt einen guten Grund dafür geben? Ich meine nein, und daher nehme ich an: Jeder einigermaßen klar denkende Kasache hätte an dieser Stelle stutzig werden und seinen Hut nehmen müssen, und er hätte sich höflich, aber bestimmt von diesen Gastgebern verabschiedet. Daß die beiden Kasachen das nicht taten, zeigt mir nun, daß sie nicht klar denkend waren.

Nehme ich zu diesen Gedanken jetzt noch den Ort des Geschehens hinzu, so sehe ich: Was den Deutschen der Wald ist und den Schweizern die Alm, das scheint den Kasachen die Steppe zu sein: Orte der Ferne des Gesellschaftlichen, und das heißt auch: Orte der Ferne der Kontrolle durch die Gesellschaft, und das sind oftmals auch Orte der Bewußtseinsferne. Noch verstärkt wird diese Situation durch die Nacht - das ist die Nähe des Schlafbewußtseins. Es sind dies die Gegebenheiten, wo Anfechtungen und Versuchungen in besonderem Maße auftreten oder wo man ihnen am leichtesten nachzugeben geneigt ist: Es sieht ja keiner ...

Du könntest einwenden: Aber die beiden Kasachen haben ja gar nichts Böses gemacht, sie haben die Segensformel doch gesprochen! Wieso werden sie da bis zum Morgen gepeinigt? Darauf fällt mir nur ein: Um diese Folgen heraufzubeschwören, war es offenbar schon hinreichend, daß sie sich mit dem Bösen an einen Tisch gesetzt haben.

Eine weitere Variante dieser Geschichte, diesmal von den Tadschiken, teilt O. A. SUCHAREVA mit. Der Schadensgeist wird dabei als Adschina bezeichnet. Doch da die Adschina bei den Tadschiken wiederholt Eigenschaften und Verhaltensweisen an den Tag gelegt haben, die denen von Albasty bei anderen Völkern entsprechen, scheue ich mich nicht, auch diesen Fall hier zu betrachten:

[SUCHAREVA 1975, S. 38:]
Die Unreinheit der Adschina-Geister wurde im Dorf Kusocho auf folgende Weise charakterisiert: „Als schwarze Rosinen dienen dem Dämon Adschina die Kügelchen von Schafmist, Reis ist bei ihnen Läuse, Fleisch getrocknete Kuhfladen, und Öl ist Urin." Wer nicht genügend fromm war, den waren sie bestrebt zu besudeln, indem sie ihn unreine Speisen kosten ließen. Über solche Fälle gingen im Volk nicht wenige Erzählungen um. Beispielsweise erzählte man von einem Menschen, der nicht die Angewohnheit hatte, die übliche muslimische Formel Bismilla auszusprechen, wenn er sich ans Essen machte. Einmal erblickte er irgendwo an einem wüsten Ort Menschen, die im Kreis bei einem Festschmaus saßen. Man lud ihn ein. Er nahm Platz, doch als er Rosinen vom Speisetuch nahm, sprach er entgegen seiner Gewohnheit Bismilla aus und sah sogleich, daß er anstelle von Rosinen Kügelchen von Schafsmist in

Händen hatte. Die Menschen, die ihn bewirtet hatten, waren Adschina-Dämonen.

Während die beiden kasachischen Varianten stark übereinstimmen, bestehen zu dieser deutliche Unterschiede. Der wichtigste: Es gibt nicht die Situation einer Versuchung. Bei den ersten beiden Varianten hatte die Versuchung der beiden Kasachen darin bestanden, daß die Aussicht auf das gute Mahl sie die Regel brechen ließ, die sinngemäß lautet: Setz dich nicht mit Leuten an einen Tisch, die nicht bereit sind, das Essen vor dem Verzehr zu segnen! Hier ist nicht davon die Rede, daß die Geister mit einer entsprechenden Anweisung an den Betroffenen herangetreten sind, hier gibt es zunächst keinen Hinweis darauf, daß es diesem hätte bewußt werden können, daß er eine Regel brach; hier wird vielmehr gesagt, daß es seine Angewohnheit war, auf das Aussprechen der Segensformel vor dem Essen zu verzichten. Unverständlich bleibt allerdings für mich erst einmal, warum er sie in diesem Falle dann doch ausgesprochen hat. Da derartige Unverständlichkeiten auf mich einen gleichsam magischen Reiz auszuüben scheinen, befasse ich mich zunächst damit.

    Ich habe also den Fall, daß ein Mensch eine gewisse Gewohnheit hat und daß er dieser eines Tages plötzlich nicht folgt. Warum tut er das? Oder anders gefragt: An welchen Punkten des Lebens ändern wir unsere Gewohnheiten? Hierzu fällt mir folgender Spruch ein: Ungewöhnliche Situationen erfordern ungewöhnliche Maßnahmen! Es muß also etwas gegeben haben, etwas Ungewöhnliches, das den Menschen von seiner Gewohnheit abweichen ließ; die Situation muß für ihn etwas enthalten haben, das ihn stutzig gemacht hat. Und meine oben geäußerte Annahme, daß es keinen Hinweis darauf gäbe, daß ihm das Ungewöhnliche der Situation hätte bewußt werden können, trifft offenbar nicht zu. Was aber war anders als sonst? Ich denke: Normalerweise ißt man nicht allein, sondern im Kreise seiner Angehörigen zu bestimmten Zeiten des Tages. Jener Mensch nun pflegte dabei keinen Segen zu sprechen. Ich gehe aber davon aus, daß die anderen ihn sprachen, so daß er ihn vor dem Essen immer gehört haben wird, auch wenn er selbst nicht mitsprach.

Wie wird er dagegen diesmal die Situation erlebt haben? Aus der Betrachtung der vorigen Varianten war hervorgegangen, daß die Dämonen den Gottesnamen offenbar fürchten wie der Teufel das Weihwasser. Und ich habe keinen Grund, in den Adschina-Dämonen hier etwas wesentlich anderes zu sehen als in den Albasty oder Schaitan dort. Jenem Menschen wird diesmal also vermutlich aufgefallen sein, daß nicht nur er, sondern auch keiner von den anderen Anwesenden das Essen segnet. Zwar hatte es ihm bisher offenbar nichts ausgemacht, immer stumm zu bleiben und die anderen sein Essen gleichsam mitsegnen zu lassen, aber daß nun plötzlich überhaupt keiner mehr etwas sagt, das geht ihm zu weit. Es wirft ein Licht auf die Art seiner Aufmerksamkeit, daß ihn anscheinend dieser Umstand dazu gebracht hat, von seiner Gewohnheit abzuweichen.

Anders als in den ersten beiden Varianten habe ich es hier also nicht mit einem Fall von Bewußtseinsschwäche zu tun, sondern mit einem von hoher Wachheit. Damit bekäme auch der abweichende Ausgang einen Sinn, denn anders als in den vorigen Varianten ist mit dem Entdecken des Kots in seinen Händen die Geschichte, so wie sie vorliegt, für jenen Menschen zu Ende. Es wird nicht gesagt, daß die Geister ihn anschließend noch gequält hätten. Ich nehme allerdings an, daß er über diese eklige Verwandlung seines Essens so erschrocken ist, daß er künftig von seiner „Gewohnheit", die richtiger wohl als „Unart" zu bezeichnen ist, abgelassen hat. Dann wäre dieses Erschrecken heilsam gewesen.

Ich habe also zwei Geschichten, die auf den ersten Blick das Gleiche oder zumindest etwas sehr Ähnliches zu erzählen scheinen. Und auf den zweiten Blick stelle ich fest, daß es doch etwas sehr Verschiedenes ist.

Die Ehe mit der Geisterfrau

Auch die folgende Geschichte, von A.DIVAEV, könnte mit „Nächtliche Versuchung" überschrieben werden. DIVAEV (1855-1933), der Herkunft nach Baschkire, stand seit jungen Jahren in Turkestan in russischem Staatsdienst. Zunächst war er Bezirksvorsteher im Aulie-Ata-Ujezd im Süden des heutigen Kasachstan, später Dolmetscher für orientalische Sprachen beim Generalgouverneur Turkestans und Beamter für besondere Aufträge. In dieser Eigenschaft bereiste er vielfach das Land. Dabei trug er ein reichhaltiges Material zur Ethnographie und Volksliteratur der Kasachen zusammen, das er in zahlreichen Artikeln publizierte. Einer dieser Artikel enthält drei Geschichten, in denen Albasty vorkommt, und die zweite davon möchte ich dir jetzt leicht gekürzt vorstellen.

[DIVAEV 1896, S. 45-47:]
Der Kasache Rustam-Türä Apak-Türin aus dem Buraldai-Wolost im Tschimkent-Ujezd erzählte, daß es in ihrem Kreis einen Burschen ... gab, welcher stets die Pferde in der Steppe hütete. Fast nie kehrte er in den Aul zurück, sondern wählte sich ebenda in der Steppe einen Platz als Nachtlager aus. An einem der Abende, nachdem er die Pferdeherde an der Seite aufgestellt hatte, legte er sich an seinem Lieblingsplatz schlafen. In dieser Nacht sah er im Traum ein blondes Mädchen. In der folgenden Nacht hatte er denselben Traum. Dies wiederholte sich drei Nächte hintereinander. Auf Einflüsterung des Schaitan verliebte sich der Bursche in sie. In der vierten Nacht konnte er auf keine Weise einschlafen, und verärgert sagte er laut: „Daß mich heute hier gar der Schlaf nicht annimmt, um diesem blonden Mädchen nicht zur Wirklichkeit zu verhelfen! Sei es Mensch oder Schaitan, das ist egal, ich würde es schon trösten, und auch meine Leidenschaft würde ich stillen."
Es stellte sich heraus, daß an dem Ort, wo der Bursche schlief, eine

Albasty wohnte, und als sie die Worte des Burschen vernommen hatte, erschien sie ihm sogleich in Gestalt eines blonden Mädchens. Da ging der Bursche mit ihr, und sie lebten wie Mann und Frau. So vergingen einige Jahre, und sie hatten schon drei Kinder gezeugt.

Dieser Bursche hatte eine angelobte Braut. Nachdem der ganze Brautpreis abbezahlt war, verheiratete ihn der Vater. Danach zeigte sich, daß der Bursche zum ehelichen Leben unfähig war. Der Vater erfuhr davon und brachte den Sohn nach Taschkent zu einem Ischan [dem Vorsteher eines religiösen Ordens], dessen Anhänger er war, zum Belesen [das heißt durch Rezitationen den Sohn vom Unreinen zu befreien]. Unterwegs begegnete das blonde Mädchen nicht nur einmal nachts dem Burschen und flehte ihn an, nicht zu dem Ischan zu reisen. „Du richtest deine drei kleinen Kinder zugrunde und bringst mich ins Unglück", sagte es unter Tränen.

Doch der Bursche, den Vater fürchtend, mußte notgedrungen den Weg fortsetzen. Sie kamen in Taschkent an, und der Ischan begann, ihn zu belesen. Nachdem sie einige Tage bei dem Ischan verbracht hatten, reisten sie zurück. Während sie durch das Tal Ak-Dschar fuhren, auf einem Pfad, der zu den Winterlagern führt, erblickte der Bursche den Leichnam seines Kindes. Als sie weitergingen sah er zwischen Scharapchana und Beklär-Bek den Körper des zweiten und dritten Kindes.

Ob das blonde Mädchen lebt oder irgendwohin geflohen ist, davon hat niemand auch nur das Geringste erfahren. Der Bursche aber genas von der Krankheit und begann, mit der Frau zu leben, und zeugte Kinder.

Der Text nennt zunächst den Namen des Erzählers und gibt den Ort an, an dem das Geschehen stattfindet. Der Ort Buraldai oder Boraldai liegt zwischen den Städten Tschimkent und Turkestan im heutigen südlichen Kasachstan. „Wolost" und „Ujezd" sind Verwaltungseinheiten.

Der Erzähler berichtet über einen Burschen aus seinem eigenen

Heimatkreis. Das Alter des Burschen bleibt ungenannt, doch offenbar ist er bereits im oder nahe am heiratsfähigen Alter, aber noch vor der Verheiratung durch den Vater. Dieser Bursche arbeitet nun als Pferdehirt. Was geschieht: Während er in der Steppe bei der Herde ist, träumt dem Burschen eines Nachts von einem blonden Mädchen. Was in diesem Traum sonst noch geschieht, wird nicht gesagt. Aber: „Träume sind Schäume", weiter nichts.

Doch dann, in der nächsten Nacht, träumt er denselben Traum. Was ist das? Was hat das zu bedeuten? - Die Antwort, die sich der Bursche gibt, lautet vielleicht: Ein Zufall (oder so ähnlich). Jedenfalls ist sie hinreichend, daß er in der dritten Nacht noch keine Probleme mit dem Einschlafen hat.

Doch als er zum dritten Mal denselben Traum träumt, erhalten der Traum und die mit ihm verbundenen Fragen durch die Wiederholung der Erscheinung eine besondere Nachdrücklichkeit und werden zum schlafstörenden Problem: Was hat das zu bedeuten?!

Damit einher geht das Aufdämmern des Bewußtseins der besonderen Art dieser Erscheinung, der er sich hinzugeben im Begriff ist, ein Bewußtsein, das sich in dem Ausdruck „Sei es Mensch oder Schaitan" formuliert und das vielleicht mit der Sorge einhergeht, ob es wohl gut ist, was da gerade mit ihm geschieht. Der in die Schlaflosigkeit hineingesprochene Satz „Sei es Mensch oder Schaitan, das ist egal, ich würde es schon trösten, und auch meine Leidenschaft würde ich stillen" offenbart eine Entscheidung, die der Bursche schließlich getroffen hat, offenbart, daß er sich über alle angenommenen Bedenken hinwegsetzt und daß er um seiner „Leidenschaft" willen bereit ist, sich dem „Bösen" zu öffnen. Denn ich vermute, daß er zumindest ahnt, daß er mit dem Wort „Schaitan" sehr genau das Wesen jener Erscheinung benannt hat.

Eine Interpretation des Erzählers ist wohl die anschließende Erklärung, daß gerade „an dem Ort, wo der Bursche schlief, eine Albasty wohnte, und als sie die Worte des Burschen vernommen hatte, erschien sie ihm sogleich in Gestalt eines blonden Mädchens".

Da es sich aber bei Albasty nicht um einen eigentlichen Ortsgeist handelt, ist diese Erklärung nicht recht überzeugend. Oder mit anderen Worten: Ich nehme an, daß dem Burschen nach den vorausgegangenen Erscheinungen und nach diesem Ausspruch die Albasty auch an jedem anderen Ort erschienen wäre.

Vom Inhalt der Träume erfahren wir über die Erscheinung des blonden Mädchens hinaus wie gesagt nichts. Der Satz des Burschen in der vierten Nacht „Sei es Mensch oder Schaitan, das ist egal, ich würde es schon trösten, und auch meine Leidenschaft würde ich stillen" gibt aber vielleicht einen Hinweis. Ich frage mich nämlich, warum er sagt, daß er das Mädchen „schon trösten" würde. Getröstet werden muß üblicherweise jemand, der einen Kummer hat. Es wird nun nicht ausdrücklich gesagt, was das blonde Mädchen für einen Kummer hat. Aber daraus, daß der Bursche das Trösten des Mädchens mit der Befriedigung seiner Leidenschaft verbindet, und daraus, daß zuvor erwähnt wird, daß er sich in das Mädchen verliebt habe, kann ich vielleicht auf die Art des Kummers des blonden Mädchens schließen: Sie erscheint als Kummervolle, weil sie nicht geliebt wird, oder genauer: weil er sie nicht liebt. Die Bitte des Mädchens - ob ausgesprochen oder nicht - lautet „Tröste mich!" und ist anscheinend gleichbedeutend mit „Liebe mich!" Es könnte sich bei diesen Trauminhalten demnach um die Situation einer sexuellen Versuchung handeln.

Etwas überraschend ist für mich aber doch die Entscheidung des Burschen, sich nötigenfalls auch mit dem Bösen einzulassen, wenn er das blonde Mädchen nur wiedersehen kann. Vielleicht hängt diese Bereitschaft mit der Allmählichkeit zusammen, mit der der Bursche in diese Vorgänge hineinschlittert: Daß man beim nächtlichen Träumen mitunter ungewöhnliche, angenehme oder unangenehme Dinge erlebt, ist völlig normal, so daß sich das Bewußtsein der Wirkung von etwas Numinosem bei dem Burschen durchaus nicht sogleich eingestellt haben muß. Nach dem dritten Traum weiß oder ahnt er zwar, womit er es zu tun hat, aber möglicherweise sind es gerade die drei für ihn harmlos verlaufenen Begegnungen zuvor, die es ihm in der vierten Nacht erleichtern, alle Bedenken wegzuwischen und eine bewußte Entscheidung zugunsten der Erscheinung zu treffen.

Die Entscheidung für den „schönen Traum" und in gewissem Sinne gegen das „Leben", gegen die menschliche Gesellschaft, hatte sich übrigens vorab bereits angekündigt in der besonders zurückgezogenen Lebensweise des Burschen, die über die einem Hirten ohnehin eigene offenbar noch weit hinausging: „Fast nie kehrte er in den Aul zurück ..."

Auf seine Entscheidung hin erscheint dem Burschen sogleich die ersehnte Traumgestalt, und er lebt mit ihr wie Mann und Frau und zeugt drei Kinder. Damit ist für ihn alles in bester Ordnung, und es könnte dabei bleiben, wenn es in seinem Umfeld nicht mächtige Gestalten gäbe, die andere Vorstellungen mit seinem Leben verknüpften. Als eine solche Macht tritt der Vater in Erscheinung, der gewissermaßen die soziale Norm verkörpert: Er hat den Sohn bereits verlobt und verheiratet ihn nun, wie es sich gehört, nachdem der Brautpreis abbezahlt ist. Auch damit könnte die Sache erledigt und gut sein, doch es zeigt sich, daß die Erwartung des Vaters in den Sohn damit noch nicht erschöpft ist, eine Erwartung, die mit der Formulierung „Danach zeigte sich, daß der Bursche zum ehelichen Leben unfähig war" nur indirekt angesprochen wird. Aus dem zum Schluß mitgeteilten Therapieerfolg gegenüber dieser „Krankheit" geht hervor, was der Text unter „ehelichem Leben" versteht, nämlich das Zeugen von Kindern.

Für den Burschen ist das Problem wohl überhaupt paradox: Er hat doch drei Kinder, was will man denn noch? „Man" will, daß er nicht von irgendeiner blonden Frau Kinder habe, die vielleicht noch nicht mal präsentabel[1] sind, sondern von der anderen, für die immerhin

---

1 Von einer Schamanin aus Ura Tübe in Tadschikistan teilt O. A. Suchareva (1975, S. 51-52) mit, daß die Kinder, die sie von einem Peri (einem Feenwesen) empfing und die sie gebar, für andere als sie unsichtbar waren.

ein Brautpreis bezahlt worden ist. Doch gerade das mag der Bursche anscheinend nicht leisten. Andererseits vermag er auch nicht, sich diesem Anspruch zu entziehen. Und so muß er eben dem Vater nach Taschkent folgen.

Die nächtlichen Einwendungen der blonden Frau gegen diesen Gang sind angesichts der Folgen der Rezitationen durch den Ischan verständlich, und sie zeigen, daß diese Folgen für die blonde Frau absehbar sind. Ich habe jedoch keinen Anlaß, anzunehmen, daß sie für die anderen Beteiligten nicht genauso absehbar waren. Ich vermute daher, daß es bei diesem Gang von seiten des Vaters und des Ischan gerade um die Vertreibung der blonden Frau und die Tötung ihrer Kinder ging. Und spätestens nachdem sie es dem Burschen mitgeteilt hat, hat es auch diesem klar sein können. Und er würde ja gern bei der blonden Frau bleiben, doch die Furcht vor dem Vater ist größer.

In Taschkent verbringen sie einige Tage, und der Ischan waltet seines Amtes. Offenbar kommt es dabei zu einer Wandlung des Burschen, denn nach der Behandlung ist die Situation innerhalb der Geschichte verändert: Vor dem Gang nach Taschkent waren die Kinder der blonden Frau noch lebendig, nachher sind sie es nicht mehr. Auf dem Weg nach Taschkent versucht die Frau noch, den Burschen von diesem Weg abzuhalten, nachher begegnet sie ihm nicht mehr. Doch wie die Rezitationen des Ischan im einzelnen wirken konnten, weiß ich nicht.[2]

Nach der Behandlung kehren Vater und Sohn heim. Unterwegs erblickt der Sohn nacheinander die Leichname seiner drei Kinder. Was es mit diesen Kindern ansonsten auf sich hat, sagt der Text nicht. Deutlich wird nur ihre Funktion in dieser Geschichte: Sie verbildlichen die mit der Zeit wachsende Anhänglichkeit des Burschen

---

[2] In einer tuwinischen Erzählung, in der eine junge Frau von einem männlichen Albys-Dämonen besessen ist, wird die Frau während der Vertreibungszeremonie gezwungen, den Namen des Albys zu nennen, wodurch der Geist vertrieben wird; für den Hinweis auf diese Erzählung danke ich Anett C. Oelschlägel.

an die Welt der blonden Frau; in dieser Funktion kommen sie auch im nächtlichen Flehen der Frau zum Einsatz: „Du richtest deine drei kleinen Kinder zugrunde ...". Vor die Wahl gestellt zwischen der blonden Frau und der anderen oder zwischen der Traumwirklichkeit und der gesellschaftlichen Wirklichkeit, die er letztlich zugunsten des jeweils letzteren entscheidet, vergrößern diese Kinder durch ihre Existenz das Peinvolle dieser Entscheidung für den Burschen.

Eine Frage, die ich noch stellen möchte, ist, warum der Bursche die Leichname der Kinder über den Rückweg von Taschkent nach Hause verstreut vorfindet. Ich denke: Der Bursche findet sie dort, wo er die Kinder umgebracht hat. Denn einen Anhaltspunkt dafür, daß jemand sie im Nachhinein noch besonders plaziert hat, ersehe ich im Text ebensowenig wie einen Grund dafür im Sinn der Geschichte. Wenn ich nun annehme, daß der Hinweg von Vater und Sohn nach Taschkent derselbe war wie der Rückweg, was vielleicht nicht abwegig ist, dann könnte ich mir vorstellen, daß die Fundorte der Kinder mit den Orten zu verbinden sind, an denen „das blonde Mädchen nicht nur einmal nachts dem Burschen" begegnete, um ihn von dem Weg nach Taschkent abzubringen. Das „nachts" verstehe ich so, daß es sich um die Übernachtungsorte von Vater und Sohn auf ihrem Weg handelt. Ich könnte mir vorstellen, daß die auf das nachdrückliche Flehen der blonden Frau immer aufs neue erteilten abschlägigen Bescheide die endgültige Entscheidung zugunsten der sozialen Wirklichkeit vorbereiten halfen und daß schließlich den Burschen auf dem Heimweg beim Passieren der bewußten Stellen und bei der Erinnerung daran, was dort vorgefallen ist, der Gedanke angekommen ist: Hier habe ich mein erstes Kind umgebracht, hier habe ich mein zweites Kind umgebracht, und hier habe ich mein drittes Kind umgebracht. Das erscheint mit Leid gesagt, mit Trauer und Wehmut, denn das Bild eines toten Kindes ist ja nicht angenehm oder erfreulich. Trotzdem muß es hier vielleicht nicht negativ sein.

Darüber hinaus könnte ich die Dreiheit der Kinder noch mit der Dreiheit der Ortschaften in Beziehung setzen, die auf dem Weg zwischen Taschkent und Tschimkent erwähnt werden: Ak Dschar „Weiße Schlucht", „Weißer Abgrund", Scharapchana „Weinstube" und Beklär Bek „Herren-Herr". Letzteres bezeichnet den Paß über eine Gebirgskette, die auf diesem Weg zu überwinden ist. Von Taschkent aus geht es zuerst durch den „Weißen Abgrund", dann vermutlich mehr oder weniger stetig aufwärts über „Weinstube" bis auf den Gebirgskamm. Als sie auf dem Paß „Herren-Herr" ankommen, haben sie auch den Leichnam des dritten Kindes passiert. Damit ist der Bursche im Wortsinn über den Berg.

Eine weitere Frage, die ich noch stellen könnte, ist die nach der Perspektive: Wer spricht? Die Perspektive entspricht dem, was von DIVAEV eingangs genannt wurde: Es ist keine der am Geschehen beteiligten Personen, sondern es ist ein zuschauender Dritter. Zwar nimmt die Darstellung Bezug auf die Wahrnehmungen des Burschen, über die dieser also Mitteilung gemacht haben muß, aber sie steht nicht in der ersten Person. Über den eigentlichen Vorgang hinaus enthält sie noch einige weitere Erläuterungen. Demnach entsteht die Liebe jenes Burschen zu dem blonden Mädchen auf „Einflüsterung des Schaitan". Aus Sicht des „sozialen Außen" ist das auch völlig verständlich: Für dieses muß es wohl der Einfluß eines „Bösen" sein, der den Burschen eben diesem „sozialen Außen" zu entziehen trachtet. Der Bursche bedenkt zwar diese Sichtweise, wenn er sagt „Sei es Mensch oder Schaitan", aber er übernimmt sie offenbar nicht, denn nach seiner Wahrnehmung „für sich" hat die Erscheinung nichts Dämonisches. Damit erweist er sich allerdings als ein in gewissem Sinne „asoziales Wesen".

Aus der Erklärung, daß „an dem Ort, wo der Bursche schlief, eine Albasty wohnte", die, „als sie die Worte des Burschen vernommen hatte, erschien", geht hervor, daß die Sicht des „sozialen Außen" einen Unterschied macht zwischen dem blonden Mädchen in den drei ersten Nächten und demjenigen in der vierten Nacht: Dem ersten gegenüber verhält sie sich indifferent, das zweite kennzeichnet sie als dämonisch. Das ist insofern nachvollziehbar, als es sich bei dem ersten um eine Traumgestalt handelt. Da man aber außer beim luziden Träumen, was vielleicht nicht die übliche Art des Träumens ist, auf den Ablauf seiner Träume keinen bewußten Einfluß hat, ist es für mich verständlich, daß das „soziale Außen" nicht mit den Gestalten dieser Träume hadert. Das Mädchen aus der vierten Nacht jedoch entspringt einer bewußten Entscheidung des Burschen, die sich in ihrer Konsequenz gegen das „soziale Außen" selbst richtet. Und folgerichtig erscheint seine Wertung dieser Gestalt als dämonisch, als eine, die vertrieben werden muß und die am Ende auch vertrieben wird. Wohin sie vertrieben wird, darüber hat zumindest die berichtende Perspektive nicht „auch nur das Geringste erfahren".

Diese Geschichte zeigt das, was ich den Vamp-Aspekt von Albasty nenne. Das Wort Vamp kommt von dem Wort Vampir, ein Wesen, das den Menschen das Blut aussaugt. Blut bedeutet als Bild Lebenskraft, das Vermögen, das Leben zu bestehen, und zwar im Diesseits zu bestehen. Und das Wort Vamp kommt aus Hollywood und bedeutet soviel wie Femme fatale: ein weibliches Wesen, das in der Lage ist, einem Mann derart den Kopf zu verdrehen, daß er blindlings in sein Verderben rennt. Wenn ich das Wort Vamp in bezug auf Albasty verwende, so meine ich beide Ursprünge: Der erste weist auf den Jenseits- oder Geistcharakter des Wesens hin und bildhaft auf seine Funktion, der zweite auf seine Weiblichkeit.

Die andere Ehe mit der Geisterfrau

Die nächste Geschichte, die aus dem gleichen Artikel DIVAEVs wie die vorige stammt, erzählt auch etwas sehr Ähnliches. Sie hat allerdings ein auffällig abweichendes Ende.

[DIVAEV 1896, S. 48:]
Ein angesehener Kasache und Richter, Bek-Bulat Kylytsch-Bajew aus dem Mailikent-Wolost im Tschimkent-Ujezd, erzählte uns folgendes:

In unserer Abteilung lebte ein Kasache, Jäger von Beruf. Ständig streifte er mit dem Gewehr durch die Steppe und schoß Wild und Vögel. Einmal wurde er da mit einer Albasty bekannt, ging mit ihr und lebte wie mit einer Ehefrau. Wenn der Kasache nach Hause zurückkehrte und bei seiner Frau übernachtete, erschien nachts die Albasty und legte sich an die andere Seite des Kasachen, am Morgen aber ging sie unbemerkt davon.

Einmal bereitete die Frau des Kasachen das Mittagessen und eilte am Kessel geschäftig hin und her. Sogleich stand da unsichtbar die Albasty, und nachdem sie irgendetwas aus einer Falte ihrer Hose herausgenommen hatte, warf sie es in den Kessel. Der Kasache sah das und ging zu dem Kessel hin. Es zeigte sich, daß die Albasty Läuse hineingeworfen hatte. Er kehrte an seinen Platz zurück und beschloß, für die Nacht das Gewehr zu laden, um die Albasty zu erschießen, wenn sie abermals käme.

Die Sonne versank, dann begann die Nacht. Die Tür der Jurte öffnete sich, herein trat die Albasty und stand an der Schwelle. Nachdem sie ein wenig gestanden hatte, wandte sie dem Burschen den Rücken zu um hinauszugehen. Der ergriff das Gewehr und schoß ihr in den Nacken. Die Albasty fiel auf den Rücken, und auf einmal entstanden aus ihr zwei Albasty, und nachdem sie mit Gekreisch aus der Jurte hinausgelaufen waren, verschwanden sie.

Danach kam die Albasty nicht mehr zu dem Kasachen, doch von fern zeigte sie sich seinem Auge. Der Kasache sagte, daß diese Albasty zehnmal schöner sei als die schönste Frau.

Auch in diesem Text nennt DIVAEV zunächst den Namen des Erzählers. Er ist Kasache und Richter. Auch ein Ort wird genannt, Mailikent, den ich allerdings auf meinen Karten nicht gefunden habe. Er liegt im selben Bezirk, in dem auch die vorige Geschichte gespielt hatte.

Held der Erzählung ist ein namentlich nicht genannter junger Bursche, der bereits verheiratet ist. Von Beruf ist er Jäger, was ihn ebenso wie die Tätigkeit eines Hirten oft über längere Zeit in abgelegene, menschenleere Gegenden führt. Die Intensität des Aufenthalts in der Einsamkeit wird aus der Formulierung deutlich, daß er „ständig" in der Steppe zur Jagd umherstreifte.

Dabei wird er mit einer Albasty bekannt. Über die Umstände dieser Bekanntschaft erfahren wir nichts, sondern nur die nächsten Folgen, die fast wörtlich mit denen im vorigen Text übereinstimmen: Er „ging mit ihr und lebte wie mit einer Ehefrau". Aus ebendiesem Text war deutlich geworden, daß das Zeugen von Kindern einen wesentlichen Aspekt des ehelichen Lebens darstellt; daher nehme ich an, daß diese Formulierung hier ebenfalls sexuelle Kontakte einschließt. Ob dabei auch hier tatsächlich Kinder gezeugt worden sind, geht aus dem Text zunächst nicht hervor.

Wenn der Bursche dann doch einmal wieder zu seiner Jurte kommt und bei seiner irdischen Frau schläft, erscheint nachts die Albasty, legt sich auf die andere Seite und geht am Morgen unbemerkt davon. Was zwischen der Ankunft und dem Weggehen der Albasty passiert, wird nicht gesagt, auch nicht, ob ihre Anwesenheit einen Einfluß auf das „eheliche Leben" des jungen Burschen mit seiner angeheirateten Frau genommen hat. Nach der Aussage am Ende des Textes, daß diese Albasty „zehnmal schöner sei als die schönste Frau", könnte ich mir vorstellen, daß der Bursche lieber mit der Albasty verkehrt hat als mit seiner irdischen Frau, doch eine explizite Aussage dazu enthält der Text wie gesagt nicht.

Es folgt die Episode des Essenkochens. Die Albasty - von anderen als dem Jäger unbemerkt - wirft Läuse in den Kessel. Warum sie das tut, wird wieder nicht gesagt. Wollte sie sich einfach an der Zubereitung des Essens beteiligen, oder hatte sie noch etwas anderes im Sinn? Die Bedeutung ihrer Tat für Albasty selbst bleibt damit offen. Für die Erzählung jedoch hat sie offenbar die Funktion, daß der Jäger etwas über diese Frau erfährt. Nun gebe ich zu, daß gekochte Läuse für einen kasachischen Jäger nicht unbedingt eine angemessene Mahlzeit sind. Das könnte bedeuten, daß die Albasty zwar zehnmal schöner ist als die schönste Frau, daß sie als Geisterfrau aber, wenn es um die Bedürfnisse des Magens geht, nicht die rechte ist.

Das kann aber noch nicht alles sein. Denn der Umstand, daß eine Frau einmal nicht das Richtige gekocht hat, erklärt noch nicht den Entschluß, sie bei nächster Gelegenheit zu töten. Dieser Entschluß wird nur plausibel, wenn der Bursche durch die Tat der Albasty in deren Wesen noch etwas anderes erkennt, das ihn vielleicht ernsthaft gefährdet und das er offenbar als so bedrohlich empfindet, daß er es nicht wagt, ihr gleich an Ort und Stelle und offen entgegenzutreten, sondern auf einen Hinterhalt sinnt. Nun dienen in der mittelasiatischen Überlieferung gerade Läuse dämonischen weiblichen Gestalten zur Nahrung, und zwar Gestalten, die bestrebt und in der Lage sind, Menschen zu verderben.[1] Und ich nehme an, daß dieser Umstand dem Jäger bekannt ist. Und vermutlich ist es eben die Erkenntnis des Dämonischen im Wesen dieser Frau, die den Burschen zu dem Entschluß führt, sich ungeachtet ihrer Schönheit endgültig von ihr zu befreien.

Etwas überraschend ist für mich nicht allein, daß der Jäger von

---
[1] So hieß es beispielsweise oben (S. 13) in dem Zitat von O. A. SUCHAREVA, daß den tadschikischen Adschina-Dämonen Läuse als Reis dienen. Diese Zuweisung zum Dämonischen könnte bedeuten, daß es sich bei Läusen um etwas ausdrücklich Unreines im religiösen Sinne handelt.

selbst zu dieser Erkenntnis und zu diesem Entschluß findet - in vergleichbaren Erzählungen ist nach einer gewissen Zeit des Siechtums der Rat eines kundigen Vertrauten für das eine wie für das andere nötig -, sondern darüber hinaus die Leichtigkeit des Entschlusses und seiner Umsetzung: Der Bursche erkennt, beschließt, führt aus - sehr einfach. Vielleicht hängt dieser Eindruck der Leichtigkeit mit der Sichtweise des Erzählers zusammen: Nicht der Bursche selbst spricht, auch wenn im wesentlichen seine Wahrnehmungen wiedergegeben werden, sondern ein zuschauender Dritter, für den die Seelenzustände des Burschen neben den in der Geschichte mitgeteilten Sensationen offenbar belanglos sind. Vielleicht ist der Eindruck der Leichtigkeit dieses Entschlusses auch ein Indiz dafür, daß tatsächlich noch keine Kinder aus dem Verhältnis mit der Albasty hervorgegangen waren. In den letzten beiden Sätzen, in denen es heißt, daß die Albasty danach nicht mehr zu dem Kasachen kam, sondern sich ihm nur noch von fern zeigte, und daß sie „zehnmal schöner sei als die schönste Frau", verspüre ich so etwas wie Bedauern oder Trauer über den erlittenen Verlust, so daß ich vermute, daß dieser Entschluß doch etwas mehr als herkömmliche Stärke erfordert hat.

Die Art, wie der Bursche die Albasty zu töten gedenkt, ist passend für einen Jäger: Er will sie erschießen. Dafür lädt er vorsorglich das Gewehr und wartet darauf, daß sie erscheint. Als die Albasty kommt, bleibt sie zögernd an der Schwelle stehen. Warum sie stehenbleibt und sich dann anschickt, wieder aus der Jurte hinauszugehen statt zum Schlafplatz des Burschen, bleibt offen. Hat sie etwas von seiner Absicht geahnt? Als sie dem Burschen den Rücken zuwendet, schießt er ihr in den Nacken. Doch zu töten ist Albasty auf diese Weise offenbar nicht. Immerhin geht sie entzwei:[2] Sie fällt auf den Rücken, dann entstehen zwei Albasty aus ihr, die mit

---

2 „... Seht, er ist entzwei! / Und nun kann ich hoffen, / Und ich atme frei! / Wehe! wehe! / Beide Teile / Stehn in Eile / Schon als Knechte / Völlig fertig in die Höhe! / Helft mir, ach! ihr hohen Mächte! ..." GOETHE, „Der Zauberlehrling".

Gekreisch oder Gewinsel aus der Jurte laufen und verschwinden.

Dieses Motiv der Vermehrung der Dämonin bei dem Versuch, sie zu töten, hat eine Entsprechung in einem anderen Text, den M. S. A<small>NDREEV</small> veröffentlicht hat.[3] Dort erklärt eine Albasty, die sich „Mutter der Kinder" nennt, gegenüber dem heiligen Suleiman, der sie wegen ihres üblen Wirkens zu töten beabsichtigt: „O Prophet Gottes, wenn man mich tötet, werden aus jedem Tropfen meines Bluts Tausende oder gar tausend mal tausend ‚Mütter der Kinder' entstehen", und sie verweist darauf, daß auch sie von Gott geschaffen wurde und auch zu dem, was sie tut. Daraufhin ist Suleiman gezwungen, sich mit ihr zu arrangieren und sie am Ende freizulassen.

Für mich heißt das: Letztlich ist es mir nicht möglich, das Böse selbst zu töten, und bei dem Versuch dazu vermehre ich es nur.

> Was ich jedoch töten kann,
> wie der vorige Text zeigte,
> sind die Kinder dieses Bösen,
> die ich mit ihm in mir zeugte.

---

3 A<small>NDREEV</small> 1953, S. 80-81; deutsche Übersetzung dieses Textes siehe T<small>AUBE</small> 2007, S. 295.

Gefangen im Traum

Zunächst wieder einige Worte zum Autor der Geschichte, N. N. Karazin (1842-1908): Nach einer militärischen Ausbildung absolvierte er die Klasse der Schlachtenmalerei in der Akademie der Künste in Sankt Petersburg.[1] Später nahm er an Feldzügen in Turkestan teil, so 1868 am Krieg gegen das Emirat Buchara, 1873 am Feldzug gegen Chiwa (sprich das Ch- wie in Bach) und im gleichen Jahr an einer wissenschaftlichen Expedition in das Delta des Amu Darja, das zu Chiwa gehörte. An den Kampfhandlungen war er dabei nicht beteiligt. Er war vielmehr ein Beobachter und Berichterstatter und arbeitete als solcher für illustrierte Zeitungen und Zeitschriften. Daneben fertigte er zahlreiche künstlerische und literarische Skizzen an, in denen er Gegebenheiten der Natur oder des Alltags der einheimischen Bevölkerung festhielt. Eben dabei könnte auch der Text entstanden sein, den ich im folgenden vorstellen will.

Er stammt aus einer Novelle mit dem Titel „Im Schilfdickicht", die 1873 erschienen ist. Da ich Karazins Buch nicht vorliegen habe, zitiere ich den Ausschnitt nach Kastan'e, der ihn seinerseits in einem Artikel zitiert.

[Kastan'e 1913, S. 156-161:]
Zum Abend kamen die zwei Alten im Aul an. Sie kamen auf hohen Argamaks [Vollblutpferd, asiatischer Renner], alt wie die Besitzer selbst, saßen von den Pferden ab und wurden von Gainula mit der erlesensten Artigkeit und Achtung empfangen. Auf dem Kopf hatten die Ankömmlinge Fuchsfellmützen, bedeckt mit rotem Tuch aus Kamelwolle, die Chalate waren mit farbigen Schnüren und sogar Tressen besetzt, die Gürtel behängt mit allen möglichen Ausrüstungsgegenständen für unterwegs: zum Schreiben und Rauchen

---

[1] Die Angaben zum Leben von Karazin finden sich bei Ždanko 2001, S. 20-22.

und spezielles Zubehör ihres Berufes. Und dies waren die Zauberer: Magoma Tuzai und Sultan-Berdi, die gekommen waren, den schwarzen Geist aus dem Schädel des Pjotr Michailowitsch auszutreiben. Der Prozeß der Austreibung selbst wurde auf morgen verlegt, weil morgen der Neumond eintreten sollte, die günstigste Zeit für jegliche Zauberei; ja und selbst die Zauberer fürchteten sich ein wenig vor den Russen, welche sie das erste Mal in ihrem Leben sahen, und mißtrauisch blickten sie auf ihren ungläubigen Patienten. Gainula ließ sie sich den Pjotr Michailowitsch anschauen und ging solange, um sich darum zu kümmern, daß den Zauberern ein Empfang bereitet würde, der ihrem hohen Ruf angemessen war.

Anderntags hatte sich die Bevölkerung des Auls des Gainula Babai von Mittag an fast verzehnfacht. Von allen Seiten kamen Kasachen an, zu sehen, wie solche Weise wie Magoma Tuzai und Sultan-Berdi den schwarzen Geist aus dem Schädel Kasatkins austreiben würden. Weil viele Gäste anreisten, der Gast aber für jeden Kasachen eine heilige Person ist, waren alle Aulbewohner darum besorgt, daß die Ankömmlinge satt wären und hinterher nicht klagen würden, daß man sie in den fernen Auls mit leeren Mägen gelassen hätte. Etwa zehn Hammel wurden geschlachtet und in großen Kesseln gekocht, die unter freiem Himmel aufgestellt worden waren. Die Kasachen saßen in bunten Kreisen bei den Jurten. Die Frauen eilten hin und her mit Schalen mit Milch, Gainula Babai und sein Vater saßen in einer Jurte, deren Wandfilze angehoben worden waren, so daß alle durch das Jurtengitter all das sehen konnten, was dort auf dem Ehrenplatz vor sich ging.

Hinter dem Herd saßen die Zauberer, die glimmenden Kohlen des Herdes betrachtend, wie um dort, in diesen bald aufflammenden, bald verlöschenden Funken, Rat und Hinweis ausfindig zu machen, wie in dieser wichtigen Sache zu verfahren sei ...

Man wartete auf den Abend, wenn am dunkler werdenden Himmel sich die feine Sichel des neuen Mondes zeigen würde, und bis dahin nahmen sie keine Beschwörungen in Angriff; so waren alle

Anwesenden der brennendsten Ungeduld ausgesetzt. Auf die kleinste Regung von Magoma Tuzai und Sultan-Berdi lauerten die abergläubischen Wilden, interessiert an und begierig nach allem Geheimnisvollen, doch die Zauberer rührten sich nicht vom Fleck und würdigten niemanden auch nur einer Antwort, wer auch immer mit was für Fragen auch immer an sie herantrat.

Schließlich trat der lang lang erwartete Abend ein; Zeit wurde es, die Beschwörungen zu beginnen. Es erhoben sich von ihren eingesessenen Plätzen die Alten, Magoma Tuzai und Sultan-Berdi. Zwischen den Jurten Gainula Babais und jener, wo Kasatkin lag, bildete sich eine Gasse; als eine solche feste Menge standen zu beiden Seiten alle, die sich versammelt hatten. Ein jeder wollte sich so weit wie möglich vordrängen; die Hinteren stellten sich auf die Zehenspitzen, stützten sich mit den Ellbogen auf die Schultern der Vorderen; diese murrten und protestierten. Ein dumpfes Gemurmel stand über dem Aul, und dieses Geräusch wurde kaum überdeckt vom Wirbel der Pauke und vom Dröhnen der großen Trommel.

Die Zauberer gingen zu ihrem Patienten. Voran ging Magoma Tuzai in einem langen weißen Hemd, mit ebenfalls weißem Turban, und nur das dunkelgebräunte Gesicht wie auch die Flächen der vom Alter vertrockneten Hände verliehen dieser charakteristischen weißen Gestalt eine Tönung; hinter ihm ging ein kleiner Junge, acht Jahre alt, in einem roten Hemd, und mit seinen großen Äuglein furchtsam um sich blickend, hielt er in beiden Händen eine Kürbis-wasserpfeife, hergerichtet und bereit zum Rauchen. Ein bläuliches Rauchfähnchen erhob sich von diesem Gefäß, drang in die Nase des Jungen; dieser verzog das Gesicht, nieste und wandte sein katzenhaftes Schnäuzchen zur Seite. Hinter dem Jungen ging Sultan-Berdi, ebenfalls ganz in Weiß, und trug in Händen einen langen Rohrstock behängt mit Troddeln aus gefärbter Wolle und Pferdehaar. Es beugte sich Magoma Tuzai und schlüpfte in die Jurte hinein; ihm nach drang der zweite Zauberer ein; der Junge mit der Wasserpfeife blieb an der Schwelle, stellte das Pfeifengefäß auf die Erde und hockte sich daneben. Gainula ließ die Filze von der Jurtenwand abnehmen, und alle, die an den Beschwörungen teilnehmen wollten, ließen sich in mehreren Reihen um die Jurte nieder. Ein originelles Bild stellten diese Kreise lebendiger Menschen dar, die typischen, schlitzäugigen, mit den vorstehenden Backenknochen und angehaltenem Atem, erbleichend gar im Anfall ungeduldiger Wallung. Totenstille trat ein ringsum; nur das Atmen der Zuschauer war zu hören und das trockene Knacken der Kohlestückchen im Gitterrost der Wasserpfeife; jemand wurde so sehr von Angst ergriffen, daß ihm die Kiefer zu zittern anfingen, und dieses charakteristische Klappern der Zähne war deutlich zu hören in der eintretenden Stille ... Auf einmal fing Alpha (der Name des Hundes des Kranken), der bis dahin ruhig zu Füßen Kasatkins gelegen hatte, jämmerlich zu heulen an.

„Gott, erbarme dich unser und steh uns bei!" war ein Gemurmel in der Menge zu hören.

„Das ist gut", klar sprach es Magoma Tuzai aus. „Der Hund wittert jenen schwarzen Geist, welcher bereits unsere Anwesenheit fürchtet. Nun, sei gesund!" begann der Zauberer, indem er sich an den Patienten wandte.

Sultan-Berdi nahm aus der Tasche ein Ledersäckchen heraus, das mit Silberdraht [umwickelter] Seide bestickt war, nahm eine Prise von etwas Grünlichem daheraus und streute es auf den Gitterrost der Wasserpfeife; ein Qualm anstelle des Bläulichen quoll hervor, dicht, milchig, begann, in die Luft aufzusteigen, und erhob sich bis unmittelbar unter das Dach der Jurte. Er übergab die Wasserpfeife seinem neben Kasatkin sitzenden Gefährten, der gab sich, als würde er aus der Pfeife rauchen, und übergab sie dem Patienten. Mechanisch nahm Kasatkin das Rauchgefäß aus der Hand des Zauberers, hob das Schilfrohr an seine ausgetrockneten, von der glühenden Hitze aufgesprungenen Lippen und nahm einen kräftigen Zug.

„Genug jetzt", sagte Magoma, der sah, daß sich der Kranke schon recht gierig an das qualmende Rohrstengelchen klammerte; er nahm ihm das Rauchgefäß ab und begoß die glimmenden Kohlen mit

Wasser. Auf einmal fing Kasatkin an, irgendwie seltsam zu wanken, erst schwang er kräftig nach vorn, dann lehnte er sich zurück, sein Kopf bog sich nach hinten, als hätten die Halsmuskeln jedwede Kraft verloren, die Arme streckten sich aus, die Augen schlossen sich. Magoma Tuzai stützte ihn und legte ihn vorsichtig auf den Rücken nieder, wobei er ihm ein kleines zylindrisches Kissen unter den Kopf schob. Dann standen die beiden Zauberer von ihren Plätzen auf. Sie gingen einige Male um den Liegenden herum, hielten an, der eine am Kopf, der andere bei den Füßen, die Gesichter einander zugewandt. „Albasty Bassu, hör zu, ich rede mit dir!" begann Magoma Tuzai, bückte sich, berührte mit den Fingerspitzen die Stirn des Kranken und hielt sie eine Zeitlang in dieser Position. „Albasty Bassu, nicht von uns selbst, sondern von Gott selbst haben wir unsere Kraft. Höre seinen Willen, höre und gehorche!" begann Magoma Tuzai seine Beschwörungen.

„Höre seinen Willen und gehorche!" wiederholte Sultan-Berdi. Die Zauberer warfen sich einen Blick zu, und mit einem Mal sagten sie laut, schrien sie fast: „Verlaß, Verfluchter du, diesen Körper!"

Einige der vorderen Zuschauer wichen plötzlich vom Jurtengitter zurück. Sie dachten vermutlich, daß in ebenjener Minute auf diesen Schrei hin der schwarze Geist ausfliegen und womöglich noch in jemanden von ihnen eindringen würde - besser, etwas abseits gehen. Nach diesem Schluß nahm Magoma Tuzai den Rohrstock und berührte leicht die Brust des Kranken. Er holte weit aus, als ob er mit ganzer Kraft zuschlagen wolle, und hielt seinen Arm geschickt genau in dem Moment an, als der Stock im Begriff war, den Körper des Patienten zu berühren. Das wurde gemacht, um den schwarzen Geist zu erschrecken und ihn aus dem Schädel des Kranken verschwinden zu lassen. Danach gingen beide Zauberer aus der Jurte hinaus und befahlen, die ganze Jurte abzubauen, ohne den unter dem Einfluß des Opiumrauches Schlafenden zu berühren. Fünf oder sechs Frauen machten sich an dieses Werk; geschickt zogen sie die Filze ab, rollten sie zusammen, legten sie beiseite und nahmen sich das Dach vor. Stange um Stange wurde das ganze Dach in weniger als fünf Minuten abgebaut und der obere Reif abgenommen; Kasatkin blieb gänzlich unter freiem Himmel rücklings auf dem rauhen roten Teppich liegen. Die Trommel und die Pauken tönten die ganze Zeit ohne Unterlaß.

Magoma Tuzai und Sultan-Berdi berieten abseits, mit den Achseln zuckend und die Hände zusammenschlagend, als wollten sie sagen, daß die Sache ziemlich schwierig sei.

„Nun, was ist?" ging Gainula zu ihnen, „ist er stark, der Geist?"

„Sehr stark, schwer, mit ihm fertig zu werden", seufzte Magoma Tuzai, „aber die Hauptsache ist, er hat sich in einem ungläubigen Körper festgesetzt."

„Es ist schon sehr bequem für ihn", bekräftigte Sultan-Berdi.

„Versucht es!" verneigte sich Gainula tief, „nichts wird mir zu schade sein für Euch, wählt je zwei der besten Pferde aus dem Gestüt und Schafe, je zehn Stück für jeden!"

Indem er das sagte, blickte Gainula von der Seite nach der Tochter, die nicht weit entfernt traurig dastand, nachdem sie sich bemüht hatte, näher zu dem zu gehen, der unbeweglich, gerade wie ein Leib, der die Bestattung erwartet, dalag auf dem sichtbarsten Platz, im Zentrum des freien Kreises, der von der Menge der Zuschauer umrahmt wurde.

Die Arbeiter Gainulas schleppten ganze Berge von Schilfbündeln zusammen und errichteten riesige Scheiterhaufen. Beim roten Schein des Feuers nahm das ganze Bild einen noch wilderen, originelleren Charakter an.

„Macht Platz, auseinander!" waren Stimmen in der Dunkelheit zu hören; das Schnauben von Pferden und ihr Schweiß ließen erkennen, daß sich irgendwelche Reiter näherten. Die Menge teilte sich, und in die erleuchtete Fläche hinein kamen zwei Reiter auf ungesattelten Pferden und zogen hinter sich an Leinen noch ein drittes Pferd, vollkommen schwarz, ohne Flecken, zornig seine gekerbten Ohren nach hinten drückend und jeden Augenblick nach hinten aus-

schlagend. Das Pferd war ziemlich wild, nicht zugeritten und spürte womöglich das erste Mal die Berührung der Leine an seinem kitzligen Hals.

„Vorsichtiger, und paß auf! Geh nicht heran!" warnten die berittenen Kasachen.

„Nun, was ist, hat es sich leicht fangen lassen?" fragte Gainula Babai einen von ihnen.

„Von Sonnenuntergang an haben wir uns [mit ihm] herumgeschlagen, es ergibt sich nicht und damit Schluß. Wir haben es erst in den Sumpf treiben müssen und dort schließlich mit Leinen gefangen."

Tatsächlich, die Beine des gefangenen Pferdes waren bedeckt mit Schmutz und Schlamm bis an den Bauch, von dem Tier stieg dichter Dampf auf, und die großen wilden Augen funkelten, die roten Nüstern schnoben und schnauften.

„Teufels-Vieh, ho-ho-ho", rief Gainula das Pferd an. „Ist dieses recht?" wandte er sich an die Zauberer.

„Ist das Fell denn rein?" fragte Magoma Tuzai.

„Nicht ein weißes Haar, alles rabenschwarz."

„Nun, führt es hin!"

Weit teilte sich die Menge, alle wußten schon, was sich da anbahnte, und sorgten für freien Raum. Man band das gefangene Pferd zur größeren Sicherheit mit zwei weiteren Leinen fest, die Reiter postierten sich so, daß der Rappe gerade zwischen sie paßte; und während sie an dem liegenden Kasatkin rechts und links vorbeireiten sollten, sollte der Rappe unbedingt über den Körper hinwegspringen; dies aber gilt als eines der wirksamsten Mittel dafür, den schwarzen Geist endgültig in Schrecken zu versetzen. Die Reiter schrien, beugten sich auf die Pferde und ritten los. Auch einige Leute zu Fuß trieben das widerspenstige Pferd mit Rufen an, zu laufen, wohin es sollte; wild schnaubte das Pferd, ging an den Kranken heran, beugte den Kopf bis ganz zum Boden, beschnupperte kräftig den Liegenden, spitzte die Ohren und wich zurück; die gespannten Leinen knackten, fast, daß die beiden Reiter zu Boden gestürzt wären.

„Haida, haida!" schrien sie.

„Haida!" brüllte die Menge und schrie und pfiff und bewarf das Pferd, das sich auf den Fleck stemmte, mit Erdklumpen, Mützen, was sich auch fand. Unerwartet bäumte sich das Pferd auf und sprang über Kasatkin hinweg. Einen von denen, die die Leinen gehalten hatten, riß es zu Boden und schleifte ihn aus dem Aul.

„Halt fest, halt fest!" schrie Gainula.

„Halt fest, zweimal muß es noch!" schrien die beiden Zauberer.

Die, die zu Fuß waren, rannten los, dem Flüchtling den Weg abzuschneiden, stürzten sich auf die Leine, die über die Erde schleifte, und brachten so den Rappen schließlich zum Stehen. Noch zweimal wiederholte sich diese wilde Szene. Von allen drei Pferden flog der Schaum in weißen, gischtigen Flocken.

„Genug jetzt", sagte Magoma Tuzai und fügte hinzu: „wenn selbst jetzt der schwarze Geist ihn nicht in Ruhe läßt, so kann man nichts mehr machen."

Sultan-Berdi verlangte nach einer Schale kalten Wassers und einem roten Baumwolltuch. Als man ihm das eine wie das andere gegeben hatte, feuchtete er das Tuch im Wasser an und legte es Pjotr Michailowitsch auf die Stirn. Danach nahmen beide Zauberer je ein Stück Hammelfett und warfen es direkt in die Asche des glühenden Feuerhaufens. Die Alten ließen sich an diesem Feuer nieder und beobachteten aufmerksam das brennende Fett. Sie wollten nach Farbe und Form der Flammen erraten, in welchem Maße die Resultate ihrer Heilung erfolgreich sein würden. Trubatschenko und Babadschak gingen zu ihrem unglücklichen Gefährten hin. Dort saß bereits Dschanym, die Schöne, und gab acht, daß das Tuch auf der Stirn des Kranken immer feucht war. Das war deshalb nötig, daß er schneller der unangenehmen Wirkung des betäubenden Rauchzeugs entging.

„Und du sagst, daß er gesund wird?" sagte Gainula, wobei er Magoma Tuzai aufmerksam in die Augen schaute.

„Zum nächsten Neumond, früher nicht", antwortete Magoma.

„Früher nicht", bekräftigte Sultan-Berdi.

"Wir werden warten", entschied Gainula.
"Ja, warte - das wär so gut wie der Teufel zwei!" winkte Trubatschenko mit der Hand ab und tat kräftig, aus ganzer Brust, einen Zug aus seiner Pfeife.
Nachts reisten die beiden Zauberer ab.

Da mir KARAZINs Buch nicht zur Verfügung steht, kann ich auch nur den Ausschnitt daraus betrachten, den KASTAN'E zitiert hat.

Was den Status des Textes betrifft, so handelt es sich um den Bericht eines Augenzeugen, der mit dem geschulten Blick eines ausgebildeten Kunstmalers das Erlebte teilweise minutiös wiedergibt und mit einigen eigenen Interpretationen verbindet. Das Erlebnis besteht in der Beobachtung einer Heilungszeremonie, die für einen Mann durchgeführt wurde, den Albasty geschädigt hat. Der Berichterstatter ist also einer, der als Zuschauer am Geschehen beteiligt ist. Die Sichtweise der beiden Heiler kann ich in Spuren ihren Äußerungen entnehmen, die dessen, der von der Albasty betroffen ist, kommt explizit im Text überhaupt nicht vor.

Über das Wann und Wo des Vorgangs wird nichts Verbindliches gesagt. Da aber Schilf und Sumpf im Text eine Rolle spielen und KARAZIN wie ausgeführt 1873 an der Expedition in das Delta des Amu Darja teilgenommen hat, könnte es sein, daß der Ort der Handlung in dieser Gegend liegt. Auch die Aussage, daß die Heiler Russen „das erste Mal in ihrem Leben sahen" und daß sie sich selbst ein wenig vor diesen fürchteten, könnte dafür sprechen, daß sich der ganze Vorgang in einem Gebiet abspielt, das erst unlängst von den Russen erobert worden war.

Den Text kann ich in fünf Teile gliedern:
1. einen Einleitungsteil, der über die Ankunft der beiden Heiler, ihren Empfang und die Vorbereitungen zur Zeremonie berichtet,
2. die Beschreibung eines ersten Versuchs, der damit beginnt, daß die Heiler am zweiten Abend zusammen mit dem Jungen zu dem Kranken hingehen,

3. ein kurzes Zwischenstück, in dem die Heiler etwas abseits stehen, den Eindruck von Unsicherheit erwecken und zu einem weiteren Versuch aufgefordert werden,
4. die Beschreibung dieses zweiten Heilungsversuchs, und
5. den Abschluß der Zeremonie, der damit beginnt, daß sich Sultan-Berdi ein rotes Tuch und Wasser geben läßt.

Dieser Gliederung folgend, werde ich zuerst einige der äußeren Sichtweisen kommentierend nachzeichnen und anschließend versuchen, die des Betroffenen zu erschließen.

1. Darüber, wie sich das Leiden des Patienten äußert, sagt der Text so gut wie nichts. Lediglich aus dem Wort „mechanisch" oder „maschinenhaft", mit dem die Art beschrieben wird, in der er die Wasserpfeife von Magoma Tuzai entgegennimmt, schließe ich, daß die Handlung ohne innere Beteiligung Kasatkins durchgeführt wird, daß bei dem Kranken eine gewisse Weltabgewandtheit besteht; und vielleicht hat diese einen solchen Grad erreicht, daß man nach den beiden Heilern schickt - doch auch das Moment dieses Schickens ist im vorliegenden Textausschnitt noch nicht enthalten.

Dagegen enthält der Text Hinweise darauf, wer nach den Heilern schicken läßt: Das war offenbar Gainula Babai. Er ist es, der die Heiler empfängt, und er ist es, wie in dem Zwischenteil deutlich wird, der die Kosten des Verfahrens trägt; zudem ist er offenbar auch der Chef des Auls, „Aul des Gainula Babai" heißt es an einer Stelle. In welchem Verhältnis Gainula Babai, der ein Einheimischer ist, zu Pjotr Michailowitsch Kasatkin, dem Kranken, der ein Russe ist, steht und warum er dessen Heilung veranlaßt, darüber erfährt man aus dem Einleitungsteil noch nichts.

Der Text selbst setzt bei KASTAN'E damit ein, daß die beiden Heiler im Aul eintreffen. Bei dem Namen des ersteren, Magoma Tuzai, hängt der erste Namensbestandteil mit dem Namen des Propheten Mohammed zusammen. Der Name des zweiten, Sultan-Berdi, bedeutet „Der Sultan hat [es] gegeben". An der Ausführlichkeit der

Beschreibung des Äußeren der beiden Heiler erkennt man die
Freude des Künstlers am Ausmalen, verbunden mit der Liebe zum
Detail, die auch an anderen Stellen des Textes lebendig zutage treten.
Aufmerksam machen möchte ich auf die Fuchsfellmützen „bedeckt
mit rotem Kameltuch". Sowohl die Farbe Rot (wie aus der folgenden
Geschichte hervorgeht) als auch der Fuchs (sie erscheint manchmal
in Fuchsgestalt) haben eine Beziehung zu Albasty.

Anlaß für das Kommen der beiden Heiler ist, „den schwarzen Geist
aus dem Schädel des Pjotr Michailowitsch auszutreiben". Dabei erweckt der Text den Eindruck, daß die Diagnose „Besessenheit vom
schwarzen Geist" bei der Ankunft der Heiler bereits feststeht. Wer sie
gestellt hat, bleibt offen. Bei anderen Beschreibungen von Heilungen
ist mitunter das Stellen der Diagnose ein Bestandteil des Therapieprozesses als etwas Ganzes. Immerhin bekommen die Heiler Gelegenheit, sich den Patienten schon am Vortag der Behandlung anzuschauen.

Darüber, daß der neue Mond eine Zeit ist, die Heilungen begünstigt, liegen mir keine sonstigen Mitteilungen vor. Doch vielleicht
zielt die Wahl dieses Zeitpunkts auf eine Parallelität: So wie der Mond
in der folgenden Zeit wieder „heil" (ganz) wird, so möge auch der
Kranke wieder heil werden. Und diese Genesung wird auch einen
ganzen Mondzyklus dauern, wie aus der Antwort der Heiler auf
Gainulas abschließende Frage, wann denn Kasatkin gesund werde,
hervorgeht: „Zum nächsten Neumond, früher nicht."

Auf welche Weise sich am kommenden Tag die Kasachen versammeln, ob sie von selbst kommen oder ob sie gebeten wurden,
wird nicht ausdrücklich gesagt. Da man aber auf ihr Kommen vorbereitet zu sein scheint (diesen Eindruck macht auf mich die Art der
Bewirtung), glaube ich, daß sie als geladene Gäste gekommen sind.
Der Tag der Heilungszeremonie beginnt mit einer großen Bewirtung.
Die Heiler sitzen auf dem Ehrenplatz in der Jurte des Aul-Chefs zusammen mit dessen Vater und schauen, ohne sich von irgend jemandem ablenken zu lassen, unverwandt in die Glut. Wer die Geister im
Flackern der Flammen oder im Springen des Quells einmal gesehen

hat, der weiß, daß es bei diesem Verhalten der Heiler - wenn überhaupt um irgendwas - möglicherweise um ein Aufgeben des normalen Bewußtseins geht.

Die Wandfilze der Jurte sind hochgeschlagen, so daß alle sehen können, was in der Jurte vor sich geht. Ich vermute, daß das Hochschlagen der Wandfilze an dieser Stelle witterungsbedingt erfolgt, um eine Kühlung durch die Luftbewegung zu ermöglichen; weiter unten ist jedenfalls von den „von der glühenden Hitze aufgesprungenen Lippen" Kasatkins die Rede, so daß ich annehme, daß sich die ganze Begebenheit in der heißen Jahreszeit abspielt. Irgendwann setzt Trommeln ein. Wer trommelt und wo getrommelt wird, wird nicht gesagt - die beiden Heiler sind es jedenfalls nicht. Dieses Trommeln hält zumindest bis zum Abschluß des ersten Heilungsversuchs an.

2. „Man wartete auf den Abend, wenn am dunkler werdenden Himmel sich die feine Sichel des neuen Mondes zeigen würde" heißt es. Das verstehe ich so, daß offenbar erst mit dem Erscheinen der Sichel des neuen Mondes die Heilung beginnen kann. Die Heiler erheben sich von ihren Plätzen und gehen zu dem Kranken, der in einer benachbarten Jurte liegt. Voran geht Magoma Tuzai. Bereits hier erscheint er als derjenige, der das Verfahren führt: Er schreitet voran, aller Bürden ledig, während der achtjährige Junge und Sultan-Berdi, die ihm nachfolgen, die Utensilien tragen, die er nachher zum Einsatz bringen wird. Auch sonst tritt Magoma Tuzai als der eigentlich Agierende auf, während Sultan-Berdi eher die Rolle eines Assistenten spielt. Zu Bedeutung und Funktion der Troddeln oder Quasten aus gefärbter Wolle an dem Rohrstock, den Sultan-Berdi in Händen hält, fällt mir nichts ein, zumal ich auch die Farbe nicht kenne. Auch ob das ebenfalls an dem Rohrstock hängende Pferdehaar womöglich eine Beziehung zu dem Pferd hat, daß bei der dann folgenden Aktion eine Rolle spielt, weiß ich nicht.

Anders als bei ihrer Ankunft im Aul, bei der sie in prunkvoller Garderobe auftraten, gehen die Heiler jetzt ganz in Weiß (weißes

Hemd, weißer Turban), der Farbe der Reinheit; (rituelle) Reinheit ist anscheinend die Voraussetzung, wenn man derlei Tätigkeit erfolgreich ausführen will, und vielleicht auch ein Schutz für die damit Befaßten.[3] Der Junge hat dagegen ein rotes Hemd an, rot als ein Attribut von Albasty. So kommt in der nächsten Geschichte ein Herrscher der Albasty vor, der, nachdem er über einen Heiler triumphiert hat, eine „gewaltige rote Fahne" als „Zeichen seines Sieges" in Händen hält. Das heißt, der Schutz des Kindes, um den man hier selbstverständlich - wie ich glaube - auch besorgt sein muß und gewesen sein wird, erfolgt anscheinend auf andere Art: Dem Kind wird Albasty nichts tun, weil es „das Zeichen ihres Sieges" bereits (oder noch) auf seinem Leibe trägt.

Während sich der Junge, wie es sich für den Jüngeren, sozial Niedrigstehenden gebührt, an der Schwelle hinhockt, treten die beiden Heiler in die Jurte des Kranken ein. Auch von dieser Jurte werden nun auf Geheiß Gainulas die Wandfilze entfernt. Anders als beim obenerwähnten Hochschlagen der Wandfilze denke ich, daß die Maßnahme hier nicht witterungsbedingt erfolgt, sondern rituell bedingt, um dem Publikum den Einblick und damit das Teilnehmen an der Zeremonie zu ermöglichen. Vielleicht weist der Umstand, daß die Wandfilze an dieser Stelle nicht nur hochgeschlagen, sondern abgenommen werden, bereits auf das später erfolgende Abbauen der Jurte hin.

Offenbar wie ganz normale Gäste, die gemeinsam eine Runde rauchen wollen, setzen sich die Heiler zu dem Kranken. Während es oben hieß, daß die Heiler zu der Jurte gehen, wo der Kranke „lag", entnehme ich dem beschriebenen Schwanken von Kasatkin, nachdem er aus der Wasserpfeife geraucht hat, daß er zu der Zeit sitzt. Er muß sich also irgendwann aufgerichtet haben, vielleicht als die Heiler in die Jurte hereinkamen - so, wie es sich eben gehört, wenn Gäste kommen.

---

[3] Auch andere mittelasiatische Heiler oder Wahrsager legen bei der Durchführung ihrer Zeremonien von der alltäglichen Kleidung abweichende, weiße Kleider an.

Draußen wird es still, das allgemeine Gemurmel der Zuschauer ringsum erstirbt, jetzt wird es offenbar ernst. Das bekommt auch der Hund zu spüren, der bis dahin ruhig zu Füßen seines Herrn gelegen hatte, denn er heult plötzlich jämmerlich auf und hinein in die sich ausbreitende Stille. Dieses Heulen wird vom Chefheiler als ein gutes Zeichen interpretiert, als ein Zeichen dafür, daß allein schon die Anwesenheit der Heiler eine Reaktion beim Schadensgeist hervorgerufen habe, nämlich Furcht. Dann wendet sich Magoma Tuzai mit einer Aufforderung an den Kranken: „Sei gesund!" - Es kann sich dabei um die Formel *aman bol* gehandelt haben, die auch die Funktion eines einfachen Grußes hat.

Sultan-Berdi gibt nun das Rauchzeug auf die Glut und reicht die Pfeife dem Magoma Tuzai. Doch der tut nur so, als ob er rauchen würde. Offenbar will er sich zum jetzigen Zeitpunkt der Wirkung dessen, was da qualmt und was von KARAZIN als Opium identifiziert wird, nicht aussetzen. Nichts im Text deutet darauf hin, daß der Kranke bemerkte, daß Magoma Tuzai an dieser Stelle ein Spiel gespielt hat. Und ich frage mich: Wenn KARAZIN das merkt, der ja wahrscheinlich ein gut Stück weg vom Geschehen unter den Zuschauern ist, wieso merkt der Kranke das dann nicht auch? - Und überhaupt: Durch nichts gibt der Text zu erkennen, daß Kasatkin das offenbar Absonderliche der Situation, die vielen Zuschauer und dergleichen, zu Bewußtsein gekommen wäre. Auch dieser Umstand könnte für eine gedankliche Abgewandtheit des Kranken von der irdischen Welt sprechen.

Nachdem er geraucht hat, fängt der Kranke an, sich wie ein Berauschter zu benehmen. Magoma stützt ihn und legt ihn auf den Rücken. Die Art und Weise, wie er das macht, ist aufschlußreich: Er tut es vorsichtig, behutsam - das ist anscheinend die Haltung des Heilers insgesamt dem Patienten gegenüber, wie andersartig er sich für das Auge auch gebärden mag. Auch das kleine Kissen, das er dem Kranken fürsorglich unter den Kopf legt, weist in diese Richtung.

Während der Kranke seinen Opiumtraum träumt, stehen die beiden Heiler auf und gehen mehrmals um ihn herum. Dann bleiben sie stehen, Magoma Tuzai am Kopf (denn er berührt später Kasatkins Stirn mit den Fingern) und Sultan-Berdi bei den Füßen des Kranken. Und jetzt wird der Schadensgeist angesprochen, und zwar nicht mit dem verhüllenden und ängstlichen „Schwarzer" (kasachisch *qara*), sondern er wird beim Namen genannt: „Albasty Bassu[4], hör zu, ich rede mit dir!" - Dabei berührt wie gesagt Magoma die Stirn des Kranken mit den Fingerspitzen. Damit mag zusammenhängen, daß KARAZIN gleich dreimal Formulierungen verwendet, denen ich entnehme, daß gerade der Schädel als Aufenthaltsort dieses Schadensgeistes angesehen wurde. Abermals wird der Schadensgeist mit Namen angeredet, und dann benennt der Heiler die Legitimation für sein Tun, er zeigt quasi seinen Dienstausweis vor: „... nicht von uns selbst, sondern von Gott selbst haben wir unsere Kraft. Höre seinen Willen, höre und gehorche!", was vom Assistenten echoartig wiederholt wird. Damit verweisen die Heiler auf die göttliche Herkunft ihrer besonderen Kraft. Und sie fordern den Schadensgeist auf, den göttlichen Willen anzuhören und ihm nachzukommen.

Nachdem sich anschließend die beiden Heiler durch einen Blick, wie um die folgende Äußerung zu synchronisieren, verständigt haben, schreien sie vereint den Schadensgeist an, er solle den Körper des Kranken verlassen, wobei sie ihn als „Verfluchter" anreden. Während die Angabe der Legitimation und die Aufforderung an Albasty verbal erfolgen, erfolgt die Bedrohung des Geistes - mit der ihm vielleicht gezeigt werden soll, was ihm blüht, wenn er der Aufforderung nicht nachkommt - szenisch, mit einem angedeuteten kräftigen Schlag mit dem Rohrstock, der jedoch unmittelbar vor dem Körper des Kranken abgefangen wird. Ich vermute, daß auch dieser angedeutete Schlag gegen die Brust des Patienten geführt wurde, von der der Heiler zuvor durch das leichte Berühren mit dem Stock gleichsam Maß genommen

---

[4] Der Ausdruck Albasty Basu „Albasty Drücken" kommt meines Wissens nur noch ein weiteres Mal im Albasty-Material vor, und zwar bei IBRAGIMOV (1872, S. 121, in der Anmerkung). Möglich, daß KARAZIN ihn von dort übernommen hat.

hatte. Die Aussage, daß der Geist damit erschreckt werden solle, ist wohl eine Interpretation von KARAZIN. Nach dem angedeuteten Schlag verlassen die Heiler den Kranken und geben Anweisung, die Jurte abzubauen, ohne den Schlafenden zu berühren. Dem wird Folge geleistet, und der Kranke bleibt, rücklings auf einem rauhen roten Teppich liegend, unter freiem Himmel zurück.

3. Während die Jurte abgebaut wird, stehen die beiden Heiler etwas abseits und beraten miteinander. Dabei bringen sie erst mit Gesten, dann auch mit Worten zum Ausdruck, daß sie sich des Erfolgs ihrer Sache nicht sicher sind. Als Grund für die Unsicherheit oder die besondere Schwierigkeit ihrer Aufgabe nennen die Heiler den Umstand, daß sich der Geist in einem Ungläubigen niedergelassen habe. Daraufhin bittet sie Gainula, es doch weiter zu versuchen, und bietet dafür eine hohe Belohnung. Verbunden sind seine Aussagen mit einem Seitenblick nach der Tochter; das verwendete Verb ist *pokosit'sja* „von der Seite ansehen", „schief ansehen", „hinschielen", vielleicht ohne den Kopf zu bewegen, sondern nur die Augen, damit weder der Angeschaute noch sonst jemand merkt, wohin man schaut. Um wessen Tochter es sich handelt, wird im vorliegenden Textausschnitt nicht gesagt. Da im Zusammenhang mit einer Aktion Gainulas von „Tochter" die Rede ist, vermute ich, daß es sich um seine Tochter handelt. Dadurch entsteht bei mir der Eindruck, daß die Aufforderung von Gainula an die Heiler, einen weiteren Versuch zu wagen, nicht in erster Linie um Kasatkins willen erfolgt, sondern um der Tochter willen. Das heißt, es sieht so aus, als ginge die Motivation für die Heilung Kasatkins letztlich von der Tochter aus.

Damit wird die Frage nach deren Sicht der Dinge interessant, und ich sehe mir die Aussagen des Textes zu dieser Tochter näher an: Sie steht nach dem ersten Heilungsversuch unweit Gainulas und der Heiler, sie hat sich bemüht, näher zu dem Kranken zu gelangen, und sie ist traurig. Ich beziehe ihre Traurigkeit darauf, daß es dem Patienten schlecht geht. Während bei den sonstigen Beteiligten alle möglichen anderen Emotionen zu erkennen sind - knisternde, teils ängstliche Erwartungshaltung bei den anderen Zuschauern, später bei ihnen auch Erschrecken und Eifer, Ängstlichkeit vor der Situation und Widerwillen gegen den aus der Wasserpfeife aufsteigenden Rauch bei dem Jungen, Ärger über die Zeitverzögerung bei Trubatschenko usw. -, steht die Tochter mit ihrer Traurigkeit allein da. Daraus und aus dem Umstand, daß sie offenbar die „Nähe" des Kranken sucht, entnehme ich, daß sie eine Zu-Neigung zu ihm hat. Welchen Grad oder welche Intensität diese Zuneigung hat, kann ich vielleicht daran ermessen, daß Gainula bereit ist, dieser Emotion nicht unbeträchtliche materielle Mittel zu opfern.

Dieses „von der Seite ansehen", „hinschielen" zur Tochter ist also eine Art Versteckspiel. Es scheint, als wolle Gainula feststellen, ob seine Worte an die Heiler bei der Tochter eine Reaktion auslösen. Doch warum schaut er sie dazu nicht direkt an, sondern heimlich?

Ich könnte mir vorstellen, daß es unter den gegebenen gesellschaftlichen Verhältnissen als unvernünftig erscheinen könnte, einer Emotion wie dem Verliebtsein der Tochter derartige materielle Mittel zu opfern, noch dazu, wenn es sich bei dem Geliebten um einen „Ungläubigen" handelt. Daß er es dennoch tut, erweist Gainula in beinahe rührender Weise als den „guten Vater": Ein frohes Gemüt seiner Tochter ist ihm mehr wert als vier Pferde und dreißig Schafe (zehn für die Bewirtung und zwanzig für die Heiler) und vielleicht das, was die Leute hinterher über ihn und das alles reden werden. Auch die Entscheidung Gainulas am Ende des Textes („Wir werden warten"), die anscheinend eine Entscheidung zugunsten des Kranken ist und die bei Trubatschenko offenbar Unmut hervorruft, vielleicht, weil sie im Sinne dessen, was sie alle zusammen vorhaben, eine unvernünftige Entscheidung ist, bestätigt mir diesen Eindruck.

Ich vermute übrigens, daß die schöne Dschanym, die im abschließenden Teil des Textes bei Kasatkin sitzt und darauf achtet, daß das Tuch auf seiner Stirn immer feucht bleibt, mit der Tochter aus dem Mittelteil identisch ist: Während für die anderen, die mit Kasatkin zusammen sind, dieser mit seinem Zustand wegen der Verzögerung nur ein Ärgernis ist, sorgt sich die schöne Dschanym ebenso wie die „Tochter" um seine Gesundheit.

4. In welchem Zusammenhang die beiden Heilungsversuche stehen, ist zunächst nicht klar. Auf den ersten Blick sieht es so aus, als würde aus den Zweifeln der Heiler nach der ersten Aktion ihr Entschluß entstehen, etwas anderes zu versuchen. Und so ist die Sache von KARAZIN wohl auch gemeint. Etwas merkwürdig dabei ist, wieso die Zweifel der Heiler so groß sind, daß sie sogleich zu einem zweiten Versuch übergehen, ohne auch nur im mindesten eine Wirkung des ersten abzuwarten. Sie begründen ihre Schwierigkeit zwar mit der „Ungläubigkeit" Kasatkins, die es für den Schadensgeist leicht und „bequem" macht, in dem Kranken zu sein, aber daß Kasatkin ein Ungläubiger ist, das haben sie doch von Anfang an gewußt, warum also nicht gleich die zweite Methode?

Betrachte ich daraufhin die zeitliche Abfolge der beiden Versuche näher, so sehe ich folgendes: Zur Durchführung des ersten Versuchs hatte man auf „den Abend" gewartet, „wenn am dunkler werdenden Himmel sich die feine Sichel des neuen Mondes zeigen würde". Ich assoziiere eine Zeit um den Sonnenuntergang herum. In bezug auf den zweiten Heilungsversuch geben die beiden Reiter jedoch an, daß sie sich „Von Sonnenuntergang an" mit dem schwarzen Pferd herumgeschlagen haben. Das heißt, die Entscheidung zu diesem zweiten Versuch und der Auftrag an die beiden Reiter, das schwarze Pferd zu holen, muß ein gut Stück vor Sonnenuntergang ergangen sein, denn die Reiter mußten, bevor sie sich mit dem Pferd herumschlagen konnten, ja auch noch dahin reiten, wo sich die Herde aufhielt. Das heißt, der Auftrag an die Reiter könnte schon zu oder vor Beginn der ersten Behandlung erfolgt sein. Und das wiederum würde bedeuten, daß von seiten der Heiler von Anfang an beide Maßnahmen vorgesehen waren. Auch der Umstand, daß KARAZIN nach dem ersten Versuch von einer Anweisung der Heiler, wie weiter verfahren werden soll, und von einem anschließenden Auftrag Gainulas an die Reiter nichts gehört hat oder zumindest nichts mitteilt - für ihn wie für den Leser des Textes erscheinen die beiden Reiter mit dem schwarzen Pferd überraschend -, könnte dafür sprechen, daß eben in dieser Phase der Behandlung derlei Anweisung und Auftrag nicht erfolgten, sondern daß sie von Anfang an getroffen worden waren. Vor diesem Hintergrund wären die Zweifel der Heiler nach dem ersten Versuch eher zu verstehen in dem Sinne, ob es sich angesichts der besonderen Schwierigkeit bei Kasatkin überhaupt lohne, den ganzen Aufwand weiterzubetreiben. Die von Gainula an die Heiler herangetragene Bitte wäre dann wie folgt zu ergänzen: „Versucht es [weiter wie geplant]!" - Die Annahme, daß beides von Anfang an vorgesehen war, bedeutet für mich aber, daß ich zugleich annehmen muß, daß beide Maßnahmen - was Bildlichkeit, Funktion oder Wirkung betrifft - in einem Zusammenhang stehen, auch wenn ich zugebe, daß mir die Art dieses Zusammenhangs zunächst nicht klar ist.

Während die Menge auf die Ankunft des Pferdes wartet, schleppen die Arbeiter Gainulas Berge von Schilfrohr zusammen und zünden sie an. Jetzt ist der Himmel schon richtig dunkel. Gainula fragt, ob das Pferd, das die beiden Reiter anbringen, für das Vorgesehene geeignet sei, und erhält von den Heilern die Bestätigung, nachdem er ihnen versichert hat, daß es vollkommen schwarz ist. Dieses Pferd nehmen die beiden Reiter, nachdem sie es mit zwei Leinen zusätzlich gesichert haben, zwischen sich und führen es zu Kasatkin in der Absicht, es über den Kranken springen zu lassen, während sie selbst rechts und links an ihm vorbeireiten. Die Bemerkung von KARAZIN, daß das „als eines der wirksamsten Mittel dafür" gilt, „den schwarzen Geist endgültig in Schrecken zu versetzen", ist wohl wiederum seine Interpretation der Dinge, die er sieht.

Das Pferd geht an Kasatkin heran, sträubt sich, um dann unter den anfeuernden Rufen der Menge schließlich doch über ihn hinwegzuspringen, welche Prozedur mit den beschriebenen Schwierigkeiten noch zweimal wiederholt wird. Danach beendet Magoma Tuzai die

Veranstaltung, wobei er bemerkt, wenn das nichts geholfen habe, dann könne man nichts mehr machen.

5. Daß Fett ins Feuer geworfen wird, um Albasty an ihren Untaten zu hindern, wird nicht selten in den Texten erwähnt. Die Aussage, daß die Heiler durch die Beobachtung des brennenden Fettes „nach Farbe und Form der Flammen" das Maß ihres Erfolgs „erraten" wollen, ist wohl eine Annahme KARAZINs. Das gleiche gilt für die Interpretation des nassen Tuches auf der Stirn Kasatkins („Das war deshalb nötig, damit er schneller der unangenehmen Wirkung des betäubenden Rauchzeugs entging"). Ob die rote Farbe des Tuches hier eine besondere Funktion hat, ist mir zunächst unklar.

Die Auskunft, die Magoma auf die Frage von Gainula erteilt und die von Sultan-Berdi wiederum echoartig (er wiederholt jeweils nur das Ende der Aussagen Magoma Tuzais) bestätigt wird, daß nämlich Kasatkin nicht vor einem Monat gesund wird, erinnert an eine andere von dem kasachischen Heiler Bek-Seïd in einem weiteren Albasty-Text von DIVAEV (siehe unten S. 86). Dieser hatte gesagt: „Wenn man von Dschinn geschlagene Leute (Wahnsinnige) unverzüglich zu meinem Spiel [= Heilungsséance] bringt, genesen sie schnell; wenn sie jedoch lange Zeit in diesem Zustand zu Hause bleiben, vergeht die Krankheit langsam." Deshalb nehme ich an, daß es sich bei Kasatkins Leiden um einen bereits längere Zeit andauernden Zustand handelt. Der Fluch Trubatschenkos am Ende des Textes und seine abwinkende Handbewegung bringen wohl seine geringschätzige und ablehnende Haltung dem ganzen Hokuspokus dieser „abergläubischen Wilden" gegenüber zum Ausdruck.

Noch in derselben Nacht reisen die beiden Heiler ab.

Soweit die Betrachtung der Äußerlichkeiten dieser Geschichte. Ich komme nun auf Kasatkin, auf seine Krankheit und auf seine Sichtweise zu sprechen. Die Aussagen dazu im Text sind spärlich, aber hinreichend, um auf außertextliche Parallelen zu verweisen: Kasatkin ist ein Mann, und er ist von Albasty besessen. Dieselbe Konstellation fand sich bei den vorigen beiden Geschichten, in denen die Sache jeweils aus der Sicht der Betroffenen geschildert wurde. In beiden Fällen erschien Albasty in Gestalt einer Frau (in dem einen von überirdischer Schönheit), und in beiden Fällen gehen die Betroffenen eheliche oder eheähnliche Beziehungen zu ihr ein. In der zweiten Geschichte war es dem Jäger von sich aus gelungen, sich von der Albasty zu lösen, das heißt, die Parallele zum vorliegenden Text endet an dieser Stelle. In der ersten Geschichte hatte sich der Bursche mehr oder weniger bewußt für die Albasty entschieden, obwohl er ihr dämonisches Wesen zumindest ahnte. Damit hatte er sich, wie oben dargelegt, für den „schönen Traum" und gegen die irdische Wirklichkeit und die Ansprüche der menschlichen Gemeinschaft entschieden. Und daher war das Eingreifen des Ischan erforderlich geworden. Nach der Vertreibung der Albasty „genas" der Bursche „und begann, mit der [irdischen] Frau zu leben, und zeugte Kinder". Das heißt, der Betroffene dort litt - oder genauer gesagt, die Umgebung des Betroffenen, er selbst litt darunter nicht - an Abgewandtheit von der irdischen Welt. Weltabgewandtheit hatte ich an zwei Stellen auch für den Kranken hier konstatiert, was eine weitere Übereinstimmung zwischen beiden Fällen darstellt. Dazu kommt, daß das Leid, das in der Umgebung des Kranken entsteht, sich in beiden Fällen bei Frauen äußert, die in besonderer Beziehung zu den Betroffenen stehen: Ehefrau dort, Liebende hier. Daher und wegen der in beiden Fällen übereinstimmenden Diagnose „Albasty" halte ich es für möglich, daß Kasatkin etwas Ähnliches widerfährt wie dem Burschen in der ersten Geschichte von DIVAEV.

Noch ein weiteres Moment hat eine Parallele in der kasachischen Überlieferung, die Einblick in die Sicht des Betroffenen gewährt. Es handelt sich um die Anweisung der Heiler, die Jurte um Kasatkin herum abzubauen. Diese Anweisung erinnert an ein Bild in der Erzählung vom Jäger Kara (PANTUSOV 1901). In dieser Erzählung trifft der Jäger Kara nach verschiedenen Abenteuern bei der Jagd in der

Einöde auf eine wunderschöne Peri-Fee, die ihm in einer überirdisch schönen und prunkvollen Jurte aufwartet, und beginnt eine Liebesbeziehung mit ihr. Die Peri fordert den Jäger auf, nicht einzuschlafen, dann werde sie ihn am nächsten Tag ihrem ganzen Volk vorstellen. Und weiter heißt es: „... ‚Oh, meine Seele', sagte der Jäger, ‚wie könnte ich einschlafen?' - Jedoch zum Unglück schlossen sich seine Lider, und er schlief ein. Als er aber erwachte, waren weder die Jurte noch das Mädchen mehr da. Der Jäger geriet in Verzweiflung. ‚Was soll das, ist das ein Traum oder was?' rief er und schaute sich um. Da steht sein Pferd allein am Pflock, das Gewehr lehnt am Sattel, er selbst aber liegt auf den Resten der Decke. Der Jäger begann zu schluchzen: ‚Wohin, meine Freude, bist du gegangen?' - Doch wie er auch weinte, er weinte nichts herbei ..."[5]

Die Erzählung vom Jäger Kara scheint sehr populär gewesen zu sein. Ich halte es daher für möglich, daß zwischen dem Motiv in der Erzählung vom Jäger Kara und der Aktion hier ein Zusammenhang besteht, das um so mehr, als der Jäger in der Erzählung genauso bezeichnet wird wie der in Kasatkin wirkende Schadensgeist: „schwarzer Geist", kasachisch wohl nur Kara „Schwarze". Ich vermute daher, daß es den Heilern mit ihrer Anweisung um eine Lektion in Sachen „Trennung" für Kasatkin geht. Für die Wahrnehmung Kasatkins vermute ich weiter, daß dieses Abbauen der Jurte das Verschwinden des Raumes bedeutet, in dem er lag, das „Verlorengehen" seiner „Welt". Und darüber hinaus vermute ich, daß dieses Verschwinden oder Verlorengehen für Kasatkin bei seinem Erwachen etwas ebenso Überraschendes hat wie für den Jäger Kara.

Was aber hat nun das anschließende Verfahren mit dem Pferd zu bedeuten? Was hat das Pferd mit Kasatkin zu schaffen? - Das Pferd, das die beiden Reiter herbeibringen und in die sich weitende Menge führen, kann ich wie folgt charakterisieren: vollkommen schwarz, vollkommen wild, vollkommen zornig, dazu offenbar sehr stark. Auf

---

5 Taube 2000, S. 36.

den ersten Blick scheint mir damit eine Intensivierung der Bedrohung des Schadensgeistes vorzuliegen: Beim ersten Versuch hatte es sich um eine Bedrohung durch die Heiler gehandelt, die zwar vielleicht als verrückt angesehen werden oder gar als Albasty-haft,[6] doch handelte es sich bei ihnen immer noch um Menschen.

Beim zweiten Versuch dagegen handelte es sich um die Drohung mit der ungebändigten und zornigen Bestie. Und wie vielleicht bei den Heilern, bestehen auch bei dieser Bestie unübersehbare Beziehungen zu Albasty selbst: So wie Albasty hier als „schwarzer Geist" bezeichnet wird, ist auch das Pferd kohlrabenschwarz, hat „nicht ein weißes Haar". Des weiteren erinnert mich dieses schwarze Pferd an das Pferd eines Herrschers der Albasty, das in der folgenden Geschichte vorkommt und das als „schwarz wie Samt" beschrieben wird. Und so wie Albasty auch andernorts als Schaitan angesprochen wird, so auch das Pferd hier als „Teufels-Vieh" (*šajtan-zver'*).

Indem nun die Heiler Kasatkin mit diesem schwarzen Pferd konfrontieren, konfrontieren sie ihn mit den bestialischen Aspekten von Albasty. Diese sind - wie aus der ersten Geschichte von DIVAEV geschlossen werden kann - das Setzen der Triebhaftigkeit vor die Ansprüche der Gemeinschaft, dazu das Setzen der Jenseitigkeit vor die Dieseitigkeit, das Setzen der Unmenschlichkeit vor die Menschlichkeit. Das „Erschrecken der Albasty" in Kasatkin besteht im Vorführen oder Aufzeigen der Schrecklichkeit und Unmenschlichkeit ihrer gesellschaftsfeindlichen Aspekte. Doch wie oder warum vermag diese Demonstration zu heilen?

Mir scheint, daß die Austreibung hier eine doppelte ist: Das schwarze Pferd ist, wie gezeigt, ein Bild der wilden und ungebändigten Tierhaftigkeit, ein Bild des Bestialischen, der menschlichen Gemeinschaft nicht Zugehörigen und des Dämonischen. Und gerade dieses Bestialische oder Dämonische soll nun aber auch aus Kasatkin ausgetrieben und er der menschlichen Gemeinschaft zurückgegeben

---

[6] Weitere Gedanken zur Albasty-Haftigkeit von Heilern siehe unten im Kapitel „Wie man bei den Kasachen Schamane wird".

werden. Indem daher die Bestialität des wilden Pferdes dem Kasatkin vorgeführt wird, trifft sie auf sich selbst. Und sie nimmt das auch wahr („das Pferd ging an den Kranken heran, beugte den Kopf bis ganz zum Boden, beschnupperte kräftig den Liegenden, spitzte die Ohren und wich zurück"). Und indem die Bestialität des Pferdes über Kasatkin hinwegspringen soll, soll sie über sich selbst hinwegspringen, um selbst überwunden zu werden oder um sich selbst zu überwinden. Doch wer tut so etwas schon gern, das ist immerhin schmerzhaft - sie „weicht zurück" und „stemmt sich auf ihren Platz". Doch mit der vereinten Anstrengung der versammelten Menge - und das ist eben die menschliche Gemeinschaft, und jetzt weiß ich auch, wozu überhaupt viele Menschen versammelt werden - wird die Wildheit des Pferdes gebrochen, das Bestialische, Dämonische springt über sich selbst hinweg.

Doch „einmal ist keinmal", dem kann man entfliehen, wie das Pferd es auch versucht, indem man es vergißt oder verdrängt. Erst mit der mehrmaligen Wiederholung wird dieser Sprung zur gewohnten Übung. Nach dieser Prozedur ist das Pferd nicht mehr das, was es vorher war, nicht mehr die ungebändigte Bestie. Es ist und bleibt zwar auf immer Tier, aber nach dieser Prozedur ist es das in die menschliche Gesellschaft integrierte Tier, das gezähmte Tier. Damit geben die Heiler in dem Pferd dem Kasatkin einen Gefährten an die Seite, der „denselben" Weg gehen wird wie er. Möglicherweise kann das Pferd dadurch für Kasatkin auch so etwas wie ein Führer auf diesem Weg sein und vielleicht jemand, der ihn als „Reittier" ein wenig dabei „trägt".

Übrigens nicht nur in dem Pferd bäumt sich die Bestialität gegen ihre Überwindung auf, sondern auch in dem Hund. Für den Hund kann das aber nur eine Erinnerung sein, er ist in der gegebenen Situation bereits der Gezähmte, der Hund hat seinen Sprung schon getan. Doch die Erinnerung daran steigt auf, als die beiden Heiler sich bei Kasatkin niederlassen, um ein weiteres Mal die Bestialität, das heißt, die aus menschlicher Sicht zerstörerischen Aspekte des Tierseins, zu überwinden, und sie bricht hervor in jenem klagenden Laut.

Und vollkommen verständnisvoll und einsichtig sind die Worte des Heilers auf diesen Ausdruck des erinnerten Schmerzes hin: „Der Hund wittert jenen schwarzen Geist, welcher bereits unsere Anwesenheit fürchtet." Und dieser Schmerz ist es, den auch Kasatkin jetzt zu ertragen und zu überwinden hat, wie übrigens auch der Junge noch, der - wie sich die Sache nunmehr darstellt - als noch nicht endgültig integriertes Mitglied der Gesellschaft noch das „Siegeszeichen" von Albasty trägt: Für ihn wird es noch um den Verlust der „Mutter", um den Verlust der Kinderwelt gehen und um den Eintritt in die Erwachsenenwelt.

Ich weiß nicht, zu welchen Bildern sich die beiden Maßnahmen der Heiler in den Opiumträumen Kasatkins verdichtet haben. Ich vermute, es werden keine erfreulichen oder angenehmen gewesen sein, sondern erschreckende und ängstigende. Wenn das zutrifft, dann wäre damit ein wesentlicher Unterschied zum Ablauf der oben erwähnten Erzählung vom Jäger Kara gegeben. Dort hatte das unbeschreiblich Beglückende bei der Begegnung mit der Peri beim Erwachen des Jägers zu dessen Verzweiflung geführt, zu unbeschreiblichem Trennungsschmerz. Und gerade dieses Erlebnis oder Ereignis hatte dazu geführt, daß er in der Folge eine Zeitlang für die Menschenwelt „verlorenging", indem sein Wünschen und Trachten auf die Jenseitswelt gerichtet blieb. Da es sich dort jedoch um eine Begegnung mit dem Heiligen handelte, war dieser Zustand nur eine kleine Zeit des Übergangs, wonach der Jäger die guten Früchte seiner Begegnung zum Nutzen für sich und seine Umgebung in die Menschenwelt tragen konnte.

Bei Kasatkin scheint etwas Gegenteiliges vorzuliegen: Auch Kasatkin ist offenbar für die Menschenwelt verlorengegangen. Doch anders als der Jäger Kara ist er nicht dem Heiligen begegnet, sondern dem Dämonischen verfallen. Die Aufgabe der Heiler besteht nun darin, Kasatkin diesem Dämonischen zu entreißen und ihn der Menschenwelt zurückzugeben. Doch wie die erste Geschichte von DIVAEV gezeigt hat, kann nicht nur die Lösung vom Heiligen, sondern auch die vom Dämonischen mit unbeschreiblichem Trennungsschmerz verbunden sein. Den will man nicht erleiden, und das ist das Problem. Doch diesen Schmerz können weder die Heiler noch sonst irgend jemand wegnehmen oder aufheben, dieser Schmerz wird sein, solange die Welt besteht, und sei es auch nur als Erinnerung, wie das Aufjaulen des Hundes gezeigt hat. Doch sie können ihn vielleicht mildern und damit annehmbarer machen, indem sie daneben etwas anderes stellen, nämlich die Trennungsfreude: Indem sie die Träume, die aus der Konfrontation mit den bedrohlichen, zerstörerischen und ängstigenden Aspekten des Dämonischen resultieren, bei Kasatkin auslösen und ihm das „magische" Verschwinden seines „Raumes" bildhaft erlebbar machen, ermöglichen oder vermitteln sie ihm bei seinem Erwachen vielleicht auch eine Empfindung der Erleichterung wie „Gott sei Dank, es ist vorbei ... Gott sei Dank, es war nur ein Traum ...". Das heißt, die Empfindung des Schmerzes könnte auf diese Weise überlagert werden von der Empfindung der Erleichterung. Der Vorgang oder das Erlebnis des Wachwerdens - wenn er denn überhaupt *wach* wird - könnte es Kasatkin zudem erleichtern, dem zuvor Erlebten den Status des Traumhaften und damit Scheinhaften zuzuweisen, so, wie es für das Diesseitige „normal" ist (vermutlich ist es für das Jenseitige ebenso normal, dem Diesseitigen den Status des Schein- oder Wahnhaften zuzuweisen). Sollte die Annahme stimmen, daß es sich bei den Träumen Kasatkins um Alpträume handelte, so wäre damit ein Band zwischen zwei der nach traditionellem einheimischem Verständnis grundlegenden Funktionen von Albasty geknüpft: nämlich einerseits als überirdisch schöne Geisterfrau Männer der Menschenwelt zu entziehen und andererseits als Verursacherin des Alptraums zu gelten.

Ich fasse meine Gedanken zu diesem Fall zusammen: Durch die Begegnung mit Albasty geht Kasatkin nach und nach für die Menschenwelt verloren, offenbar ohne daß darin für ihn ein Problem besteht. Ein Problem wird er aber für seine Umgebung, und irgendwann wird es so groß, daß man nach den Heilern schickt. Bis dahin hatte Kasatkin gleichsam zwischen den Welten gependelt - er reagierte ja noch auf dieseitige Einflüsse, obgleich in eingeschränktem Maße -, er war bis dahin gewissermaßen im „Grenzgebiet" geblieben. Das mag dazu geführt haben, daß sein Eindruck von der Albasty-Welt unvollständig war.

Jetzt wird Kasatkin von den Heilern mitten in diese Welt hineingeführt, und sie zeigen ihm in aller Deutlichkeit auch ihre unerfreulichen, schrecklichen Aspekte. Sie sind damit anscheinend bemüht, Kasatkins Zustand, der bisher nur für seine Umgebung ein Problem war, auch für ihn selbst zu einem Problem zu machen. Und indem sie ihm das wie beschrieben inszenierte Erlebnis des Erwachens anbieten, bieten sie ihm eine Lösung dieses Problems an, einen Ausweg. Doch auch wenn die Heiler ihm noch diese oder jene Hilfe (zum Beispiel das Pferd) an die Hand geben, gehen kann Kasatkin diesen Weg nur selber - das verweist auf den offenen Ausgang der Geschichte.

Die letzte Hilfe, die sie ihm geben, ist vielleicht jenes Tuch auf seiner Stirn. Denn jetzt vermeine ich in seiner Farbe so etwas wie einen Trost, fast wie etwas Verheißungsvolles zu erkennen: Der Verlust, den Kasatkin erleiden wird, wenn er den angebotenen Weg aufnimmt, wird kein absoluter sein, wird kein endgültiger sein - und etwas wird ihn begleiten. Und es ist für den vorläufig guten Ausgang des Ganzen vielversprechend, daß die schöne Dschanym es ist, die dieses Tuch aufnimmt und gewissenhaft feucht hält. Sie übernimmt mit dem Tuch und seiner Farbe ein Attribut dessen, was Kasatkin aufzugeben sich anschickt. Und damit ist sie vielleicht geeignet, ein Ziel für das Trachten und Wünschen oder anders gesagt: für die Liebe Kasatkins in der Menschenwelt zu werden; und aufgrund ihrer Zuneigung zu ihm ist sie vielleicht auch bereit, ein solches Ziel zu sein. Und da mir schließlich auch der Vater der schönen Dschanym ein Mensch zu sein scheint, der nicht viel auf das Gerede der Leute gibt, wenn es der Tochter nur gut geht (und der sich dies offenbar auch leisten kann), so sehe ich die Sache nicht ganz hoffnungslos.

Leid durch Fehltritt, durch Umkehr Heilung

Die folgenden Mitteilungen von Tschokan VALICHANOV (1835-1865) sind die frühesten, die mir über Albasty bei den Kasachen vorliegen. VALICHANOV war ein Enkel des letzten Chans der Mittleren Horde, einer von vier kasachischen Herrschaften. Bis zum zwölften Lebensjahr erhielt er eine traditionelle muslimische Ausbildung. Von 1847 bis 1853 absolvierte er das Sibirische Kadettenkorps in Omsk. Anschließend begann er eine militärische Laufbahn und wurde später Adjutant beim Generalgouverneur Westsibiriens.

Aufgrund seines sehr frühen Todes im Alter von gerade dreißig Jahren wurden viele von VALICHANOVS Arbeiten erst später von anderen veröffentlicht. Die folgenden Mitteilungen über Albasty hat zuerst N. I. VESELOVSKIJ[1] herausgegeben. Es handelt sich dabei um zwei Geschichten um den Heiler oder Schamanen (kasachisch Baksy) Koilubai, von denen die zweite der Auseinandersetzung mit einem Herrscher der Albasty gewidmet ist. Nach einem Kommentar der späteren Herausgeber fällt die Aufzeichnung dieser Mitteilungen in die Jahre 1854-1855.[2] Die Fußnoten zum Text stammen von mir.

[VALICHANOV 1961, S. 118-120:]
Man erzählt, daß er [Koilubai] bei einem Pferderennen seine Kobyz[3] aufstellte und vorher befahl, sie anzubinden. Als sich die lange Staubfahne des Rennens zeigte, begann Koilubai mit einem Säbel in Händen sein Spiel und den Schamanengesang; aus der Richtung des Rennens erschien auf einmal ein schrecklicher Orkan, und es blies ein böiger roter Wind, schließlich zeigten sich im Chaos des Staubs und der Finsternis die ersten Pferde und vorneweg ein Saksaul-Baum mit gewaltiger Wurzel, bald mit dem einen Ende, bald mit

---

1 Siehe VALICHANOV 1904, S. 274-282.
2 VALICHANOV 1961, S. 629.
3 Das zweisaitige, kniegeigenartige Streichinstrument der kasachischen Schamanen.

dem anderen die Erde streifend und ein langes Seil hinter sich herziehend. Dies war die Kobyz des Koilubai. Der Wind und Sturm - dies waren die Kräfte seines Geistes Kökaman. Der Preis war gewonnen.

Nicht ein Geist des Baksy von den Albasty, der Bedränger bei Entbindungen, hatte Macht [bei Anwesenheit] des Koilubai: Für Albasty brauchte Koilubai bloß die Peitsche oder Mütze zu schicken - sogleich ließ [Albasty] ab. Im Volke gibt es bis jetzt die Erzählung über einen Fall, da sich die Stirn [des Koilubai] runzelte ...

Das Oberhaupt seiner Peri-Geister war Nadyr-Tschulak, das der Dschinn war Kökaman und das der Schaitan war der tapfere Tschoilan. Er hielt seine Geister in strenger Ordnung: Sie bildeten drei Heerscharen, und auf seine Aufforderung hin waren sie gezwungen, eine wohlgerüstete Abteilung aufzustellen.

All dies ist eine Erzählung aus dem Munde des Volkes.

Einmal erschien ihm [dem Koilubai] im Traum wie gewöhnlich der Nadyr-Tschulak, das Oberhaupt der Peri, mit einem Bericht über das Zukünftige und teilte ihm mit, daß in einigen Tagen bei der Entbindung einer Frau der Herrscher der Albasty selbst da sein werde, und er riet ihm, nicht dahin zu reisen, indem er sprach: „Wir haben die Versammlung der Geister um der Launen der Menschen willen bereits genügend wider uns gereizt."

Als Koilubai am Morgen aufgestanden war, teilte er im Gespräch die höhere Wahrnehmung mit, daß in wenigen Tagen eine schlimme Entbindung sein werde. Und tatsächlich, nach zwei Tagen erschien ein Eilbote von irgendeinem Herrn, der Koilubai um Hilfe bat. Alle Kasachen waren überzeugt, daß, solange es Koilubai gibt, sie vor allem Unheil des Schicksals außer dem Tod geschützt wären, und der Bote erschien sehr fröhlich, voller Zuversicht in die Macht des Koilubai.

Nicht zu fahren würde bedeuten, die Autorität zu verlieren und seine Hilflosigkeit gegenüber so nichtigen Teufeln wie Albasty zu zeigen; doch zu fahren würde bedeuten, die Bitte und die Ratschläge des Nadyr nicht zu ehren und das eigene Leben zu riskieren. Doch der Ehrgeiz, der große Beweger des kasachischen Volkes, gewann die Oberhand. Koilubai machte sich auf den Weg. Er schickte den Boten vorneweg und beauftragte ihn, zweihundert Leute um die Jurte der Leidenden zu versammeln und Tür und Tündük (Spitze der Jurte) zu öffnen. Die beiden zweiten Heerscharen [erschienen] in voller Bewaffnung unter Führung des Kökaman und des Tschoilan; Nadyr war nicht bei ihnen, er war beleidigt und nicht gekommen.

Als [Koilubai] sich der Jurte näherte, erhob er ein Geschrei, und den Säbel schwingend fuhr er in die Jurte hinein. Voller Zorn und Furchtlosigkeit richtete er den Blick auf den Rauchöffnungsreifen der Jurte, schwang den Säbel, und der Säbel stieß auf irgend etwas, der Klang war metallisch ... Koilubai schrie auf und fiel entseelt vom Pferd, sich in schrecklichen Zuckungen windend. Aus Mund und Ohren ergoß sich schwarzes, gerinnendes Blut. Die Leidende, die zuvor bedrückt dagelegen hatte, verlor das Bewußtsein.

Als Koilubai auf dem Rauchöffnungsreifen den Herrscher der Albasty erblickte, auf einem schwarzen Pferd, schwarz wie Samt, von Kopf bis Fuß in dunkelblaues Eisen gespannt, [mit] einem Auge, gewaltig wie eine Schale für Kumys[4], welches mitten in der breiten Stirn stand - lächelte er böse über Koilubai und spricht: „Dir haben wir die Ehre erwiesen und viel gegeben, nun aber gib auch uns einmal!" - und in Händen hielt er eine gewaltige rote Fahne, das Zeichen seines Sieges. Der metallische Klang war der Klang seines Panzers gewesen, er hatte Koilubai besiegt.

Das Volk war in Schrecken: Koilubai lag in der Jurte wie inmitten der Steppe ein Pferd in den letzten Zügen. Irgendein Nebel bedeckte die Jurte, und übernatürliches Donnern und Grollen bestürzte die Seelen der Leute. Dies war die schreckliche Schlacht zwischen den

---

4 Gegorene Stutenmilch, ein Getränk.

Heerscharen der Geister des Koilubai und dem einäugigen Herrscher der Albasty. Der schwarze Renner drehte sich tänzelnd unter dem Geist im Kreis, und dieser stand fest auf seinem Platz.

Auf einmal hub in der Ferne ein schrecklicher Wind an zu blasen, eine gewaltige schwarze Wolke raste mit fürchterlichem Donner und schrecklicher Geschwindigkeit durch die Luft und senkte sich plötzlich über die Jurte; Finsternis bedeckte den Himmel, das Getöse nahm zu, es ertönte ein Prasseln, und schnell zog die Wolke Richtung Westen ab. Dies war Nadyr-Tschulak, er hatte das Unglück seines Lieblings nicht ertragen können; mit seiner erlesenen Schar, mit seiner kurzen Kiefernlanze, dem Brünnenbrecher, erschien er und stieß die Lanze dem einäugigen Schaitan genau in die Brust. Die Albasty liefen. Kaum hatte sich die Wolke verzogen, da sprang Koilubai von seinem Platz auf und schrie: „Ajnalajïn (ich will mich drehen), Nadyr-Tschulak, ich bin dein Opfer!"

Er ergriff die Kobyz, begann zu spielen und schrie aus voller Kehle: „Ergreif ihn lebend und bring ihn zu mir!"

Auch die Leidende kam zu sich: „Inšallah tauba[5]!"

Die Albasty waren aufs Haupt geschlagen, ihr Herrscher gefangen und gefesselt dem Koilubai vorgeführt: Man nahm ihn in Dienst, indem man ihn zum Anführer der Albasty bestimmte.[6]

Über Aufzeichnungsort, -zeit und -umstände sagt der Text nichts. Auch ein Erzähler wird nicht genannt, die Quelle liegt in der Unbestimmtheit einer allgemeinen Volksüberlieferung, worauf nicht weniger als dreimal aufmerksam gemacht wird: „Man erzählt ...", „Im Volk gibt es bis jetzt die Erzählung ..." und „All dies ist eine Erzählung aus dem Munde des Volkes" heißt es.

Der Text ist zwei Episoden aus dem Leben des Baksy Koilubai gewidmet: einerseits dem Sieg seiner Kobyz beim Pferderennen, ande-

---

5 *Inšallah* heißt „so Gott will", und *tauba* ist „Reue"; vielleicht: „So Gott will ist Reue"?
6 Die Gedanken zu dieser Geschichte habe ich schon einmal veröffentlicht (TAUBE 2005), dort bin ich auch näher auf sprachliche Fragen und dergleichen eingegangen.

rerseits seinem Sieg über den Herrscher der Albasty sowie dessen Eingliederung mitsamt seiner Heerschar in die Schar der Geister, die dem Baksy dienstbar sind. Zwischen den beiden Episoden findet sich noch ein kurzer Zwischenteil. Ich habe in der Übersetzung die einzelnen Abschnitte durch Leerzeilen voneinander getrennt.

Der Held der beiden Hauptepisoden ist eine konkrete Gestalt, der Name Koilubai kann als „Schaf-Reicher" übersetzt werden. Durch ihren Bezug auf eine bestimmte Person und auf bestimmte Ereignisse in deren Leben ist die vorliegende Erzählung noch den Geschichten verhaftet, die auch sonst über Albasty erzählt werden. Aber die Art der Erzählung, die Übersteigerung des Geschehens durch die Vervielfältigung der Geister und dadurch, daß ihnen Herrscher vorgesetzt sind, sowie insbesondere das Grandiose bei der Schilderung des Kampfes zwischen den Geistern, zeigen deutlich die Nähe zur epischen Überlieferung Zentralasiens, also zu einer ganz anderen Erzähltradition als die sonstigen Albasty-Geschichten, bei denen es sich um Erlebnisberichte, Sagen oder (selten) Märchen handelt. Die Überhöhung ins Mythische kommt auch dadurch zum Ausdruck, daß VALICHANOV den Koilubai an anderer Stelle (S. 118) als „Patron aller Baksy" bezeichnet. Die Absicht der Erzählung liegt auf den ersten Blick in der Lobpreisung dieses berühmten Baksy.

Die erste Episode wird auch von anderen Autoren und in bezug auf andere Baksy überliefert, sie scheint damit ein mehr oder weniger fester Bestandteil des kasachischen Erzählgutes zu sein. In dieser Episode erfüllt die Kobyz, wie es für schamanische Musikinstrumente üblich ist, die Funktionen eines Reittieres des Baksy: Wie ein Reittier wird sie zu einem Wettrennen aufgestellt, und - wenngleich nicht im Zusammenhang mit einem Rennen, so doch grundsätzlich - wie ein Reittier wird sie angebunden. Woran der Baksy die Kobyz anbinden läßt, wird nicht erwähnt. Doch woran bindet man ein Reittier? An einen Pflock oder an einen Baum. Danach beginnt der Baksy sein Spiel mit einem Säbel - das ist verständlich, mit der Kobyz kann er sein Spiel nicht beginnen, die ist irgendwo angebunden. „Spiel" ist ein Fachbegriff und meint eine schamanische Séance.

Nach dem Start des Rennens zeichnen sich aus dem sich erhebenden Staub die ersten Pferde ab. Davor bewegt sich „ein Saksaul-Baum mit gewaltiger Wurzel, bald mit dem einen Ende, bald mit dem anderen die Erde streifend und ein langes Seil hinter sich herziehend. Dies war die Kobyz des Koilubai". Das kann so verstanden werden, daß sich die Kobyz des Baksy auf dessen Spiel hin in den Saksaul-Baum verwandelt hat, sich dann, getrieben von der Kraft des Kökaman davon losgerissen hat, woran sie angebunden war, und schließlich vor den Pferden das Ziel erreicht.

Ich bin aber im Zweifel, ob das Bild - insbesondere das Sichverwandeln der Kobyz - auf diese Weise richtig überliefert wurde. Denn nach einer ganz ähnlichen, von G. N. POTANIN mitgeteilten Version, in der allerdings ein Baksy namens Balakai die Rolle des Koilubai übernimmt, stellt sich die Sache etwas anders und für meine Begriffe sinnvoller dar: „Balakai, ein Schamane aus dem Geschlecht der Naiman, ließ seine Kobyz (ein Saiteninstrument) zu einem Wettrennen. Er band die Kobyz an einen Baum; dann ließ man die Pferde los. Die Pferde liefen, und die Kobyz, nachdem sie den Baum mit der Wurzel herausgerissen hatte, jagte den Pferden nach. Der Baum schleifte, sich überschlagend, und die Kobyz gelangte als erste zum Ziel."[7] Der samt Wurzel aus der Erde gerissene Baum, den die Kobyz hinter sich herzieht, und daß sie trotz dieses Hemmnisses das Rennen gewinnt, stellt ein anschauliches Bild für die gewaltige Kraft der Geister des Baksy dar.

Wie dem auch sei: Daß Koilubai seine Kobyz überhaupt zum Wettreiten aufstellte und daß er zuvor „befahl, sie anzubinden", kann ich nur so verstehen, daß der Baksy zu dem Zeitpunkt bereits eine Demonstration der besonderen Stärke seiner Geister im Sinn hatte. Dabei stellt sich mir die Frage nach der Motivation des Baksy. Wozu stellt er seine Kobyz zum Wettrennen auf? Im Außen des

---

7 POTANIN 1917, S. 64.

Baksy kann ich eine Antwort darauf im Text zunächst nicht erkennen - wenn ich nicht annehmen will, daß es diesem mythischen Heiler, dem Patron aller Baksy, um das Preisgeld zu tun war. Da ist niemand, dessen Leid es zu lindern galt, wozu den Baksy seine besondere Begabung gerade befähigt. Wenn sich also im Außen kein Bedürfnis zeigt, das durch den Einsatz der Geisterstärke befriedigt werden soll, wie sieht es dann damit in seinem Innern aus? Eine Antwort darauf finde ich im Text nicht.

In „unzulässiger" Verallgemeinerung der eigenen Schwächen könnte ich allerdings einen Grund vermuten, nämlich Eitelkeit: Könnte es sein, daß nichts als eitle Ruhmsucht den Baksy zu dieser Demonstration veranlaßt hat? Immerhin hätte er durch seine Tat, wie die Zeit erweist, sein Ziel erreicht: Zum „Ruhme" des Koilubai wird diese Geschichte, die eine Geschichte der Demonstration der Geisterkraft um möglicherweise nichts als der Demonstration willen ist, noch vor nicht allzu langer Zeit erzählt. Damit wäre allerdings diese Geschichte nicht nur eine von der Kraft der Geister - so, wie sie von ihren Überlieferern wohl verstanden worden ist -, sondern zugleich eine - und zwar unabhängig davon, zu welchem Zweck sie erzählt wurde - vom Schwachwerden eines Baksy. Denn nach allem, was ich sonst über mittelasiatisches Schamanenwesen erfahren habe, wäre ein solches Verhalten eines Baksy ein eklatanter Mißbrauch seiner Fähigkeiten; und daß dieser Mißbrauch für den Baksy ohne Folgen bliebe, wäre geradezu undenkbar.

Etwas verwirrend sind die Angaben des kurzen Abschnitts zwischen den beiden Episoden. Der erste Satz lautet: „Nicht ein Geist des Baksy aus [der Gruppe der] Albasty, der Bedrücker bei Entbindungen, hatte Macht [bei Anwesenheit] des Koilubai: Für Albasty brauchte Koilubai bloß die Peitsche oder Mütze zu schicken - sogleich ließ [Albasty] ab." Diese Aussagen können als eine einleitende Bemerkung zu der dann folgenden Episode verstanden werden: Die zweite Episode wird erzählt als Erklärung für die besonders große Macht Koilubais über die Geister Albasty, die bereits hier als Geister „des Baksy" in Erscheinung treten. Um diese abzuwehren genügt es, daß Koilubai seine Mütze oder seine Peitsche zu den Bedrängten schickt.

Der zweite Satz dieses Zwischenabschnitts „Im Volke gibt es bis jetzt die Erzählung über einen Fall, da sich die Stirn [des Koilubai] runzelte ..." erweckt einerseits den Eindruck, als würde wiederum ein völlig neuer Gedanke eingeleitet. Da eine Beziehung zur zweiten Episode andererseits jedoch auch in diesem Satz hergestellt wird - ich beziehe die Runzeln auf Koilubais Stirn auf seine vorläufige Niederlage gegenüber dem Herrscher der Albasty -, steht dieser Satz in gewissem Sinne im Widerspruch zum vorigen, der ja auch schon als eine Einleitung zur zweiten Episode verstanden werden konnte. Und völlig beziehungslos zum Vor- und Nachher sind die folgenden beiden Sätze über Koilubais Geister und deren Organisation. Diese Beziehungslosigkeit ist offenbar auch VALICHA-NOV selbst oder dem ersten Herausgeber des Textes aufgefallen, dahingehend verstehe ich die Lücke im Text (...), die diesen Angaben vorausgeht, sowie den folgenden Satz „All dies ist eine Erzählung aus dem Munde des Volkes", der die Sache praktisch zum dritten Mal anhebt, indem der Hinweis auf den Charakter des Wiedergegebenen als Volksüberlieferung wiederholt wird und nun tatsächlich endlich zu dieser Überlieferung überleitet.

Die zweite Episode aus dem Leben Koilubais beginnt damit, daß ihm das Oberhaupt der Peri, Nadyr-Tschulak, im „Traum" erscheint. Dabei setzt dieser den Koilubai über eine bevorstehende schwierige Entbindung in Kenntnis, bei der der Herrscher der Albasty selbst anwesend sein werde, und gibt den Rat, nicht als Heiler dahin zu gehen. Dieser Rat ist verbunden mit der merkwürdigen Begründung, daß sie „die Versammlung der Geister um der Launen der Menschen willen bereits genügend wider" sich „gereizt" hätten. Merkwürdig ist diese Begründung insofern, als sie Koilubais Status als berufener

Heiler zu widersprechen scheint: Es sind ja schließlich die Geister selbst, die den Heiler zu seinem Dienst berufen. Wozu aber sollte man einen Menschen erst zu einem Dienst berufen, wenn man ihm hinterher den Rat gibt, dieser Berufung und diesem Dienst nicht nachzugehen? Die „Begründung" des Geistes stellt somit im Zusammenhang mit Koilubais Baksy-Sein eine Ungereimtheit dar, und daher macht sie mich mißtrauisch.

Am nächsten Morgen teilt der Baksy die Nachricht des Geistes den anderen mit. Das könnte die Funktion haben, die Trefflichkeit des Baksy hervorzuheben. Und nach zwei Tagen erfüllt sich diese Vorhersage des Baksy in der Tat.[8]

Die Mitteilung des Geistes und die Bitte des Boten stürzen Koilubai in einen Konflikt: Soll er sich der Bitte entziehen und dem merkwürdigen Rat des Nadyr-Tschulak folgen, oder soll er es riskieren, sich über das Ansinnen des Geistes hinwegzusetzen, und der Gebärenden zu Hilfe kommen? Mit anderen Worten: Soll er seinem Geist folgen – wobei ich mehr und mehr geneigt bin, an dieser Stelle zunächst offenzulassen, um wen es sich dabei handelt –, oder soll er seiner Verantwortung nachkommen? Koilubai entscheidet sich am Ende für seine Verantwortung, die im Text fälschlicherweise und vielleicht auch etwas herablassend als „Ehrgeiz, der große Beweger des kasachischen Volkes" bezeichnet wird. Nach der ersten Episode zu urteilen, könnte man zwar meinen, daß tatsächlich so etwas wie „Ehrgeiz" in den Motivationen Koilubais eine Rolle spielt. Für den vorliegenden Fall, der ja eine gewisse Selbstlosigkeit des Baksy offenbart,

---

[8] Den Heilern selbst schmeicheln Vorhersagen, die sich bewahrheiten. Als einmal mein Begleiter und ich eine Heilerin in einem Dorf bei Chiwa aufsuchen wollten, trafen wir sie nicht zu Hause an. Während wir noch unschlüssig herumstanden, kam ein Auto dahergefahren, hielt an und die Heilerin und weitere Familienangehörige stiegen aus. Es stellte sich heraus, daß sie von einer Familie, der sie einen Dienst erwiesen hatte, zu Gast geladen worden waren. Während des Gastmahls begann die Heilerin, auf den Aufbruch zu drängen mit dem Hinweis, daß Gäste von fern gekommen wären, die sie zu Hause erwarten würden. Gleich mehrfach fragte sie ihre Angehörigen nach ihrer Ankunft bei uns gleichsam triumphierend: „Hab' ich es euch nicht gesagt? Hab' ich's nicht gesagt?"

würde ich an diese Stelle jedoch lieber etwas wie „Verantwortungsbewußtsein" oder „Mitgefühl" setzen. Jedenfalls gibt der Ausgang des Geschehens Koilubai in seiner Entscheidung recht.

Daß der Baksy in Vorbereitung seines Auftritts viele Menschen versammeln läßt, gehört zum üblichen Verfahren bei solchen Zeremonien, ebenso, daß man bei schweren Entbindungen Tür und Rauchöffnung des Hauses öffnet.

Bei seiner Ankunft stürmt Koilubai mit geschwungenem Säbel in die Jurte der Gebärenden hinein. Ein ähnliches Verhalten in entsprechenden Situationen wird nicht selten in den Quellen beschrieben; daß es jedoch auf dem Pferd reitend geschieht, ist einmalig und könnte daher zur genrespezifischen Übertreibung gehören. Der metallische Klang eines Säbelschlags ist zu hören, für die anderen Anwesenden wahrscheinlich nur dies; für den Baksy verbindet sich dieser Klang mit der Wahrnehmung des berittenen Herrschers der Albasty auf dem Rauchöffnungsreifen. Warum der Baksy daraufhin vom Pferd stürzt, wird nicht ausdrücklich gesagt: Ist es die Wucht, mit der sein wirkungslos gebliebener Hieb vom Panzer des Geistes abprallt, die ihn zu Boden wirft? Oder hat der Herrscher der Albasty seinerseits einen Schlag gegen Koilubai geführt? Wie dem auch war, die Folgen für Koilubai sind offenbar mißlich; eine Diagnose zu den Zuckungen und zum schwarzen, gerinnenden Blut, das sich aus Mund und Ohren ergießt, muß ich mir als Nichtmediziner versagen.

Etwa an dieser Stelle vollzieht die Erzählung möglicherweise einen Wechsel in der Perspektive: Folgte sie bis zur Wahrnehmung des Herrschers der Albasty der Sicht des Baksy, so ist es jetzt seine Umgebung, die zusieht, wie Koilubai niederstürzt und daliegt „wie ... in den letzten Zügen", und die auch das Blut sieht, das sich ergießt, und die genannten meteorologischen Erscheinungen. Dafür könnte auch sprechen, daß auf die Gefühlslage der Zuschauer Bezug genommen wird: „Das Volk war in Schrecken ..."

Mit besonderen meteorologischen Erscheinungen ist schließlich auch das Nahen des Nadyr-Tschulak verbunden, das über den Ausgang des Geschehens entscheidet. Das heißt, die Heerscharen des Kökaman und des Tschoilan vermochten offenbar nicht, genügend Hilfe zu leisten, dazu bedurfte es des Nadyr-Tschulak und seiner „erlesenen Schar": „Die Albasty waren aufs Haupt geschlagen, ihr Herrscher gefangen und dem Koilubai gefesselt vorgeführt: Man nahm ihn in Dienst, indem man ihn zum Anführer der Albasty bestimmte." Dieses Beispiel zeigt, daß der bezwungene Schadensgeist zu einem seinem Bezwinger dienstbaren Geist werden kann. Diese Übernahme erfolgt aber möglicherweise nicht zwangsläufig, darauf deutet das „Ergreif ihn lebend!" - vielleicht wäre auch ein anderer Ausgang denkbar gewesen.

Auffällig ist, daß die Sicht der Leidenden in der ganzen Episode so gut wie gar nicht vorkommt; sie erscheint lediglich als Anlaß dafür, daß der Baksy tätig wird. Nur einen Satz spricht sie aus, der das Ende ihrer Ohnmacht anzeigt und ihre Erleichterung zum Ausdruck bringt.

Ich komme nun zur Betrachtung von Koilubais Geistern: Kökaman - das Oberhaupt der Dschinn, Ir-Tschoilan - das Oberhaupt der Schaitan, Nadyr-Tschulak - das Oberhaupt der Peri. Alle drei Arten von Geistern bilden jeweils eine eigene Heerschar und sind dem Baksy zu Diensten.

In der ersten Episode tritt nur Kökaman in Erscheinung, sein Name könnte als „Himmelsheil" übersetzt werden. Er führt die Kobyz beim Pferderennen zum Sieg, wobei er als „schrecklicher Orkan" und „böiger roter Wind" auftrat. Zu diesem Kökaman finden sich weitere Angaben in der Literatur, so zum Beispiel folgende Verse in einer schamanischen Anrufung:

> Dem das Fell von neunzig Schafen
> zum Pelz nicht reicht, Kökaman,
> dem das Fell von achtzig Schafen
> zum Ärmel nicht reicht, Kökaman,

> komm doch hierher, Kökaman,
> dessen Durchdringend-Sein ich fürchte!⁹

Demnach ist Kökaman von riesenhafter Größe. Verglichen mit den anderen Geisterführern scheint er aber eher einer der geringeren zu sein. Zwar kann man offenbar trefflich mit ihm angeben - zum Beispiel mit seiner Hilfe Bäume ausreißen oder eine Kobyz ein Pferderennen gewinnen lassen, aber schon wenn es um so „nichtige Teufel" wie Albasty geht, taugt ein Kökaman eigentlich nicht. So erscheint er zwar als riesengroß und riesenstark, aber leider vielleicht auch riesendumm, mehr also ein Geist sozusagen aus der „Trickkiste" eines Schamanen.

Mit vergleichbaren meteorologischen Erscheinungen wie bei Kökaman, vielleicht noch etwas verstärkt, was seinen Rang unter Koilubais Geistern hervorheben würde, ist das Erscheinen des Nadyr-Tschulak (das heißt „Vortrefflicher Lahmer") verbunden: Es kündigt sich an als schrecklicher Wind, in dem „eine gewaltige schwarze Wolke ... mit fürchterlichem Donner und schrecklicher Geschwindigkeit durch die Luft" rast. Die Bezeichnung als „Lahmer" erscheint mir dennoch passend, wenn ich bedenke, wieviel Zeit sich der Nadyr-Tschulak gelassen hat, bevor er dem Koilubai bei der Entbindung zu Hilfe kam.

Der Vorzug, den Nadyr-Tschulak vor den anderen Geistern genießt, und das besondere Verhältnis, das zwischen ihm und Koilubai besteht, zeigt sich darin, daß es offenbar regelmäßig („wie gewöhnlich") zu Begegnungen zwischen beiden im Traum kommt, in denen Nadyr-Tschulak dem Koilubai Mitteilung von bevorstehenden Ereignissen macht - in bezug auf die anderen beiden Geisteranführer ist davon keine Rede.

Einen weiteren Ausdruck findet die Besonderheit dieses Verhältnisses darin, daß Koilubai als „Liebling" des Nadyr-Tschulak bezeichnet wird, ebenso wie in seiner Anrufung am Ende: *„Ajnalajin*

9 DIVAEV 1899, S. 320.

(ich will mich drehen - so nach dem russischen Text), Nadyr-Tschulak...",
was im Kasachischen ein Ausdruck höchster Zuneigung ist. Das Verb
ajnal- bedeutet „umherschweifen", „ziellos gehen"; auch „umkreisen",
„verwandeln". Die eigentliche Entsprechung im Deutschen dazu
scheint mir daher mehr im „wandeln", „sich wandeln" zu liegen als
im „sich drehen". Und was könnte ein größerer Ausdruck der Liebe
sein, als wenn einer sagte: „Ich will mich wandeln (für dich)"? -
Möglicherweise gehen diese Formulierungen auf das Konzept des
Schamanen oder der Schamanin als einem Geliebten oder einer
Geliebten der Geister zurück, das in Mittelasien weit verbreitet ist.

Vergleichsweise mager sind demgegenüber die Angaben zum Ir-
Tschoilan. Schon die Bedeutung des Namens ist nicht ganz klar: *ir*
heißt „tapfer" und *čojlan* könnte vielleicht „Täusch dich!" bedeuten,
wenn etwas wie „Tapferer Täusch-dich!" als Name denkbar wäre;
näheres dazu findest du bei Taube 2005.

In den beiden Episoden taucht Ir-Tschoilan lediglich ein einziges
Mal auf, nämlich dort, wo davon die Rede ist, daß nur zwei der drei
Heerscharen des Koilubai auf dessen Aufforderung hin erschienen
sind. Doch auch an dieser Stelle bleibt er völlig farblos, und eine
Auswirkung seines Erscheinens auf den Gang der Dinge kann ich
nicht erkennen. Hinsichtlich seiner Mächtigkeit im Kreis der anderen Geisteranführer fällt lediglich auf, daß er offenbar schwächer ist
als der Herrscher der Albasty, da er gegen diesen nichts ausrichten
kann, und damit auch schwächer als Nadyr-Tschulak, da dieser jenen
ja überwindet.

Es bleibt, Koilubais Widersacher zu betrachten. Er wird als
Herrscher der Albasty bezeichnet, was offen läßt, ob er auch selbst
ein Albasty ist. Er ist offenbar männlich und tritt als furchtbarer
Krieger in Rüstung auf. Als Attribute sind ihm ein schwarzes Pferd,
eine rote Fahne und ein gewaltiges Auge mitten in der Stirn zugeschrieben. Ein rabenschwarzes Pferd spielte auch in der vorigen
Geschichte eine Rolle, dort sollte mit ihm die Albasty vertrieben
werden.

Rote Farbe wird nicht selten im Zusammenhang mit Albasty erwähnt. Grundsätzlich ist Rot ein Attribut des Mütterlichen.[10] Doch zunächst ist es für mich bei der Betrachtung des Bildes des Herrschers der Albasty, wie er „eine gewaltige rote Fahne, das Zeichen seines Sieges" in Händen hält, unmöglich, nicht daran zu denken, daß auch die Revolutionäre der Arbeiterbewegung seinerzeit rote Fahnen in den Händen hielten. Der Zusammenhang zu Mütterlichem ergibt sich, wenn ich mir vergegenwärtige, daß die weltanschauliche Grundlage dieser Revolutionäre der *Mater*-ialismus war.[11] Ob die rote Farbe des Windes, in dem die Kobyz beim Wettrennen in der ersten Episode auftaucht, mit dem hier Besprochenen in Verbindung gebracht werden kann, ist zunächst eher zweifelhaft, da das Geschehen dort ja nicht im Zusammenhang mit dem Auftreten des Herrschers der Albasty stand, sondern mit dem des Kökaman.

Der Abzug der gewaltigen schwarzen Wolke, in der nach dem Erscheinen des Nadyr-Tschulak der Kampf zwischen den Heerscharen der verschiedenen Geister stattfindet, nach Westen könnte dahingehend verstanden werden, daß der Westen der eigentliche Aufenthalt der Albasty ist: Sie werden gerade dahin gejagt oder sie fliehen dahin, wo sie eben hingehören.

Die Einäugigkeit stellt den Herrscher der Albasty in die Nähe von Gestalten aus den kasachischen Varianten der Polyphem-Geschichte.[12] Bei dieser Einäugigkeit handelt es sich nicht um eine, die aus dem Verlust eines von ursprünglich zwei Augen resultiert, sondern um eine, die dem Herrscher der Albasty von Anfang an eigen ist, die ihn charakterisiert. Es stellt sich damit die Frage nach ihrer Bedeutung. Einäugigkeit hat jedenfalls die Folge, daß der Blickwinkel dieses Herrschers nicht nur eingeschränkt ist, sondern daß er über einen Blick-„Winkel" überhaupt nicht verfügt; sie steht für eine einge-

---

10 Vergleiche dazu FESTER 1980, S. 71.
11 Auf diesen Zusammenhang bin ich durch J. GEBSER (Bd. 2, S. 362) aufmerksam geworden; die Bekanntschaft mit diesem Buch verdanke ich Michael Schmidt (Görlitz).
12 Vergleiche TURSUNOV 1973, S. 156-166.

schränkte Wahrnehmungsfähigkeit. Als Bild steht sie vielleicht für „Immer nur eine Seite der Dinge sehen können" und damit nicht nur für eingeschränkte Wahrnehmungsfähigkeit, sondern auch für eingeschränkte Deutungsfähigkeit. Durch die Reduktion der Dinge auf nur einen ihrer Aspekte wäre darüber hinaus ihre Wertung sehr vereinfacht, „gut" oder „schlecht" würden sehr direkt benannt werden können, wobei sich der Maßstab allein im Wahrnehmungssubjekt fände. Die Einstellung zu den Dingen wäre auf „ja" und „nein" reduziert, Differenzierungen fänden nicht statt. Zugleich wäre einer solchen Einstellung wohl auch etwas Triebhaftes, Absolutistisches und Herrisches eigen.

Einmal wird der Herrscher der Albasty als „einäugiger Schaitan" bezeichnet, so wie auch in den ersten beiden Geschichten die Wörter Albasty und Schaitan in gleichem Sinne aufgetaucht waren. Etwas irritierend ist hier allerdings, daß die Schaitan als eine Gruppe von Geistern des Baksy vorgestellt werden mit dem Ir-Tschoilan als Oberhaupt, die dem Baksy bereits dienstbar ist. Ich muß also zunächst annehmen, daß Albasty und Schaitan hier verschiedene Arten von Geistern sind. Doch wie erklärt sich dann das „einäugiger Schaitan" für den Herrscher der Albasty? Könnte es sein, daß auch hier Schaitan und Albasty zwei Worte für ein und dasselbe sind, was zugleich bedeuten würde, daß der Ir-Tschoilan und der Herrscher der Albasty eine „Person" wären?

Ich denke, es gibt einige Hinweise, die für ein solches Verständnis sprechen, ich trage sie zusammen: Dort, wo das „Schaitan" erstmals auftaucht (in dem Abschnitt zwischen den beiden Episoden), war mir die Beziehungslosigkeit dieser Passage zu ihrem Vor- und Nachher aufgefallen. Es könnte daher sein, daß sie - ebenso wie der erste Satz in diesem Zwischenteil - nicht einen Zustand beschreibt, den Koilubai im Vorher der zweiten Episode bereits erlangt hatte, sondern einen, den er durch den Sieg über den Albasty-Herrscher, den einäugigen Schaitan eben, erst zu erlangen im Begriff war.

Des weiteren war die Farblosigkeit des Tschoilan aufgefallen: Eine wirkliche Funktion innerhalb der beiden Episoden hat er auch dort nicht, wo sein Name erwähnt wird. Als dienstbarer Geist Koilubais verfügt er aber über einen bekanntgegebenen Namen. In wiederum auffälligem Gegensatz dazu steht die Namenlosigkeit des Herrschers der Albasty. Auch nachdem er überwunden worden ist, erfährt man über seinen Namen nichts. Und das einzige Attribut, das dem Tschoilan zugewiesen ist, nämlich „tapfer", ist eines, das man dem Herrscher der Albasty, der als durchaus respektabler und gewaltiger Kriegsherr beschrieben ist, vielleicht nicht absprechen wird.

Einzig die Erwähnung des Ir-Tschoilan innerhalb der zweiten Episode bleibt als Widerspruch zur Annahme einer Identität von Ir-Tschoilan und des Herrschers der Albasty unverrückbar stehen; ein Widerspruch allerdings, von dem ich erst am Ende der Betrachtung entscheiden werde, ob er möglicherweise auf ein Versehen VALICHANOVS zurückzuführen ist.

Wenn ich den Text und meine Gedanken dazu bis hierher überblicke, so erinnere ich mich an zwei Momente, die gewissermaßen als Ungereimtheiten aufgefallen und stehengeblieben waren. Das eine war die Sinnlosigkeit der Machtdemonstration des Baksy in der ersten Episode, die ich nur als Ruhmsucht und damit Schwäche zu interpretieren in der Lage war. Dieses unstandesgemäße Verhalten des Baksy war für ihn in dieser ersten Episode ohne erkennbare Folgen geblieben - ebendarin sehe ich die Ungereimtheit. Es wäre nun denkbar, daß es an der Art der Folgen lag, die vielleicht nicht mit so großem Getöse daherkamen wie ein ausgerissener Baum, daß darüber nichts bekannt geworden ist - Leiden könnte sich auch im stillen vollziehen.

Die andere Ungereimtheit bestand in der zweiten Episode in der Begründung des Nadyr-Tschulak für seine Empfehlung, nicht zu der Gebärenden zu gehen: „Wir haben die Versammlung der Geister um der Launen der Menschen willen bereits genügend wider uns gereizt." Bei der getrennten Betrachtung der Episoden war als

„Laune der Menschen" die Bitte des Boten um Hilfe für die notleidende Frau erschienen, und genau das war das Unfaßbare: Eine solche Bitte ist doch keine „Laune", und die Erfüllung solcher Bitten gehört doch gerade zu den Obliegenheiten eines Baksy, der von den Geistern ebendazu ausersehen und in den Stand gesetzt worden ist.

Betrachte ich den Text jedoch im Zusammenhang, so erkenne ich als „Laune der Menschen" etwas anderes, nämlich: die Demonstration der Geisterstärke ausgerechnet beim Pferderennen. Das „Launen der Menschen" klingt nach mehreren. Es könnte also doch sein, daß ein Anlaß für diese Demonstration im Außen des Baksy vorlag, zwar nicht in Form eines Leidens, das es zu lindern galt, sondern in der Form, daß Menschen an den Baksy mit dem Anliegen herangetreten sind, anläßlich der Festivität, während der das Wettreiten stattfand, doch bitte schön etwas von seiner besonderen Gabe und Fähigkeit zur Unterhaltung der Gäste zu zeigen. Doch selbst wenn ein solches Anliegen bestand - das für den Baksy in der Folge, wie ich meine, beinahe Fatale ist, diesem Ansinnen in dieser Form nachgegeben und damit einen Mißbrauch seiner Fähigkeiten betrieben zu haben. Und das ist ein Umstand, der sehr wohl als Anlaß geeignet sein könnte, daß sich die Versammlung der Geister „gereizt" zeigt. Insbesondere hinsichtlich des Kökaman wäre Gereiztheit sehr verständlich, haben ihn doch diese Vorgänge, wie die obige Darlegung gezeigt hat, als einen rechten Deppen erscheinen lassen.[13]

---

13 KOMAROV (1905) schreibt, daß Baksy zur Unterhaltung auf Hochzeiten beitragen, und gibt u.a. als Beispiel: „Als sein lustigster Streich gilt es, wenn der Baksy die Sinne täuscht. So erklärt [er] ... den in der Jurte Sitzenden, daß es darin eine Überschwemmung geben werde und daß jeder Mann einen Hecht herausfischen solle, jede Frau aber eine Ente. Es erhebt sich ein allgemeiner Tumult, doch nach einigen Minuten verschwindet das Wasser, die Gäste halten in Händen, was ihnen zufiel. Natürlich erhebt sich erneut ein allgemeines Gelächter." Beachte bitte den Unterschied zwischen der Vorführung hier und dem Aufstellen der Kobyz zum Wettrennen: Hier ging es um ein Gaudi für die Festgäste, bei Koilubai um Ruhm und „Geld" für den Baksy („Der Preis war gewonnen"). Im Text von STEPNOJ (siehe das übernächste Kapitel) betont ein Baksy, daß die Bezwingung der Gier eine Voraussetzung ist, wenn man erfolgreich gegen Albasty vorgehen will.

Aufgrund des Umstands, daß ich die beiden Episoden sinnvoll aufeinander beziehen kann, nehme ich nun an, daß es sich um eine zusammenhängende Erzählung handelt. Ich würde daher bei der Rekonstruktion der ursprünglichen Geschichte den ganzen konfusen Zwischenteil einfach weglassen und statt dessen formulieren: „Einige Zeit später aber geschah es, daß ...", worauf die zweite Episode folgen könnte.

Eine Ungereimtheit besteht jedoch nach wie vor in dem Rat des Geistes, nicht zu der Gebärenden zu gehen. Zur Klärung dieser Frage vergegenwärtige ich mir ein weiteres Mal die Situation: Der Baksy erhält Kenntnis von einer bevorstehenden Entbindung mit Komplikationen, zu der man ihn voraussichtlich um Hilfe bitten wird. Unter Hinweis auf die im voraus begangene Verfehlung, so, wie ich es nun verstehe, erhält er den Rat, nicht zu der Gebärenden zu gehen, da er andernfalls - eben aufgrund der Verfehlung - selbst in Gefahr geraten könnte.

Welcher Art ist dieser Rat? Er ist erteilt, so könnte ich sagen, aus der Sicht von jemandem, der in einer gegebenen Situation gerade nur das Allernächstliegende wahrzunehmen in der Lage ist. Denn wenn man von allem anderen absieht, also wirklich von *allem* anderen, dann erscheint in der Tat das als der einfachste Weg: Der Baksy schickt den Boten unter irgendeinem Vorwand einfach wieder fort, und er hätte seine Ruhe.

Nun ist es allerdings kein besonders kluges Verhalten, von allem abzusehen, denn das Schicksal tut das auch nicht. Und schon bei geringfügigem Weiterdenken käme man wohl darauf, daß die „Ruhe" des Baksy bei einem solchen Verhalten keine fünf Minuten gedauert haben würde, daß er vielmehr nur noch tiefer in das Ungemach hineingeraten wäre, in das er dadurch, daß er die Kobyz zum Pferderennen aufgestellt hatte, bereits gekommen war. Der Rat des Geistes erwiese sich damit als „Täuschung", und richtig ist daher die Entscheidung des Baksy, sich diesem Rat zu widersetzen und statt dessen seiner Verantwortung nachzukommen, was ihn zunächst ins Unheil zu stürzen scheint, ihn dann aber um so gestärkter aus der ganzen Affäre hervorgehen läßt.

Es stellt sich die Frage: Wer erteilt den Rat? Der Text sagt: Nadyr-Tschulak, der Anführer der Peri. Doch angesichts von „Täuschung" assoziiere ich die oben in Erwägung gezogene Bedeutung des Namens Ir-Tschoilan als „Wackerer Täusch-dich!". Darüber hinaus fallen mir die Gründe ein, die mich eine Identität von Ir-Tschoilan und dem namenlosen Herrscher der Albasty annehmen ließen, sowie bei dem „Absehen von allem anderen" die Gedanken über die Funktion des Bildes der Einäugigkeit bei diesem Herrscher.

Ich denke nach all dem, daß der Geist, der diesen Rat erteilte, den Namen verdienen würde „Schwäche des Baksy Koilubai", und zwar „Schwäche, die sich als Sich-gehen-Lassen äußert". Und ich denke ferner, daß es gerade zu diesem Geist gut passen würde, wenn er Koilubai auch dazu bewogen hätte, daß er seine Kobyz zum Pferderennen aufstellte. Denn auch in jener Situation war es möglicherweise der nächstliegende Weg oder der des geringsten Widerstandes, sich den vielleicht lästigen Bitten oder Provokationen der Leute zu entziehen, indem er ihnen einfach nachgab. Damit bekäme auch die rote Farbe im Sturmwind des Rennens einen Sinn, und zwar als Attribut von Albasty, denn ein Albasty - an dieser Stelle wohl noch nicht deren Herrscher - wäre gleichsam auch bei diesem Rennen schon mitgelaufen. Ich nehme also an, daß Ir-Tschoilan und der Herrscher der Albasty ein und derselbe sind und daß gerade diese „Einheit" Koilubai zweimal einen falschen Rat erteilt.

Es erhebt sich allerdings die Frage: Warum erscheint in der Erzählung ausdrücklich Nadyr-Tschulak als Ratgeber? Angenommen, die Deutung des Ir-Tschoilan als „Wackerer Täusch-dich!" ist richtig und seine Identifikation mit dem Herrscher der Albasty trifft ebenfalls zu, dann könnten zur „Täuschung" hier nicht allein dieser Rat gehört haben, sondern ebenso das Vorgeben einer falschen Identität, nämlich der des Nadyr-Tschulak. Als „Ausweis" könnte die zutreffende Vorhersage gedient haben: Dazu ist offenbar auch ein Ir-Tschoilan oder

Herrscher der Albasty fähig, obwohl gerade im gegebenen Fall nicht sehr viel dazu gehörte: Irgendwann wäre wohl auf jeden Fall mal wieder jemand mit der Bitte um Hilfe bei einer Entbindung gekommen.

Die Geschichte um den Baksy Koilubai kann ich damit verstehen nicht nur als eine von der Überwindung und Indienststellung eines seiner Geister oder anders gesagt: eines Teiles von sich selbst. Ich kann sie auch verstehen als den ein Ganzes darstellenden Verlauf einer Erkrankung und einer Heilung oder anders gesagt: als einen Bewußtwerdungsprozeß. Dieser vollzog sich jedoch nicht als Integration, nicht dadurch, daß eine Projektion zurückgenommen wurde, wie es meist beim heutigen, erwachsenen Menschen, der der rationalen Struktur angehört, zu geschehen pflegt, sondern als Veräußerlichung, eben als Projektion. Und diese hatte dabei nicht - wie beim heutigen Menschen - einen destruktiven Charakter. Vielmehr hatte sie - da es sich um einen der magischen Struktur angehörenden oder zumindest nahestehenden Menschen handelt - einen konstruktiven, effizienten Charakter, sie war eben ein Schritt auf dem Wege der Bewußtwerdung. Und dieser Weg führte über den Fehltritt, eine daraus erwachsende zweite Anfechtung, deren Abweisung (Umkehr) und Leiden zu Stärke von einer neuen Art.[14] Daß dieser Wandlungsvorgang dem Koilubai tatsächlich auch bewußt geworden ist, entnehme ich dem Versprechen, das er am Ende dem Nadyr-Tschulak gibt: *„Ajnalajïn*, ich will mich wandeln, Nadyr-Tschulak!" Und er sagt es nicht nur dem Nadyr-Tschulak, sondern schreit es laut aus sich heraus, und jeder konnte es hören. Und indem der Baksy seine Geschichte erzählt, gibt er sein Leben zum Beispiel.

---

14 Ich denke, daß etwas Ähnliches auf einer anderen Ebene auch bei der Patientin vor sich gegangen ist. Denn ihr Schicksal und das Koilubais sind auf eigenartige Weise miteinander verknüpft. Nicht nur, daß man ausgerechnet nach Koilubai schickt, als sie das Kind bekommt, und daß es sich bewußtlos wird genau in dem Moment, in dem Koilubai „entseelt" vom Pferd stürzt. Mehr noch, daß sie das Wort „Reue" ausspricht, als sie wieder zu sich kommt, zeigt mir diese Schicksalsverbundenheit. Denn auch Koilubai muß diese Reue irgendwann tief empfunden haben, sonst wäre er nicht umgekehrt.

Wie man bei den Kasachen Schamane wird

Die folgende Geschichte habe ich demselben Artikel von DIVAEV entnommen, aus dem ich bereits zwei Geschichten vorgestellt habe. Sie steht darin an erster Stelle. Der ganze Artikel ist mit „Albasty" überschrieben und besteht nur aus diesen drei Geschichten und ein paar Anmerkungen. Zur Person DIVAEVs habe ich oben schon einige Worte verloren, so daß ich hier gleich zur Sache kommen kann.

[DIVAEV 1896, S. 38-45:]
Der Kasache Bek-Seïd Mankischew aus dem Kotschkar-Ata-Wolost im Tschimkent-Ujezd, von Beruf Baksy, das heißt Schamane oder Zauberer, erzählte mir aus seinem Leben über folgenden Zusammenstoß von ihm mit den unreinen Geistern und Hausgeistern:

Mein Großvater mütterlicherseits, Kara-Mirza, und [mein] Urgroßvater namens Nurum waren seinerzeit im Volke berühmte Baksy.

Als ich gerade erst dreizehn Jahre alt war, hütete ich die Kamele, und als ich so in der Gegend Bugun auf dem Kamel saß, bemerkte ich ein auf der Erde liegendes Haselhuhn mit gebrochenem Flügel. Ich sprang auf den Boden und wollte es ergreifen, doch es lief weg. Ich jagte ihm nach, fing es und steckte es hinter den Brustlatz. Dann stieg ich wieder auf das Kamel und ritt langsam weiter. Nachdem ich hinter meinen Brustlatz geschaut hatte, erschrak ich gewaltig: Da saß ein winziges Mädchen mit zerzaustem blondem Haar. Es sah mich an und fing an zu lachen. Vor Schreck schleuderte ich das Mädchen zu Boden.

[Bereits] zuvor hatte ich von den Alten gehört, daß man in solchen Fällen dieses Wesen schlagen müsse, in welcher Gestalt es auch immer erscheine. So tat ich auch. Ich jagte diesem Mädchen nach, fing es und verprügelte es tüchtig. Es entfloh. Danach trieb ich meine Kamele dem Aul zu.

Als ich an der kleinen Moschee Tarakty-Kamal vorbeikam,

erblickte ich bei einem steilen Abhang drei spielende Mädchen. Da dachte ich, daß vermutlich ein Aul hierhergezogen sei. Die Mädchen fingen an, mich zu necken und sich über mich lustig zu machen. Ich dachte, daß da irgend etwas faul sei, und begann, sie zu schlagen. Zwei Mädchen liefen weg, doch eines blieb. Als ich es genau ansah, erkannte ich in dem Mädchen ebenjenes, welches ich gerade erst geschlagen hatte. Ich ließ nicht ein Haar auf ihm, alle riß ich aus. Da flehte es und sagte, daß es mich niemals mehr verfolgen werde. Ich ließ es frei. Die Haare dieses Mädchens brachte ich nach Hause und zeigte sie allen. Man sagte mir, daß diese Haare der Albasty gehören würden. Ich barg sie in dem Buch, welches ich damals studierte.

Danach vergingen einige Tage. Ich sehe, daß unsere Schafe in den Aul zurückkehren. Ich lief ihnen schnell entgegen, damit sie sich nicht mit ihren Lämmern vermischen und damit die Lämmer sie nicht leersaugen. Gerade lief ich zur Herde, als ich zwei Reiter erblickte. Sie waren in weißen Turbanen und hatten goldene Säbel.

„Wir übernachten heute bei dir, schlachtest du für uns wohl einen großen schwarzen Ziegenbock?" fragten sie mich.

Ich antwortete, daß ich nicht selbständig über das Vieh verfügen könne, doch daß mein Vater darüber Bescheid wüßte. Die Reiter wurden wütend und holten mit den Säbeln aus, um mich zu zerhauen. Ich schrie vor Schreck auf aus ganzer Kraft und lief zurück zum Aul. Da sie meine Stimme gehört hatte, kam mir meine Mutter entgegengelaufen.

„Was ist mit dir geschehen, worüber weinst du?" fragte sie.

„Siehst du denn nicht, daß mir zwei Reiter mit gezückten Säbeln auf den Fersen sind?" antwortete ich.

Dann blickte ich mich um, doch zu meinem Entsetzen sah ich niemanden.

Ich erzählte der Mutter sogleich das Vorgefallene, und die Mutter ging und teilte es dem Vater mit. Sie erklärte dem Vater auch, daß mein Onkel mütterlicherseits, als er bei den Gräbern der

Heiligen übernachtet hatte, ihres Schutzes für würdig befunden worden war, daher bat sie, daß der Vater einen schwarzen Ziegenbock zum Opfer bringen möge, doch der Vater lehnte ab. Am gleichen Tag schlossen sich meine Augen, und ich konnte sie nicht öffnen. Der Vater bekam große Angst und war gezwungen, in Gottes Namen ein Tier zu opfern. Man schlachtete einen schwarzen Bock und legte das Fleisch in einen Kessel.

Ich lag auf dem Rücken, und da, als der Kessel kochte, öffneten sich mir auf einmal die Augen, und ich erblickte in der oberen Öffnung der Jurte jene zwei Reiter. Dann begann ich zu fühlen, daß ich mich nach oben erhebe und man mich irgendwohin bringt. - Ich muß hinzufügen, daß in unserem Aul einst ein Sarte [ein Einwohner Bucharas], ein gewisser Tasch, ein kleines Gebäude über dem Grab irgendeines Heiligen, wie er damals sagte, errichtet hatte. In jetziger Zeit heißt dieses Gebäude Kotschkar-Ata. Nach einiger Zeit erwachte ich und sah mich in diesem Gebäude in der Gesellschaft jener erwähnten zwei Reiter. Als ich zur Besinnung gekommen war, sagten sie zu mir: „Halte uns von nun an bei allen deinen Taten in deinem Gedächtnis! Hier, lies das!" - und sie reichten mir ein Zettelchen. Ich bemühte mich zu lesen, konnte es aber nicht entziffern, weil es in einer mir unverständlichen Sprache geschrieben war.

„Nein, er kann es nicht lesen", sagten sie und verschwanden, mich allein zurücklassend. Da stand ich auf und ging heim. Es zeigte sich, daß ich bereits verrückt war.

Einmal brachte man die erwachsene Tochter meiner Tante mütterlicherseits bei mir unter. Man quartierte uns beide zur Heilung bei einer Verwandten meiner Mutter, Kendsche Kyz, ein, weil sie über die Kenntnisse eines Baksy verfügte. Jeden Tag röstete sie Weizen, stampfte ihn, buk dann das gewonnene Weizenmehl in Rahm und ließ es stehen, irgendeinen Tumpakai herbeirufend. Daraufhin war irgendein Gebrüll zu hören, das Weizenmehl verschwand, doch wir sahen niemanden. Ich verlor mich damals in Vermutungen. Danach wurde ich gesund und brach nach Hause auf.

Nachdem ich die Volljährigkeit erlangt hatte, ritt ich hinter den Bergrücken, eröffnete dort eine Schule und unterrichtete die Kinder. Dort fingen erneut Vorfälle mit mir an. Wenn ich allein ging, so hörte ich beständig meinen Namen, als würde mich jemand rufen, doch ich maß dem keine Bedeutung bei. Nach einiger Zeit kehrte ich wieder nach Hause zurück und fühlte mich gesund.

An einem der Tage schlossen sich meine Augen erneut, der Bauch begann anzuschwellen, und ich lag darnieder. Mir erschien ein Mensch. Er hatte einen goldenen Schnurrbart und am Finger einen Ring mit einem kostbaren Stein. Dieser Mensch sagte mir: „Wenn du so liegenbleibst, kannst du sterben. Wenn du aber aufstehst und mir dienen wirst, alle meine Anordnungen ausführend, so wird dein Ruhm von Tag zu Tag wachsen."

„Gut, ich nehme Euren Vorschlag an", sagte ich.

Da nahm er von seinen Lippen den goldenen Schnurrbart ab und legte ihn mir an, danach zog er den teuren Ring ab und steckte ihn auf meinen Finger. Als das getan war, händigte er mir einen Dolch aus und hieß mich damit auf die kranke Stelle meines Bauches schlagen. Ich war sehr krank, da war nicht eine Stelle auf dem Körper, an der ich bei Berührung keinen Schmerz empfunden hätte. Ich fing an, mit dem Dolch auf meinen Bauch zu schlagen, und nach jedem Schlag begann ich, eine Erleichterung zu verspüren, das Stechen und die Schmerzen im Bauch hörten auf, die Augen öffneten sich, und ich war vollständig gesund. Und sogleich weihte ich mich zum Baksy. Ich schwor den Dschinn und Arwak [Ahnengeistern], daß ich ihren Willen ausführen würde; unwillkürlich langte meine Hand nach der Kobyz.

Damals hatte ich einen bejahrten Verwandten namens Jarasch, welcher im Volke als bester Baksy gerühmt wurde. Ich machte mich zu ihm auf, ihm zu dienen, wo ich auch die höchsten Kenntnisse eines Baksy erlangte. Nachdem er mich auf den gebührenden Weg gewiesen hatte, entließ mich Jarasch nach Hause.

In unserem Aul lebte ein Kasache [namens] Bai-Bala, der war ver-

heiratet mit der Tochter eines Kasachen des Tschajan-Wolost, It-Imgän. Seine Frau hatte gerade entbunden. Es geschah, daß die Albasty sie zu würgen begann. Man schickte nach mir. Ich kam hin und erblickte dort meinen Lehrer Jarasch; er saß da, zur Erde gebeugt, und hielt einen Dolch zur Stirn. Als er mich erblickte, hob er den Kopf und erteilte mir den Segen, weiter zu handeln. Als mein Blick auf die Gebärende fiel, dachte ich, daß sie tot sei. Sie lag auf dem Rücken. Auf ihr saß irgendein Wesen, mit großem Leib, mit einem Kopf von der Größe eines Kessels. Durch den starken Druck des Wesens näherten sich Brüste und Bauch der Gebärenden bis an deren Hals. Dies war Albasty. Ich ging hin und schlug sie einige Male mit dem Dolch auf den Kopf. Die Albasty sprang ab, ich jagte ihr nach auf den Hof und verfolgte sie bis zu dem Moment, da sie nicht mehr floh.

„Ruhm Dir, Gott!" brachte die Gebärende hervor, nachdem sie die Augen geöffnet und Erleichterung empfunden hatte. Ich blieb drei Tage bei der Kranken, und nachdem ich die Belohnung für meinen Dienst empfangen hatte, kehrte ich heim.

Nach einiger Zeit besuchte ich wiederum den Bai-Bala. Man ließ mich übernachten. Es erwies sich, daß seine Frau erneut in den letzten Tagen schwanger war. Ich fürchtete, daß sie an diesem Abend gebären würde. Eben hatte ich daran gedacht, als sie einen Sohn gebar. Die Albasty erschien wieder und fing an, sie zu würgen. Unter Tränen begannen die Angehörigen, mich zu bitten, daß ich dem Übel abhülfe. Ich ergriff den Dolch und begann, Schläge nach der Albasty zu führen. Aus der Jurte hinauslaufend, sagte sie zu mir: „Du läßt mir keine Ruhe, von jetzt an werde ich mich an dich halten!"

Von der Zeit an hörte die Albasty auf, die Frau des Bai-Bala zu würgen.

Einmal versammelten sich die Frauen unseres Auls vor den Höfen. Meine Frau sagte, daß auch sie hinginge. Ich ließ sie. Wenig später hörte ich Schreie der Frau. Ich lief aus der Jurte hinaus und sehe, ihr Gesicht war nach dem Nacken zu gewendet und verharrte *in dieser Lage. Nach einiger Zeit heilte ich sie davon. Dies war die Rache der Albasty.*

Wenn man von Dschinn geschlagene Leute (Wahnsinnige) unverzüglich zu meinem Spiel bringt, genesen sie schnell; wenn sie jedoch lange Zeit in diesem Zustand zu Hause bleiben, vergeht die Krankheit langsam. Leuten, denen der Bauch wehtut, trenne ich mit meinem Dolch den Bauch auf, nehme von dort die schlechte Flüssigkeit heraus, und nachdem ich die Innereien an ihren Platz gelegt habe, nähe ich den Bauch zu. Der Kranke wird gesund. Wenn eine Frau nicht gebären kann, trenne ich den Bauch auf, beseitige die Stockung der Geburt, danach nähe ich zu, und sie gebiert.

In der gegenwärtigen Zeit habe ich eine solche Weisheit erlangt, daß ich bei dem Kranken nicht anwesend sein muß. Wenn z. B. die Albasty eine Gebärende bedrückt, schicke ich meine Kappe oder meine Peitsche dahin. Das reicht aus, daß Albasty flieht. In dieser Zeit befinde ich mich gedanklich in jenem Aul, wo sich die Leidende befindet, und wenn ich die Augen schließe, sehe ich alles, was dort vor sich geht, und erteile Ratschläge, welche - dem Höchsten sei Dank! - der Leidenden wohltuend helfen.

Bei der Betrachtung dieses Textes werde ich nach einigen allgemeinen Gedanken und Bemerkungen zum räumlichen und zeitlichen Zusammenhang versuchen, Bek-Seïds Werdegang zum Heiler nachzuzeichnen und verständlich zu machen, und dabei auch auf das Erscheinungsbild und die Funktion von Albasty eingehen.

Der besondere Wert dieser Quelle besteht darin, daß hier einer, der Baksy ist und Albasty sehen kann, selbst zu Wort kommt. Sie macht die Eigenart von Ausführungen der selbst Betroffenen deutlich: Die Äußerlichkeiten des Geschehens bleiben weitgehend im Hintergrund, der Schwerpunkt liegt ganz auf der inneren Entwicklung und den damit einhergehenden Befindlichkeiten und Konflikten; Visionen und Träume nehmen einen breiten Raum ein, nach der Sicht der Betroffenen bestimmen gerade sie den Ablauf des Geschehens.

Der Bericht darüber, wie Bek-Seïd Baksy wurde, ist derart reichhaltig, detailliert und - wie sich zeigen wird - vor allem dicht, daß ich annehmen würde, daß DIVAEV einen Text übersetzt hat, der ihm schriftlich vorlag. Dem steht allerdings seine ausdrückliche Mitteilung in der Einleitung entgegen, das Ganze sei ihm erzählt worden. Wenn dem so war, vermute ich, daß zwischen dem Gespräch und seiner Aufzeichnung nicht viel Zeit vergangen ist; vielleicht hat DIVAEV sich auch schon während der Erzählung Notizen gemacht. Den Zeitpunkt des Gesprächs mit Bek-Seïd nennt DIVAEV nicht. GORDLEVSKIJ[1] teilt mit, daß DIVAEV seine „Materialien unverzüglich in Umlauf" zu bringen pflegte. Daher nehme ich an, daß das Gespräch nicht lange vor dem Erscheinen des Textes (1896) stattfand.

Auch das Alter Bek-Seïds zur Zeit des Gesprächs wird nicht angegeben. Doch die Art, wie er am Ende seines Berichts von der „Weisheit" spricht, die er in der „gegenwärtigen Zeit ... erlangt" habe, läßt in mir nicht das Bild eines jungen, sondern eher das eines älteren oder alten Menschen entstehen. Der Beginn der Ereignisse in Bek-Seïds dreizehntem Lebensjahr könnte demnach bis zu fünfzig Jahre oder noch mehr vor der für das Gespräch angesetzten Zeit liegen. Der einzige weitere relative Termin, der in Bek-Seïds Bericht vorkommt, ist der Beginn seiner Volljährigkeit, als er von zu Hause fortgeht, um hinter den Bergen eine Schule zu gründen.[2]

Den Kotschkar-Ata-Wolost habe ich auf den mir zur Verfügung stehenden Karten nicht finden können, allerdings muß er in der Nähe der im weiteren erwähnten Ortschaft Bugun liegen oder diese selbst einschließen. Kotschkar-Ata bedeutet „Widder-Vater". Eine Ortschaft Bugun liegt zwischen Tschimkent und Turkestan an einem gleichnamigen Fluß. Ein weiterer Ort wird in bezug auf die Herkunft des Vaters von Bai-Balas Frau genannt, die zweimal von Bek-Seïd

---

1 GORDLEVSKIJ 1964, S. 173.
2 Nach P. (1878, S. 24) beginnt die Volljährigkeit nach kasachischem Brauch mit vierzehn Jahren.

geheilt wird, nämlich Tschajan-Wolost. Ein Ort Tschajan[3] liegt etwa vierzig Kilometer nordnordöstlich des Ortes Bugun.

Betrachte ich die Lage dieser Orte auf den Karten, so fällt auf, daß sie sich alle südwestlich des Gebirgszugs Karatau befinden, der sich von Südosten nach Nordwesten erstreckt. Es könnte daher sein, daß gerade der Karatau jener Bergrücken ist, hinter den Bek-Seïd nach Erlangung der Volljährigkeit reitet, um eine Schule zu eröffnen. Den Text insgesamt gliedere ich wie folgt:

Kunde (Rede DIVAEVs)
Erzählung (Rede Bek-Seïds)
  Vorrede über die Herkunft
    1. erste [?] Begegnungen mit Albasty
        A : Begegnung mit dem Haselhuhn
        B : Begegnung mit den drei Mädchen
    2. Episoden mit den zwei Reitern
        A : erste Begegnung mit den Reitern
        B : Auseinandersetzung mit dem Vater um das Ziegenopfer
        C : Episode mit den Reitern im Grab des Heiligen
    3. Aufenthalt bei Kendsche Kyz
    4. Lehrtätigkeit hinterm Berge
    5. Episode mit dem Menschen mit Schnurrbart und Ring
    6. Lehrzeit bei Jarasch
    7. erste Dienstleistung als Baksy bei der Frau des Bai-Bala
    8. zweite Dienstleistung ebenda, Drohung der Albasty
    9. Rache der Albasty
    10. Allgemeines und Gegenwärtiges
        A : allgemeine Ausführungen über die Tätigkeit als Baksy
        B : erlangter gegenwärtiger Status

---

3 *čajan* heißt „Skorpion".

Im folgenden behandle ich die einzelnen Punkte von Bek-Seïds Werdegang entsprechend der obigen Gliederung:

(Kunde) Darüber, wie es zu der Begegnung zwischen DIVAEV und Bek-Seïd gekommen ist, oder dazu, daß letzterer so ausführlich von seinem Leben berichtet, wird in den einleitenden Bemerkungen nichts mitgeteilt. Dagegen wird der Erzähler namentlich genannt, er ist Kasache und Baksy.

(Vorrede) Über die Familie Bek-Seïds wird gesagt, daß sein Großvater mütterlicherseits namens Kara-Mirza und der Urgroßvater Nurum (= Vater des Kara-Mirza?) berühmte Baksy waren. Das Wort Kara im Namen des ersteren bedeutet wie schon gesagt „schwarz" und wird auch als ein Ersatzwort für Albasty verwendet: „Schwarze". Dies sind jedoch nicht die einzigen Bezüge der Familie zum Baksy-Wesen: Da ist von dem Verwandten Jarasch die Rede, der „als bester Baksy gerühmt wurde", wobei offen bleibt, in welchem Verwandtschaftsverhältnis er zu Bek-Seïd steht. Außerdem heißt es von der Verwandten der Mutter Kendsche Kyz[4], daß sie „über die Kenntnisse eines Baksy" verfüge. Ob es etwas anderes bedeutet, über die Kenntnisse eines Baksy zu verfügen, als Baksy zu sein, geht aus der Mitteilung nicht hervor. Von einem Onkel mütterlicherseits heißt es, daß er „bei den Gräbern der Heiligen übernachtet hatte" und des Schutzes der Heiligen „für würdig befunden" worden war. Bereits für das Übernachten bei den Heiligengräbern nehme ich eine Veranlassung seitens der Geister an. Und auch die Formulierung „ihres Schutzes für würdig befunden" deutet auf eine Tätigkeit dieses Onkels, die mit den Geistern in Zusammenhang steht. Schließlich ist noch die erwachsene Tochter der Tante mütterlicherseits zu nennen, die zugleich mit Bek-Seïd bei Kendsche Kyz zur Heilung untergebracht wird. Zwar wird nicht gesagt, woran diese Cousine des Erzählers litt, aber ange-

---
4 Der Name Kendsche Kyz bedeutet, daß diese Person die jüngste unter den weiblichen Geschwistern ist.

sichts der engen Verbundenheit dieser Familie mit dem Baksy-Wesen ist es vielleicht nicht abwegig, wenn ich etwas derartiges auch für diese Cousine annehme. Auch der Umstand, daß sie zusammen mit Bek-Seïd bei Kendsche Kyz zur Heilung einquartiert wird, spricht vielleicht gegen Grippe, Mumps oder eine solche Krankheit. Es sind also nicht weniger als vier Personen aus Bek-Seïds Familie, für die ein Zusammenhang mit dem Baksy-Wesen ausdrücklich besteht, für den Onkel mütterlicherseits nehme ich einen solchen ebenfalls an, und möglicherweise kommt die Cousine als sechste noch dazu.

(1A) Der Werdegang Bek-Seïds zum Baksy beginnt mit dreizehn Jahren. Der Text bietet zunächst keine Anhaltspunkte dafür, daß sich bereits zuvor etwas in dieser Hinsicht Bedeutungsvolles ereignet hat. Wie in jedem anderen Falle gehe ich jedoch auch hier davon aus, daß nicht sämtliche bedeutsamen Ereignisse mitgeteilt werden. Und häufig enthalten die Texte auch Hinweise auf solche ungenannten Ereignisse.

Daß die erste Begegnung mit dem Geheimnisvollen während des Hütens erfolgt, ist nicht ungewöhnlich. Ungewöhnlich ist eher die Art der Begegnung: Bek-Seïd erblickt ein Haselhuhn mit gebrochenem Flügel, fängt es und steckt es sich hinter den Brustlatz. Warum er das tut, bleibt offen, über die Motivation Bek-Seïds erfahren wir an dieser Stelle nichts. Das weitere Geschehen zeigt Bek-Seïd jedoch als recht verständigen Menschen, der immer alles richtig und gut machen will. Darüber hinaus erweist er sich an einer anderen wichtigen Stelle des Textes, auf die ich später eingehen werde, als vielleicht in besonderem Maße fähig, sich in die Situation eines anderen hineinzuversetzen und dessen Empfindungen nachzuvollziehen. Das könnte dafür sprechen, daß im gegebenen Fall der Gedanke der Hilfeleistung hinter Bek-Seïds Tun steht: Er begegnet dem Leiden und wendet sich ihm nicht nur gedanklich, sondern auch tatkräftig zu, und zwar ungeachtet dessen, daß das Leidende an dieser Stelle von Bek-Seïds Zuwendungen gar nichts wissen will.

Im Sinne der Welt, in der Bek-Seïd lebt, verhält er sich damit gewissermaßen unvernünftig: Was hat er - angenommen die unterstellte Motivation stimmt - denn vor? Will er etwa den Flügel schienen, das Huhn füttern, bis es gesund ist, und es dann freilassen? Er weiß doch genau, daß nach der Vernunft seiner Welt dieses Huhn, sobald er heimkommt, in Abhängigkeit von seiner Qualität entweder in den Kochtopf oder in den Hundenapf wandern wird, so, wie es eben „vernünftig" ist. Selbst wenn es denkbar ist, daß man auch in dieser Welt zum Beispiel einem kleinen Kind ein solches Wesen als „Spielgefährten" läßt, so doch wahrscheinlich nicht mehr einem dreizehnjährigen und damit fast volljährigen Knaben.

Als Bek-Seïd nach einer Weile wieder in den Brustlatz schaut, sitzt da ein winziges Mädchen mit zerzaustem blondem Haar. Vor Schreck schleudert er es zu Boden. Der Schreck Bek-Seïds ist verständlich: Er ist gegründet, so könnte ich sagen, im schlagartigen Bewußtwerden der Wirkung eines unbekannten, die Normen der Alltäglichkeit jedenfalls weit überschreitenden Einflusses, der in seiner prinzipiellen Unbegreiflichkeit als eine derartige Bedrohung empfunden wird, daß das Empfinden selbst von Todesangst dahinter verblaßt. Für das Mädchen ist er Anlaß, in Gelächter auszubrechen.

Der folgende Satz nimmt Bezug auf ein Geschehen, das im nicht mitgeteilten Vorher liegt: Die Erinnerung an einen Hinweis der alten Leute, wie man in „solchen Fällen" zu verfahren habe. Mir stellen sich in diesem Zusammenhang mehrere Fragen, wie zum Beispiel: Was ist mit „solchen Fällen" gemeint? Die Formulierung „in welcher Gestalt [das Wesen] auch immer erscheine" legt die Annahme einer recht weiten Deutung nahe, vielleicht den Fall einer Begegnung mit etwas „irgendwie" derartigem Geheimnisvollen. Und wem und in welchem Zusammenhang wurde dieser Hinweis gegeben?

Indem er sich an diesen Hinweis erinnert und ihn befolgt, führt Bek-Seïd eine Wandlung im Verhältnis zu seiner Situation herbei: Der Schreck, der sich in der ersten affektgeladenen Reaktion entlädt, weicht überlegtem, zielgerichtetem Handeln. Es gibt zahlreiche andere Erzählungen - einige davon auch im Albasty-Material - darüber, daß sich jemand etwas harmlos Anmutendes auflädt und erst nach einiger Zeit merkt, daß dies gar nicht so harmlos ist. Diese Erzählungen enden häufig damit, daß der Betroffene den Spuk vom Pferd wirft und in Schrecken flieht. Das heißt, eine Wandlung in der Haltung des Betroffenen zu seiner Situation erfolgt in diesen Fällen nicht. Üblicherweise heißt es dann noch, daß der Betroffene danach einige Zeit krank war. In diesen Erzählungen ist nicht davon die Rede, daß der Held den Spuk verprügelt, und sie stehen nicht im Zusammenhang mit einer schamanischen Karriere. Es ist möglich, daß zwischen der abweichenden Reaktion Bek-Seïds und dem abweichenden Ausgang der Geschichte im Vergleich zu den anderen ein Zusammenhang besteht. Vielleicht zeigt Bek-Seïd bereits an dieser Stelle die Besonderheit seiner Veranlagung, indem er in der gegebenen Situation einer unterstellten ersten Regung zur Flucht nicht nachgibt, die Initiative damit nicht dem als dämonisch empfundenen Numinosen überläßt, sondern selbst initiativ und selbstbestimmend diesem Wesen gegenüber auftritt. Angesichts der beschriebenen Art des Schreckens, der das Existentielle berührt, zeugt Bek-Seïds Verhalten von einem außerordentlich hohen Maß an Pflichtbewußtsein, Selbstüberwindungsfähigkeit und Disziplin. Folgerichtig verschlechtern sich die Karten für das erschienene Wesen, das angesichts des besinnungslosen und lähmenden Entsetzens Bek-Seïds eben noch gut lachen hatte, entscheidend, bis es am Ende der zweiten Begegnung zum unterwürfigen und Wohlverhalten gelobenden Bittsteller herunterkommt. Zunächst jedoch wird das vom Kamel geschleuderte Wesen verfolgt, gefangen und verprügelt, bevor es ihm gelingt zu entfliehen.[5]

Nach der Betrachtung der Äußerlichkeiten dieser ersten Episode

---

[5] Während der Arbeit am Abschnitt mit dem Haselhuhn geschah es, daß ich bei einem Spaziergang eine Taube mit gebrochenem Flügel aus einer Ecke vor dem Haus hervorflattern sah, die sich gleich darauf wieder in dieselbe Ecke zurückzog. Ich habe die Taube weder gejagt noch aufgehoben, obwohl mir die Beziehung dieses Erlebnisses zu dem

erhebt sich natürlich die Frage nach ihrer Funktion. Mir fällt in diesem Zusammenhang das Haar von Albasty ein, das - wie es häufig der Fall - „zerzaust" ist und nicht, wie es sich gehört, gebunden. Auf Bek-Seïds Situation bezogen könnte es bedeuten: Irgend etwas befindet sich in Auflösung. Darüber hinaus denke ich, daß es an dieser Stelle für eine Antwort auf die Frage nach der Funktion dieser Episode und insbesondere nach der Bedeutung des Bildes des gebrochenen Flügels noch zu früh ist.

Was anschließend, während Bek-Seïd weiterreitet, in ihm vor sich geht, wird nicht gesagt. Um diesen Dingen näher zu kommen, ist es vielleicht an der Zeit, die Frage nach dem Geschlecht der erscheinenden Gestalt zu stellen: Warum erscheint Albasty als Mädchen und nicht als Junge? Zur Beantwortung dieser Frage wiederum ist es vielleicht hilfreich, wenn ich mir die Entwicklungssituation Bek-Seïds vor Augen halte: Er ist dreizehn Jahre alt, also am Anfang oder schon mitten in der Pubertät. Und woran denkt so ein Junge, wenn er möglicherweise stundenlang seinen Kamelen nachzieht und sonst nichts zu tun hat? - Irgendwann an die geschlechtliche Liebe natürlich, oder allgemeiner gesagt: an eine glorreiche Zukunft (wie wird man staunen über das, was er gemacht hat). Und in einem solchen Moment vielleicht erblickt er ein blondes Mädchen in seinem Brustlatz, wohinein er doch ein Huhn gesteckt hat. Doch da das Erscheinen des Mädchens nichts als Erschrecken bei Bek-Seïd auslöst, bleibt jenem nicht viel anderes übrig, als in Gelächter auszubrechen.

Bek-Seïds und damit die Weiterungen, zu denen ein solches Verhalten hätte führen können, nicht bewußt wurden. Hinterher fiel mir das Merkwürdige des Zusammentreffens auf. Um mich daraufhin der Qualität der beschriebenen Wahrnehmung zu versichern, lud ich am Nachmittag desselben Tages meine Frau zu einem Spaziergang auf demselben Weg ein, und die Erscheinung der Taube vollzog sich gerade so wie beim ersten Mal und wurde durch meine Frau ebenso wahrgenommen wie durch mich. Im Nachhinein fiel mir auf, daß ich die Taube gar nicht gefragt habe: „He, Taube, willst du mir vielleicht etwas sagen?" - Noch später wurde mir klar, daß zwar nicht die Taube, aber das Bild nach wie vor zu mir spricht. Für das Stellen der Frage ist es also nicht zu spät.

Der ersten beiden Texte von Divaev haben gezeigt, daß man auf vergleichbare Erscheinungen auch anders reagieren kann.[6]

(1B) Danach treibt Bek-Seïd die Kamele dem Aul zu. Ob das zu diesem Zeitpunkt ohnehin in seiner Absicht lag oder ob er sich aufgrund dieser ersten Begegnung zu einer vorzeitigen Rückkehr entschlossen hat, läßt der Text offen. Sexuelle Phantasien werden auf diesem Heimweg wahrscheinlich keine Rolle mehr gespielt haben angesichts des Schreckens, den er eben überstanden hat. Vielmehr werden ihn wohl Fragen gequält haben wie: Was ist hier los? Was hat das zu bedeuten? Vielleicht treibt ihn auch der Gedanke um: Warum hast du denn nicht das und das gemacht, du weißt doch, wie man in „solchen Fällen" zu verfahren hat! - Denn offen bleibt zum Beispiel die Frage, warum er der Albasty nicht schon bei der ersten Begegnung die Haare ausgerissen hat.

Und auf diesem Heimweg erscheinen nun auf einmal sogar drei Mädchen. Bek-Seïd denkt zunächst, daß ein Aul an diesen Ort gezogen sei. Wieder deutet er das Numinose zunächst als etwas Profanes, und erst durch das auffällige Verhalten der Mädchen - offenbar ist es nicht üblich, daß Mädchen vorüberreitende dreizehnjährige fremde Knaben necken und sich über sie lustig machen - schöpft er Verdacht: „Ich dachte, daß da irgend etwas faul sei ..." Und wie in der ersten Episode hat auch hier wieder erst die andere Seite die Oberhand, die über Bek-Seïd lacht, bevor sich das Blatt durch sein entschlossenes Auftreten wendet.

Nach dem vorausgegangenen Erlebnis halte ich es für denkbar, daß das Erscheinen der Mädchen auf Bek-Seïd - nachdem er ihren „faulen" Charakter erkannt hat - den Eindruck einer regelrechten Versuchung macht. Insofern ist es nachvollziehbar, daß ihr Lachen

---

6 Ob und wie das Erscheinen, Fangen und Einstecken des Huhns oder die beim Weiterreiten angestellten Gedanken darüber die sexuelle Phantasie Bek Seïds angeregt haben könnten, weiß ich nicht. Daß vergleichbare Begebenheiten in der Tat eine sexuelle Konnotation haben können, belegt ein Text bei Potapov (1995, S. 128-129, Nr. 1118),

auf ihn dämonisch wirkt. Im Kern ist diese Einschätzung jedoch abhängig von der Perspektive: Aus der Sicht eines unbeteiligten Zuschauers ist wahrscheinlich tatsächlich eine Menge Komisches an der Gestalt Bek-Seïds in dieser Situation. Etwas grundsätzlich Übelwollendes kann ich an diesem Lachen jedenfalls nicht erkennen.

Diese Annahme scheint durch den Text bestätigt zu werden, und zwar durch die Erwähnung der Moschee im Bild der Landschaft, als die drei Mädchen auftauchen, von denen zumindest eines sich dann als Albasty erweist. Albasty ist nach der allgemeinen Vorstellung etwas durchaus nur Übelwollendes und Schadenstiftendes. Derartige Wesen treten jedoch nicht an heiligen Orten in Erscheinung, sondern an Orten des Abfalls und Verfalls. Die Heiligkeit des Ortes hier läßt daher meiner Ansicht nach eine so einseitige Charakterisierung der vorliegenden Albasty nicht zu.

Neben der Moschee steht im Text der steile Abhang[7], was hat dieser Abhang hier zu bedeuten? Als Bestimmung des Ereignisortes steht er parallel zur Moschee, ohne diese näher zu charakterisieren. Daher vermag ich ihn von der Funktion her nur als komplementär zur Moschee zu verstehen: als Bild für die Gefahr des Abgrunds sozusagen. Das heißt: Das Erscheinen der drei Mädchen enthält für Bek-Seïd sowohl die Möglichkeit des Heils als auch die des Unheils, des Falls.[8]

Doch zurück zu Bek-Seïd, über den gerade gelacht wird: Der hat

---

wo sich ein junger Bursche einen Ziegenbock, den er nachts am Wegrand gefunden hat, aufs Pferd lädt, dessen Genitalien plötzlich so groß werden, daß sie bis zur Erde reichen und das Pferd unter der Last nicht mehr weitergehen kann. In einer Geschichte, die ich in Chorezm hörte, fragt der Geist am Ende: „Nun, ist es so groß wie das von deinem Vater, das Glied?".

7 Im Russischen *obryv* „Abhang", „Steilwand", zu *obryvat'sja* unter anderem „herunterfallen", „herabstürzen"; das kasachische Wort für *obryv* könnte Dschar sein, das in Ak Dschar „Weißer Abgrund" schon vorgekommen war.

8 Der Name der Moschee, Tarakty-Kamal, kann „mit Kamm versehene Festung" bedeuten; meint das „mit Kamm versehen" vielleicht Zinnen? Diese Frage läßt mich an die „Zinne des Tempels" (Matthäus 4.5) denken, auf die der Teufel (Satan) Jesus Christus stellte, die Parallelen wären: Zinne, Heiligtum, Abgrund, Versuchung, Satan/Schaitan (= Albasty) und schließlich: Auch bei Jesus handelte es sich um den Auftakt zu einer Karriere als Heiler.

keinen Sinn für die Komik der Figur, die er abgibt: Er verfolgt und verprügelt die Mädchen, und einem von ihnen reißt er die Haare aus. Warum das dritte Mädchen nicht wie bei der ersten Begegnung und wie die anderen beiden flieht, wird nicht gesagt. In anderen Erzählungen heißt es mitunter, daß derjenige, der die Albasty erblickt hat, diese festhält. Hier wird das zwar nicht erwähnt, doch der Satz „Ich ließ es frei", nachdem er von dem Mädchen die Zusage erhalten hat, daß es ihn niemals mehr verfolgen werde, scheint auch hier dafür zu sprechen, daß Bek-Seïd es irgendwie festgehalten hat.

Die Art, in der Bek-Seïd mit den Mädchen umgeht, verrät abermals sein profundes Vorwissen hinsichtlich „solcher Fälle" auch über das Schlagen hinaus. Denn es ist wohl nicht selbstverständlich, auf so eine Situation damit zu reagieren, daß man dem Wesen alle Haare ausreißt. Warum Bek-Seïd nicht bereits bei der ersten Begegnung so mit dem Mädchen verfährt, sagt der Text nicht. Vielleicht war der Schreck zu groß, um gleich alles richtig zu machen, vielleicht ist ihm auch die Flucht des Mädchens zuvorgekommen.

Bek-Seïd bringt die Haare nach Hause, wo er - unbekannt von wem - erfährt, daß dies Haare einer Albasty seien. Durch diese Deutung erhält Bek-Seïd die Möglichkeit, sein Erlebnis in den Rahmen dessen einzuordnen, was durch die Überlieferung erklärbar und damit überhaupt erst möglich ist. Die Deutung solcher Erlebnisse durch einen Außenstehenden scheint bei Werdegängen von Heilern strukturell wichtig zu sein und jedenfalls nicht durch einen entsprechenden Verdacht bei den Betroffenen ersetzt werden zu können. Schließlich birgt Bek-Seïd die Haare in einem Buch. Auch dies zeigt seine Sachkenntnis in bezug auf „solche Fälle", denn nach BAJALIEVA ist ein Koran oder die Sohle eines neuen Stiefels der einzige Aufbewahrungsort, bei dem man sicher sein kann, daß sich Albasty ihr Haar nicht wieder stiehlt.[9]

Wofür könnte nun das Bild der blonden Mädchen stehen? - Es

---

[9] BAJALIEVA 1972, S. 96.

könnte sich um ein Bild der sexuellen Triebhaftigkeit Bek-Seïds handeln, die sich gerade zu regen beginnt. Und dieser Triebhaftigkeit erteilt er an dieser Stelle zweimal eine deutliche Abfuhr. Bei dieser Haltung ist es offenbar auch im weiteren geblieben, denn von Frauen ist in Bek-Seïds Leben bis auf seine Ehefrau keine Rede, die allerdings auch nur in Erscheinung tritt, um den Hals umgedreht zu bekommen. Und möglicherweise ist es gerade die Konsequenz im Erteilen dieser Abfuhr, die Bek-Seïd zum Erscheinen der beiden Reiter qualifiziert.[10]

Hinweisen möchte ich an dieser Stelle noch auf den Namen des Ortes, an dem das ganze Geschehen beginnt: Bugun, das könnte „heute" bedeuten. Im Sinne der Geschichte von Bek-Seïd kann ich das vielleicht auch verstehen als „Heute ist es" oder „Es ist heute".

(2A) Die nächste Episode spielt sich einige Tage nach der ersten ab. Bek-Seïd läuft eines Abends aus der Jurte, um zu verhindern, das sich die Lämmer mit den Mutterschafen bei deren Heimkehr von der Weide vermischen. Wer diese Szene im nomadischen Alltag einmal erlebt hat - das anhebende gewaltige Geblöke, sobald die Herde der Muttertiere und die der Lämmer einander bemerken, und die Macht, mit der sie zueinander drängen -, bei dem wird sie einen unauslöschlichen Eindruck hinterlassen haben. Und diesem machtvollen Drängen der Tiere will sich Bek-Seïd entgegenstellen. Doch dazu kommt es nicht, denn die zwei Reiter erscheinen, und anstatt die Mutterschafe von den Lämmern fernzuhalten, verharrt Bek-Seïd und steht den beiden Reitern Rede und Antwort.

Die Attribute der Reiter sind weiße Turbane und goldene Säbel. Sie teilen ihre Absicht mit, „heute" bei Bek-Seïd zu übernachten. Doch ihr Wunsch als solcher kann vielleicht als Bild für die Absicht verstanden werden, überhaupt bei Bek-Seïd zu bleiben. Das entnehme ich der nach Endgültigkeit klingenden Aufforderung bei der zweiten Begegnung, der im Grabmal des Heiligen Kotschkar-Ata:

---

10 In einem Text bei MIROPIEV (1888, S. 42-44) ist es ebenfalls das Zurückweisen einer sexuellen Versuchung, die einen Mann zum Geisterherrn und Geisterdiener befähigt.

„Halte uns von nun an bei allen deinen Taten in deinem Gedächtnis!"

Die Reiter fordern Bek-Seïd auf, einen schwarzen Ziegenbock für sie zu schlachten. Bek-Seïd erwidert, daß er nicht über das Vieh verfügen könne, und verweist auf die Zuständigkeit seines Vaters. Wie bei den Begegnungen mit den Mädchen scheint sich für Bek-Seïd wieder die ganze Sache zunächst im Profanen abzuspielen. Entsprechend ist seine Antwort angemessen. Als unangemessen erscheint dagegen diese Aufforderung an Bek-Seïd und mehr noch die Reaktion auf seine Erwiderung: Die Reiter ziehen ihre goldenen Säbel und geben sich, als wollten sie Bek-Seïd zerhauen. Der erschrickt und flieht schreiend. Die Frage der Mutter, die ihm entgegeneilt („Was ist mit dir geschehen, worüber weinst du?"), scheint ihm unbegreiflich; und er setzt sie durch seine Gegenfrage darüber in Kenntnis, was er gesehen hat. Und erst als er sich umschaut und niemanden erblickt – so könnte ich den Text verstehen –, wird ihm das Unheimliche der Begebenheit bewußt.

Ich bin mir allerdings nicht ganz sicher, ob ich einem solchen Textverständnis in Hinsicht auf Bek-Seïds Ahnungslosigkeit bis zum Ende dieser Szene trauen soll. Zumindest ein Indiz für die Besonderheit der Reiter, das Bek-Seïd hätte stutzig machen können, sind unter ihren Attributen die goldenen Säbel. Auch daß sie überhaupt mit einer solchen Forderung an den Knaben herantreten, hätte mißtrauisch machen können: Warum wenden sie sich nicht gleich an den Vater, wie es sich gehört? Und schließlich kommt mir das „Entsetzen" Bek-Seïds, als er sich umschaut, etwas plötzlich („Dann blickte ich mich um, doch zu meinem Entsetzen sah ich niemanden"): Warum steht davor nicht auch nur der kleinste Moment der Erleichterung darüber, daß er der drohenden Todesgefahr entronnen ist? Warum heißt es nicht: Zu meiner Erleichterung sah ich niemanden? Wenn die erste Reaktion darauf, daß man einer Todesgefahr entronnen ist, Entsetzen ist, so kann ich mir nur vorstellen, daß der Verdacht, daß dahinter vielleicht etwas noch viel Schrecklicheres als der Tod steckt, zuvor bereits bestanden hat und daß dieser Verdacht im Augenblick des Sich-Umschauens zur Gewißheit geworden ist. Damit entspräche dieses „Entsetzen" recht genau dem „Schreck", mit dem Bek-Seïd zuvor das „winzige Mädchen" aus seinem Brustlatz zu Boden geschleudert hatte.

(2B) Die Mutter, nachdem sie alles erfahren und offenbar zutreffend verstanden hat, macht sich für den Sohn dem Vater gegenüber zum Vermittler. Ihre Erklärung, daß auch ihr Bruder, „als er bei den Gräbern der Heiligen übernachtet hatte, ihres Schutzes für würdig befunden worden war", verstehe ich so, daß sie den Vater auf die besondere Disposition in ihrer Familie aufmerksam machen will, um ihn dadurch zur Einwilligung in das Bocksopfer zu bewegen. Vielleicht hat sie die Sache aber auch noch konkreter gemeint und dem Vater zu verstehen geben wollen, daß die Heiligen (die zwei Reiter) Bek-Seïd in ihren Dienst zu nehmen (und damit zugleich unter ihren Schutz zu stellen) wünschen. Bek-Seïd wendet sich in dieser Sache nicht selbst an den Vater, sondern er beschränkt sich nach dessen ablehnendem Bescheid darauf, die Augen vor der ganzen Sache zu verschließen, und er „konnte sie nicht öffnen".

Warum gibt aber der Vater dem Ansinnen von Sohn und Frau nicht gleich nach? - Damit ist die Frage nach der Sicht des Vaters und seiner Funktion in dieser Geschichte gestellt. Das Schlachten eines Haustieres ist im viehzüchterischen Alltag keine Bagatelle, sondern es erfolgt üblicherweise aufgrund rationaler, wirtschaftlicher Überlegungen oder anläßlich von besonderen Ereignissen, die durch die Tradition festgelegt sind. Die Verweigerung des Opfers durch den Vater ist damit Ausdruck seiner weltlichen Vernunft, seiner Rationalität, die es eben als vernünftig erachtet, das Vieh nur den genannten Erwägungen zum Opfer zu bringen und nicht so unglaubwürdigen Geschichten wie den hier erzählten. Damit erweist sich der Vater hier nicht als der „gute Vater", wie in KARAZINS Geschichte einer vorgekommen war, hier wird der Vater für das Wachsen seines Kindes vielmehr zum Problem. Doch was geschieht: Der Sohn erblindet noch „am gleichen Tag".

Durch das zeitliche Zusammenfallen ist zwischen der Verweigerung des Opfers durch den Vater und dem Erblinden seines Sohnes ein Zusammenhang hergestellt, den diejenige Rationalität, deren Erwägungen zu des Vaters Verweigerung geführt haben, nicht zu erklären vermag. Damit hat sich etwas manifestiert, was in die rationale Welt des Vaters nicht hineinpaßt, was für ihn unkalkulierbar ist und seine Reaktion plausibel macht: Er „bekam große Angst und war gezwungen, in Gottes Namen ein Tier zu opfern". Und was opfert er damit zugleich? Er opfert die Rationalitätsgründe, die zu seiner Verweigerung geführt hatten, das heißt, er bringt diese Rationalität selbst zum Opfer - das aber nur angesichts der Besonderheit der Situation. Denn so wie ich annehme, daß der Vater mit seiner Familie im Laufe der Zeit zur Normalität des Alltags zurückfindet, in dem Maße - so vermute ich - erobert sich jene Rationalität ihre Rechte zurück. Was also opfert der Vater, indem er in das Bocksopfer einwilligt? Nicht jene Rationalität an sich, die in Situationen der Normalität ihre Rechte durchaus behält, sondern nur den Absolutheitsanspruch, den Absolutismus dieser Rationalität. Dieses Opfer - so könnte ich sagen - ist als Bild ein Ausdruck der Anerkenntnis, daß in Situationen, die die Normalität des Alltags offenkundig überschreiten, auch andere als jener Rationalität entspringende Erwägungen maßgeblich werden können. Und der Erfolg der Maßnahme gibt dieser Einsicht recht. Soweit die mögliche Sicht des Vaters, der hier ebenfalls als in einen Konflikt gestellt erscheint, den er allerdings für sich recht einfach löst. Warum oder wie diese Lösung auch für Bek-Seïd zur Lösung werden kann - zunächst zumindest -, das wird aus dem Gesagten jedoch noch nicht klar und findet erst durch Ereignisse, die später mitgeteilt werden, vielleicht eine Erklärung.

(2C) Die durch die Not des Sohnes dem Vater gegenüber schließlich doch erzwungene Durchführung des geforderten Rituals bewirkt bei Bek-Seïd eine neue Einsicht: Er erblickt die zwei Reiter auf dem Rauchöffnungsreifen der Jurte. Das ist ein Bild, das stark an

VALICHANOVS „König der Albasty" erinnert. Doch ist die Funktion dieses Bildes völlig verschieden: Koilubai im Text von VALICHANOV ist bereits ausgewiesener Baksy, der über eine ansehnliche Heerschar von Geistern verfügt, der er nach der Überwindung des Herrschers der Albasty lediglich einen weiteren dienstbaren Geist zuordnet. Bek-Seïd dagegen hatte den Sieg über Albasty bereits hinter sich, war allerdings noch kein Baksy. Bei ihm geht es hier um das Erlebnis einer Berufungsvision. Und darüber teilt er folgendes mit: Er fühlte sich emporgehoben und in ein Heiligengrab gebracht. Ich bin an den Onkel erinnert, von dem die Mutter sagte, daß er bei den Gräbern der Heiligen übernachtet hatte - so beschreibt vielleicht jemand, der nicht selbst betroffen ist, einen solchen Vorgang.

Zwischen dem Erblicken der Reiter auf dem Rauchöffnungsreifen und dann im Grabmal klafft bei Bek-Seïd eine Wahrnehmungslücke, die vom Empfinden des Davongetragenwerdens und vielleicht auch des Schlafs oder der Ohnmacht erfüllt ist, da es anschließend heißt: „Nach einiger Zeit erwachte ich und sah ..." und „Als ich zur Besinnung gekommen war ...".

Jene zwei Reiter, die eben noch auf dem Rauchöffnungsreifen waren, erteilen nun im Heiligengrab Bek-Seïd den Auftrag, sie bei allen seinen Taten im Gedächtnis zu behalten. Warum soll Bek-Seïd das tun? Für mich klingt das wie eine Aufforderung zu besonders verantwortungsbewußtem Handeln: Nicht nur bei seinen öffentlichen Taten, die bereits einer Kontrolle, eben durch die Öffentlichkeit, unterliegen, soll Bek-Seïd Verantwortungsbewußtsein zeigen, sondern auch bei den nichtöffentlichen, die künftig ebenfalls einer „äußeren" Kontrolle unterworfen werden, nämlich der durch die beiden Reiter. Von einer Aufforderung zum Dienst an den Geistern wie in anderen Berufungsvisionen ist hier weder ausdrücklich noch symbolisch die Rede. Doch möglicherweise besteht dieser Dienst zumindest zum Teil eben darin.

Statt einer Trommel oder Kobyz, einem Dolch oder einer Peitsche bekommt Bek-Seïd einen Zettel mit Schrift gereicht, verbunden mit der Aufforderung, das Geschriebene zu lesen. Trotz Bemühung gelingt das Bek-Seïd nicht, weil ihm die Sprache, in der das Geschriebene verfaßt ist, unverständlich ist. Dem Satz, den die beiden Reiter sagen, bevor sie verschwinden, „Nein, er kann es nicht lesen" höre ich eine große Enttäuschung an, von der ich annehme, daß sie sich in Form von tiefer Beschämung auf Bek-Seïd übertragen hat: Er hat versagt.

Es stellt sich die Frage: Wer sind die beiden Reiter? Für die Beantwortung gibt es nicht viele Anhaltspunkte. Einerseits fällt mir in diesem Zusammenhang der Heilige Kotschkar-Ata ein: Es ist immerhin sein Grabmal, in sich ein Teil des Geschehens abspielt. Um wen es sich bei diesem Heiligen handelt, weiß ich nicht. Doch warum hätte er sich als zwei Personen präsentieren sollen?

Andererseits könnte ich diese Episode mit dem Vorhergehenden in Zusammenhang bringen: Einige Tage zuvor hatte Bek-Seïd ein Mädchen, das später als Albasty gedeutet wird, gefangen, verprügelt und für sich unschädlich gemacht. Insgesamt waren aber drei Mädchen erschienen, und warum hätten drei Mädchen erscheinen sollen, wenn es nur um eines gegangen wäre? - Das verweist sozusagen auf eine offene Rechnung: Wenn es dem Bek-Seïd aus eigenem Antrieb oder Vermögen nicht gelingt, das angebotene Verhältnis, das mir durch den Umstand des Angebots als notwendig oder klärungsbedürftig erscheint, nach seiner Vorstellung zu bestimmen oder zu gestalten, so muß das eben von der anderen Seite geleistet werden. Und es würde mich nicht wundern, wenn sich die andere Seite zu diesem Zwecke ein anderes Erscheinungsbild zulegen würde, da sie mit dem ersten nicht erreicht hatte, was sie wollte: Zwei verprügelte Mädchen laufen weg, zwei Reiter in Turbanen und mit goldenen Säbeln kommen „einige Tage" „danach" wieder - diese Koinzidenz ist schon auffällig. Und allein durch dieses veränderte Outfit - Kleider machen offensichtlich nicht nur Leute, sondern auch Gespenster - ist das gesamte Verhältnis umgekrempelt: Plötzlich ist Bek-Seïd der Geprügelte, er muß nun laufen, und ihm werden im folgenden bildlich gesprochen die Haare („Flausen") ausgerupft, bis er schließlich, wie Albasty vorhin, sein Versprechen abgibt. Daß die beiden Reiter und Albasty aufeinander zu beziehen sind, wird noch dadurch gestützt, daß das „Gold" der Säbel als Attribut der Reiter mit dem „Gold" (der Blondheit) des Haars von Albasty korrespondiert.

Wenn ich auf diese Weise die Reiter mit den drei Mädchen in Beziehung bringe, von denen zumindest eines eine Albasty war, so ist vielleicht auch die Ähnlichkeit zwischen den Bildern bei Bek-Seïd und bei VALICHANOV kein Zufall. Auffällig ist aber ein zweifacher Unterschied: VALICHANOVs Herrscher der Albasty erscheint nicht nur allein, sondern dazu auch mit nur einem Auge. Möglicherweise hängt ein weiterer Unterschied damit zusammen: Bei VALICHANOV ist es am Ende der allein auftretende und einäugige Herrscher der Albasty der besiegt und in Dienst gestellt wird; hier ist es Bek-Seïd.

Ein weiterer Gesichtspunkt hinsichtlich der Zweiheit der Reiter ergibt sich, wenn ich mir in Erinnerung rufe, was ich zum Bild der Einäugigkeit des Königs der Albasty bei VALICHANOV geschrieben habe. Wenn es jemandem darum zu tun wäre, das Gegenteil dieser Einäugigkeit als Besonderheit zu verbildlichen und hervorzuheben, das heißt vielleicht die Fähigkeit, Dinge von verschiedenen Standpunkten oder Ebenen aus zu betrachten, so wäre dazu ein einzeln auftretender zweiäugiger Reiter ganz offenkundig nicht geeignet. Denn da Menschen normalerweise zwei Augen haben, läßt sich durch Zweiäugigkeit eine Besonderheit in einem Bild nicht zum Ausdruck bringen.[11]
Was hat nun die Episode im Heiligengrab zu bedeuten? - Auf mich

---

[11] Hinsichtlich der Zweiheit der Reiter sind vielleicht folgende Mitteilungen J. C. LILLYS (2000, S. 34-35) von einem Nahtod-Erlebnis interessant: „Plötzlich erscheinen in der Ferne zwei ähnliche Bewusstseinspunkte, Quellen von Strahlung, von Liebe, von Wärme. Ich fühle ihre Anwesenheit, ohne Augen, ohne Körper ... Sie vermitteln ermutigende, Ehrfurcht gebietende Gedanken. Ich erkenne, daß sie Wesen sind, die hoch über mir stehen. Sie beginnen, mich zu belehren ... Sie sagten ..., dass ich sie in zwei Wesen trennen würde, weil dies meine Art und Weise sei, sie wahrzunehmen, aber dass sie in Wirklichkeit eines seien in diesem Raum, in dem ich mich jetzt befände. Sie sagten, dass ich noch darauf beharren würde, ein Individuum zu sein, und ihnen darum eine Projektion aufzwänge, die sie als zwei Wesen erscheinen ließe ..."

macht sie den Eindruck einer Prüfung, die nicht bestanden wurde und die wie jede nicht bestandene Prüfung den Prüfling vor die Aufgabe stellt, die vorhandene Fähigkeitslücke zu schließen. Bemerkenswert ist, was die andere Seite alles einsetzt, um ihre Ziele zu erreichen: Sie gibt sich nicht nur selbst ein würdiges Aussehen, sie schafft sogar die für eine solche Situation angemessene ernste und würdige Umgebung: das Innere eines Heiligtums. Die nicht bestandene Prüfung macht nicht nur die Unfähigkeit deutlich, sondern sie wirkt auch motivierend. Insofern ist dieses Erlebnis der Lebenssituation Bek-Seïds durchaus angemessen, denn er ist der Lernende, wie aus der Bemerkung, daß er das Haar von Albasty in dem Buch barg, das er zu der Zeit gerade studierte, hervorging. Und auch in der Folgezeit findet diese vermeintliche Aufforderung eine Umsetzung durch Bek-Seïd derart, daß er nicht nur Wissen erwirbt, sondern auch Wissen weitergibt: Er geht nach Erreichen der Volljährigkeit von Zuhause fort, eröffnet eine Schule und gibt Unterricht - daß ein Kasache seinerzeit eine Schule gründete und Lehrtätigkeit aufnahm, statt sich um sein Vieh zu kümmern, ist wohl nicht selbstverständlich. Vor dem Hintergrund dieser Gedanken deute ich daher die Begebenheit mit den beiden Reitern im Heiligengrab als Berufung Bek-Seïds allerdings noch nicht zum Heiler, sondern zum Lehrer.

Etwas verwunderlich hinsichtlich einer solchen Deutung ist jedoch, daß solche Berufungsvisionen üblicherweise nur bei Werdegängen zum Heiler oder Sänger vorkommen, wie ja letztendlich auch im vorliegenden Fall. Mir ist bisher keine Berufungsvision bekannt geworden, die zum „Schuldienst" aufgefordert hätte. Und daher erhebt sich die Frage, ob ich das Bild auf diese Weise richtig verstanden habe. Habe ich mir diese Frage erst einmal gestellt, so komme ich leicht auf die nächste: Was war eigentlich der Inhalt der Prüfung? - Etwas Geschriebenes zu lesen. Für die unbekannte Sprache kommt im gegebenen Zusammenhang natürlich in erster Linie - so hatte ich gedacht - das Arabische in Betracht. Doch hatte ich mit diesem Gedanken augenscheinlich denselben Fehler begangen, den Bek-Seïd, so muß ich sagen, bisher so gut wie an jeder Stelle seiner Entwicklung begangen hat: Ich hatte das Numinose, das ihm begegnet war, für etwas Profanes gehalten. Und so halte ich für möglich, daß auch Bek-Seïd diesen Fehler, den ich soeben nachvollzogen habe, an dieser Stelle wiederholt: Er glaubt oder will glauben - weil er die Alternative scheut -, er sei zum „Schuldienst" aufgefordert. Und vielleicht kommt diese vermeintliche Forderung auch einer Intension Bek-Seïds entgegen, die er nach dem Erlebnis mit dem Vater entwickelt haben könnte: Er wird es einmal anders machen, er will den Kindern der „gute Vater" sein, und dafür sucht er die Gelegenheit. Und Bek-Seïd stellt sich dieser Forderung und kommt ihr nach.

Es stellt sich allerdings eine weitere Frage: Warum muß er dazu ausgerechnet hinter die Berge? War dieseits der Berge vielleicht kein Schuldienst nötig? - Angesichts der Art und Weise, wie Bek-Seïds Entscheidungen fast immer von inneren Befindlichkeiten bestimmt sind, glaube ich auch in diesem Falle nicht an einen Zwang der äußeren Umstände. Auf mich macht Bek-Seïds Gang hinter die Berge vielmehr den Eindruck einer Flucht. Und dabei bedient er sich zugleich eines mythischen oder märchenhaften Bildes, um diese Flucht zum Ausdruck zu bringen, nämlich des Bergrückens, den er zwischen sich und seine Situation zu setzen sich bemüht.[12] Doch die Zeit erweist: Das ist sie nicht, die Lösung seiner Probleme. Weder hat er durch seine unterstellte Flucht die lästigen Geister von sich abschütteln können, noch ist offenbar der Schuldienst das, was sie von ihm erwarten: Es fangen auch dort und dabei wieder „Vorfälle" mit ihm an. Und geradezu bewundernswert ist Bek-Seïds Konsequenz: Er gibt den Schuldienst auf und geht heim. Die Folgen dieses Schrittes bestätigen Bek-Seïd prompt die Richtigkeit seines

---

[12] Ich weise noch auf den Namen des Bergrückens hin: Karatau „Kara-Berg". Aufgrund des Namens Kara, was ein anderer Name für Albasty ist, könnte ich das Übersteigen des Berges als eine abermalige Überwindung von Albasty durch Bek-Seïd verstehen.

Entschlusses: Er fühlt sich gesund. Doch daß mit diesem Schritt die endgültige Lösung noch nicht gefunden ist, erweist die anschließende Erkrankung. Doch alles das kommt erst später.

Wenn nicht der Schuldienst, was ist es dann, was die Geister fordern? Ebenso wie Bek-Seïd muß nun auch ich wieder beim Bild der Prüfungssituation im Grabmal des Heiligen Kotschkar-Ata anfangen und darauf warten, daß die richtigen Fragen kommen: Was bedeutet dieses Bild? - Es geht irgendwie um Sprachfertigkeit. Aber Sprachfertigkeit wozu? - Sprachfertigkeit dient im allgemeinen zur Kommunikation. Doch Kommunikation mit wem? - Wenn es sich nicht auf Menschen bezieht - das Arabische soll's ja offenbar nicht sein - so fallen mir als Antwort nur die beiden Reiter selbst ein. *Das* also könnte die mit diesem Bild verbundene Forderung sein: Lerne, mit *uns* zu kommunizieren! Und zwar meinen wir nicht so eine idiotische Kommunikation, wie du sie den Mädchen oder vorhin uns gegenüber an den Tag gelegt hast, sondern: Lerne, mit uns vernünftig, sinnvoll zu kommunizieren, daß es für dich und die, die um dich sind und nach dir sein werden, segensreich sei!

Doch bis er zu dieser Einsicht gelangt, vergeht noch eine lange Zeit. Und selbst die Entscheidung zum Schuldienst fällt hier offenbar noch nicht, denn von einer Reaktion Bek-Seïds den beiden Reitern im Heiligtum gegenüber ist keine Rede. Die Erscheinung der Reiter enthielt jedoch, wie ich deutlich zu machen versucht habe, eine sehr konkrete Aufforderung an ihn. Warum er trotzdem nicht reagiert, läßt der Text offen. Ich glaube nicht, daß Bek-Seïd den Umstand der Aufforderung an sich nicht erkannt hat. Denkbar ist für mich wie gesagt, daß er den Inhalt der Aufforderung mißverstand. Darum stellt sich mir die Frage: Warum reagiert Bek-Seïd auf die Aufforderung nicht? Meiner Vermutung nach liegt der Grund dafür in Bek-Seïds Realitätssinn: Dieser muß ihm wohl sagen, daß die Qualität seines Erlebnisses im Grabmal sich von der seiner alltäglichen Erfahrungen unterscheidet, womit es den Anschein von etwas „Unwirklichem" erhält. Und aufgrund eines solchen „unwirklichen" Erlebnisses seine ganze Lebensplanung auf den Kopf zu stellen, das kann nicht die „Tat eines vernünftigen Menschen" heißen. Dieser Grund ist gleichsam derselbe, weswegen Bek-Seïds Vater nicht sofort in die Opferung des Ziegenbockes einwilligte. Bek-Seïds Entscheidung, nichts zu tun, ist damit rational gesehen vollkommen folgerichtig. Allein ebenso folgerichtig - allerdings in etwas anderem Sinne - ist seine Erkrankung im Anschluß daran.

(3) Nachdem die Reiter verschwunden sind, geht Bek-Seïd einfach heim. Worin seine „Verrücktheit" nach dieser Begegnung besteht oder wie sie sich äußert, wird nicht mitgeteilt. Sie führt jedoch dazu, daß Bek-Seïd bei Kendsche Kyz einquartiert wird, die über die Kenntnisse eines Baksy verfügt.

Die ganze folgende Episode mit dem Rösten, Stampfen, Backen und Verschwinden des Weizens, mit dem Tumpakai (oder: Tümpäkäi - was heißt das überhaupt?) ist in ihrer Bedeutung innerhalb Bek-Seïds Werdeganges zunächst sehr rätselhaft. Ich hätte an dieser Stelle eine ordentliche schamanische Séance für die beiden Patienten erwartet. Eine solche Séance ist im allgemeinen jedoch ein so eindrucksvolles Erlebnis, daß ich nicht gut annehmen kann, sie fehle vielleicht aus Vergeßlichkeit in Bek-Seïds Bericht. Vielmehr sehe ich mich genötigt, anzunehmen, daß keine Séance stattgefunden hat. Doch wie kommt es dann zur Heilung?

Vor der Beantwortung dieser Frage ist es vielleicht nützlich, wenn ich mir noch einmal die Ursache von Bek-Seïds Erkrankung vergegenwärtige: Sie liegt, so meine ich, in einer gewissen Beschränktheit der Rationalität, die Bek-Seïds ganzes Handeln zu bestimmen scheint und die ihn am Handeln hindert in einer Situation, in der Handeln offenbar gefordert ist. Und was tut die kundige Heilerin? - Sie stellt Bek-Seïds dominanter Rationalität ein Wunder entgegen, ein kleines nur, jedoch groß genug, daß demgegenüber jene Rationalität sich nur in ergebnislosen Vermutungen zu verlieren vermag: „Ich verlor mich damals in Vermutungen" heißt es im Text.

Es stellt sich die Frage: Warum „verliert" sich Bek-Seïd in den Vermutungen? - Ich meine: Durch das Wunder der Kendsche Kyz ist etwas in Bek-Seïds Welt gestellt, das dieser Welt nicht entstammt, das damit in gewissem Sinne diese Welt in Frage stellt, denn was ist das schon für eine „Welt", die nicht alles enthält? - Damit ist es denkbar, daß dieses Wunder mit der Zeit für Bek-Seïd zu einem Problem von ähnlich existentieller Art wird, wie es sich seinerzeit im „Schrecken" spiegelte, mit dem er das Mädchen zu Boden schleuderte, oder in dem „Entsetzen", das ihn packte, als er sich nach den beiden Reitern umwandte und niemanden mehr sah. Darum wohl muß er sich in seinen Vermutungen auf die Suche machen nach einer Erklärung, die es ihm gestatten würde, das Wunder in seine Welt zu integrieren, eine Suche, die ihn so weit führt, daß er im Nachhinein formuliert, er habe sich in seinen Vermutungen „verloren". Die Emotionen, die ihn dabei begleitet haben, werden in zunehmendem Maße wohl weder freud- noch lustvoll gewesen sein, sondern eher angstvoll - entsprechend jenem „Schrecken" und „Entsetzen" eben - und begleitet von der sich mit fortschreitender Erfolglosigkeit der Suche immer nachdrücklicher stellenden bangen Frage: Was wird sein, wenn sich nichts findet?

Die Folge zeigt, daß er irgendwann tatsächlich an diesen Punkt gelangt ist, denn er sagt: „Danach wurde ich gesund ...". Wenn sich Bek-Seïd jedoch in seinen Vermutungen wirklich „verloren" hätte, dann wäre die Geschichte wohl bereits an dieser Stelle zu Ende, dann hätten wir von ihr aus Bek-Seïds Mund nie etwas erfahren und dann wäre Kendsche Kyz in dem Falle keine Heilerin gewesen. Der Fortgang jedoch zeigt, daß Bek-Seïd das Vermuten an irgendeiner Stelle aufgegeben haben muß, wodurch er sein Verlorensein überwunden hat. Diese Überwindung, die letztlich aus einer vielleicht aus der Verzweiflung erwachsenden Überlegung wie „Was soll das alles überhaupt? Wozu mach' ich mich hier eigentlich verrückt?" hervorgegangen sein mag, wird wahrscheinlich mit einem Gefühl der Befreiung verbunden gewesen sein, denn am Ende wird Bek-

Seïd das zwanghafte Immer-weiter-suchen-Müssen vielleicht wie ein immer enger werdendes Gefängnis empfunden haben. Jetzt dagegen kennt er die Antwort auf die Frage, was sein wird, wenn er nichts findet: Nichts. Das ist aber nicht nur sein qualvolles Zermalmtwerden zwischen den Mauern und sein Verschwinden in dem entstehenden Nichts, wie es sich Bek-Seïd vielleicht ausgemalt hat, sondern zusätzlich noch etwas anderes: Zusammen mit ihm ist auch sein Gefängnis plötzlich in diesem Nichts verschwunden, und Bek-Seïd selbst ist auch nur in dem Sinne vernichtet worden, als ein neuer Bek-Seïd entstanden ist, der sich vom alten allerdings im wesentlichen nur dadurch unterscheidet, als er ein Problem weniger hat. Oder genauer gesagt: Bek-Seïd hat jetzt eine neue Möglichkeit zur Lösung seines Problems an die Hand bekommen. Denn während zuvor ein „Ich kann doch nicht ..." seiner weiteren Entwicklung im Wege stand, ermöglicht ihm nunmehr das erlangte „Warum eigentlich nicht?", den nächsten Schritt zu gehen.

Das Erlebnis der Niederlage seiner Rationalität bereitet damit - so nehme ich an - für Bek-Seïd den Weg für die Annahme der Relevanz jener Begegnung mit den Reitern im Heiligengrab: Wenn hingenommen werden muß, daß es Dinge gibt, die sich rational nicht erklären lassen, wenn so etwas einfach vorkommt, dann kann es nicht „vernünftige Tat" heißen, sie als nichtig zu erachten und zu ignorieren. Für Bek-Seïd könnte diese Einsicht zu der Konsequenz führen: Es muß nicht unvernünftig sein, sich der Forderung der beiden Reiter zu stellen und ihr nachzukommen. Für diese Gedanken nehme ich zur Stütze das Geschehen nach dem Aufenthalt bei Kendsche Kyz: Bek-Seïds Genesung nach seinem Verlorengehen in den Vermutungen und dem offenbar aus dem Erlebnis dieses Verlorengehens erwachsenden Entschluß, Lehrtätigkeit aufzunehmen und damit der vermeintlichen Forderung der beiden Reiter nachzukommen. Beides sehe ich in so enger Beziehung zueinander, daß ich sagen könnte: Beides ist eines; das Treffen jener Entscheidung *ist* Bek-Seïds Genesung und umgekehrt.

Nun magst du einwenden: Gut und schön, Kendsche Kyz' Wunder

hat zur Heilung von Bek-Seïd geführt. Nun kann man aber auch die Begegnungen Bek-Seïds mit jenen Mädchen und jenen beiden Reitern als „Wunder" betrachten. Wieso führt das eine Wunder zur Verrücktheit und das andere zur Heilung? - Darauf ließe sich folgendes antworten: Bei den Begegnungen mit den Mädchen und den beiden Reitern hatte es sich jeweils um überraschende und einmalige Wunder gehandelt. Das hatte es Bek-Seïd vielleicht ermöglicht, ihr Erscheinen zwar nicht zu ignorieren, es aber zu verdrängen. Gelegenheit dazu wird er in den Ablenkungen des normalen Alltags zur Genüge gefunden haben. Den Absolutismus von Bek-Seïds Rationalität haben diese Wunder jedenfalls nicht zu brechen vermocht. Denn für die Entscheidungen, die Bek-Seïd hinsichtlich seiner Entwicklung zu treffen hatte, sind diese Wunder nicht relevant geworden. Andererseits sind sie aber auch nicht völlig wirkungslos geblieben; immerhin haben sie ja dazu geführt, daß Bek-Seïd verrückt geworden ist.

Bei Kendsche Kyz dagegen vollzog sich ein periodisches Wunder, ein hartnäckiges Wunder sozusagen, eines, auf das man warten konnte und das nicht so leicht zu verdrängen war. Außerdem wird Bek-Seïd während seines Aufenthalts bei ihr die Ablenkungen des normalen Alltags vielleicht entbehrt haben, wodurch ihm ein Wegschieben dieses Wunders erschwert war. Und er hat bei Kendsche Kyz offenbar soviel Ruhe und Muße gefunden, um sich in seinen Vermutungen überhaupt verlieren zu können. Wenn ich bisher schon den Eindruck hatte, daß Bek-Seïd durchaus kein oberflächlicher Mensch ist, so kann ich nun angesichts der Notwendigkeit eines periodischen Wunders zu seiner „Bekehrung" hinzufügen: Leichtgläubig ist er auch nicht.

Ich glaube, daß ich damit einen Aspekt von Bek-Seïds Heilungsprozeß in dieser Phase angesprochen habe, der das Ergebnis, eben die Heilung, betrifft. Doch es bleibt für mich nach wie vor die Frage: Wie kommt es dazu, daß Bek-Seïd den Punkt des Nichts tatsächlich erreicht und durchschreitet? Meine obige Formulierung von „einer vielleicht aus der Verzweiflung erwachsenden Überlegung wie ..." befriedigt mich in diesem Zusammenhang durchaus nicht. Sondern ich denke, daß es noch eines anderen, speziellen Impulses bedarf, ehe einer die Suche in den Vermutungen aufgibt, die zwar nicht angenehm ist, im Vergleich zu dem, was er erwartet, aber immer noch erträglich erscheinen mag, und bis er schließlich den Schritt in das Nichts wagt. Außerdem fällt mir auf, daß ich noch gar nicht auf die Erscheinungsform des Wunders eingegangen bin. Das will ich jetzt nachholen.

Was tut Kendsche Kyz: Sie röstet Weizen, stampft ihn, bäckt das Weizenmehl in Rahm, stellt es hin und ruft ihren Tumpakai - und das jeden Tag; dann ist irgendein Gebrüll zu hören, woraufhin das Essen jedesmal verschwindet. Warum diese ganze absonderliche Zeremonie? - Möglicherweise steht der Umstand, daß Kendsche Kyz gerade dieses Wunder wählte, im Zusammenhang mit einem weiteren Ausgangspunkt von Bek-Seïds Erkrankung, einem, der noch vor der Begegnung mit den beiden Reitern im Heiligengrab liegt.

Die Episode mit den beiden Reitern beginnt doch damit, daß Bek-Seïd aus dem Haus läuft, um zu verhindern, daß sich die Herde der Mutterschafe mit der der Lämmer vermischt. Diese Szene ist nicht nur in hohem Maße eindrucksvoll, sondern sie enthält für den nomadischen Alltag auch eine so große Normalität, daß ich auf den folgenden Gedanken nicht selbst gekommen bin: daß nämlich die Milch der Mutterschafe doch eigentlich für die Lämmer da ist und nicht für die Menschen.[13] Dabei steht diese Überlegung explizit im Text: „... damit die Lämmer sie [die Mutterschafe] nicht leersaugen" heißt es da. Nunmehr glaube ich, daß Bek-Seïd jung genug ist und die Umstände durchaus geeignet sind, die Unbewußtheit, die aus der Normalität der Situation erwächst, zu durchbrechen und diesen Gedanken in seinem Bewußtsein zu manifestieren.

Und sogleich gerät Bek-Seïd mit dieser Erkenntnis wiederum in einen Konflikt mit seiner Rationalität. Denn einerseits ist aus dieser

13 Diesen und weitere zentrale Gedanken zu diesem Text verdanke ich Ulli Brenn.

kein Argument dafür geltend zu machen, warum menschliche Ansprüche über die von Schafen gestellt werden sollten. Und andererseits ist es doch gerade die Rationalität seiner ganzen Welt - in der als Macht- und Rationalitätszentrum der Vater steht -, die Bek-Seïds rational unerklärliches Verhalten von ihm verlangt. Bek-Seïd steht damit vor zwei Überlegungen, die beide der Rationalität seiner Welt zu entspringen scheinen, die er innerhalb dieser aber nicht in Übereinstimmung bringen kann. Das „Blöken der Lämmer", das sich in Bek-Seïd zu der Frage verdichtet: „Was tue ich hier eigentlich?", verträgt sich vor dem Hintergrund allein rationaler Erwägungen nicht mit der von der Überlieferung darauf erteilten Antwort: „Das, was vernünftig ist." Das heißt, Bek-Seïd steckt plötzlich in einem unlösbaren Widerspruch fest, den der eine vielleicht einfach so abtun würde, der für den anderen aber offenbar so stark werden kann, daß in ihm ein Zweifel an der „Welt" insgesamt entsteht, daß er „alles" in Frage stellt.

Bek-Seïd steckt also fest, und in dem Moment erscheinen die zwei Reiter und fordern sinngemäß: Opfere für uns den großen schwarzen Bock (unausgesprochen: dann können wir dir einen Weg zeigen, der ein Ausweg aus der Unlösbarkeit sein kann)! - Ich sollte es tatsächlich so, mit bestimmtem Artikel, übersetzen: „... *den* großen schwarzen Bock". Denn wofür könnte der große schwarze Ziegenbock stehen? - Er könnte ein Bild für den Vater sein oder genauer: ein Bild für ein Bild vom Vater in Bek-Seïd, dessen schwarzen Aspekt er zugunsten der Reiter mit goldenen Attributen zum Opfer bringen soll. Oder mit anderen Worten: Bek-Seïd könnte zu verstehen gegeben worden sein, daß die Rationalität seiner Vaterwelt in den Situationen aufgegeben werden sollte, in denen sie die Dinge eher verdunkelt als erhellt und zu Entscheidungs- und Handlungsunfähigkeit führt. Und gerade in eine solche Situation könnte Bek-Seïd dadurch geraten sein, daß er die Perspektive der Lämmer reflektiert.[14] Damit wäre auch die Art des von den Reitern geforderten Opfers verständlich und die Frage geklärt, warum als Opfertier ein großer schwarzer Ziegenbock herhalten soll und nicht etwa eine Ziege oder ein Zicklein. Und die Aufforderung der beiden Reiter an Bek-Seïd im Heiligengrab „Halte uns von nun an bei allen deinen Taten in deinem Gedächtnis!" würde vor diesem Hintergrund noch eine zusätzliche Bedeutung erhalten, nämlich: Bedenke, daß es bei jeder Entscheidung, die du zu treffen haben wirst, neben dem Weg der Rationalität noch einen anderen gibt und daß es nicht immer der der Rationalität ist, der zum guten Ende führt!

Ich komme nun auf Kendsche Kyz' Wunder zurück, das für mich so aussieht, als würde es auf diesen angenommenen Reflex Bek-Seïds Bezug nehmen, und das ich deshalb auch zum Argument dafür machen möchte, daß meine Annahmen stimmen - nach der Logik ein Zirkelschluß übrigens, und jeder verständige Mensch muß ihn ablehnen: Tag für Tag bilden die Schafe ihre Milch für die Lämmer, so wie Kendsche Kyz aus Weizen und Rahm ihre Speise bereitet. Dann ist irgendein Gebrüll zu hören - nämlich das des Tumpakai beziehungsweise das Bek-Seïds, wenn er den Mutterschafen entgegenläuft, um zu verhindern, daß sie sich vor dem Melken mit den Lämmern vermischen. Und so wie anschließend die Milch für die Lämmer verschwindet, verschwindet für Bek-Seïd die gute Speise, beides geschieht - wenngleich in unterschiedlichem Sinne - auf für Bek-Seïds Rationalität unerklärliche Weise.

Damit liegen zwei parallele Ereignisse vor, die gewissermaßen gleichsinnig ablaufen - das aber auf unterschiedlichen Ebenen. Und in beiden Ereignissen spielt Bek-Seïd eine Rolle - und das ebenfalls auf unterschiedlichen Ebenen: Im Erlebnis mit den Schafen reflektiert er zwar die Sicht der Lämmer, aber er selbst ist es, der durch sein Geschrei verhindert, daß sich die Herden vermischen, und der damit für die Lämmer zur unerklärlichen Ursache des Verschwindens

---

14 Oben hatte ich geschrieben, daß sich Bek-Seïd an einer wichtigen Stelle des Textes möglicherweise als in besonderem Maße fähig erweist, sich in die Situation eines anderen hineinzuversetzen, und hatte unter anderem daraus auf seine Motivation geschlossen, sich des Haselhuhns anzunehmen. Eben diese Stelle hier hatte ich damit gemeint.

der Milch wird. Im zweiten Erlebnis, im Wunder, das Kendsche Kyz für Bek-Seïd bereitet, ist er gleichsam an die Stelle der Lämmer gestellt, während die Funktion, die er im ersten Erlebnis erfüllt, nun von jenem unerklärlichen Tumpakai übernommen wird. (Jetzt wird mir übrigens klar, warum ich den Namen dieses Tumpakai nicht verstehe: Er ist nicht zu „verstehen"!)

Welcher Erkenntnis Bek-Seïds könnte Kendsche Kyz auf diese Weise den Weg bereitet haben? - Sie könnte ihm durch dieses Gleichnis zu verstehen gegeben haben: So wie für die Lämmer die Unerklärlichkeit des Verschwindens der Milch auf einer anderen Ebene - der der Welt Bek-Seïds nämlich - eine Erklärung findet, und zwar eine ganz einfache, ist es denkbar, daß auch Bek-Seïds Unerklärlichkeiten auf einer anderen Ebene ganz einfache Erklärungen haben.

Gleichnisse oder Analogieschlüsse sind nun etwas, dessen sich die Rationalität von Bek-Seïds Welt zur Erklärung - oder zumindest zur Verdeutlichung oder Veranschaulichung - von Dingen und Zusammenhängen durchaus zu bedienen pflegt. Insofern halte ich es für denkbar, daß auch dieses Gleichnis vor der Rationalität Bek-Seïds besteht und sein Erklärungswert hinsichtlich seiner Situation von ihr akzeptiert wird.

Doch mit der Akzeptanz dieses Gleichnisses entsteht für Bek-Seïd möglicherweise gleich das nächste Problem: Wie soll ein Mensch, der sich und seine Art bisher vielleicht als die „Krone der Schöpfung"[15] anzusehen gewohnt war, plötzlich mit dem Bewußtsein fertig werden, daß er auf einer anderen Ebene „nur" die Rolle spielt, die in seiner eigenen Welt die Schafe spielen? Ich denke, daß diese Erkenntnis durchaus dazu führen könnte, daß jemand in eine tiefe

---

[15] In dem Märchen „Kara Mergen" (PANTUSOV 1901) sagt eine Peri zum Märchenhelden: „Unter den 18 000 Geschöpfen auf der Welt gibt es kein gesegneteres als den Menschen. Weißt du das nicht? Die Freunde Gottes, die Propheten, sind sie nicht alle von den Menschen?" (S. 13, russische Übersetzung S. 32). In meiner Teilübersetzung dieses Märchens (in TAUBE 2000) hatte ich diese Passage aus Gründen der Platzersparnis weggelassen.

Krise stürzt, deren Überwindung es erfordern würde, das gesamte Selbstwertgefühl auf einen neuen Grund zu stellen.

Ob und wie Bek-Seïd diese Leistung erbringt, sagt der Text nicht. Für den Fall, daß er sie erbracht hat, sehe ich die einzige Hilfe, die er dabei erfahren hat, im Lebenswandel von Kendsche Kyz: Sie, die durch ihr Tun Bek-Seïd jene neue Erkenntnis vermittelt hat, muß wissen und gewußt haben, was er jetzt weiß. Und trotzdem lebt sie einfach so und wahrscheinlich unspektakulär dahin und heilt noch dazu Menschen! Und wird nicht verrückt dabei! Mehr noch: Sie akzeptiert nicht nur diesen ganzen „Quatsch" und nimmt ihn hin, sondern sie unterwirft sich ihm und zelebriert ihn sogar, indem sie ihre Speise bereitet und dann den Tumpakai ruft! Unbegreiflich einerseits, aber auf der anderen Seite geht's ja ganz offensichtlich - irgendwie.

Ich sehe damit insgesamt drei Momente, die im Zusammenwirken Bek-Seïds Heilung herbeigeführt haben könnten: Das erste ist der Umstand des Wunders an sich, das den Absolutismus des Rationalismus von Bek-Seïds bisheriger Welt relativiert. Das zweite ist die besondere Art des Wunders, das durch das Gleichnis, das es enthält, die Rolle, die Bek-Seïd in der Welt zu spielen glaubt, relativiert. Und das dritte ist das Erlebnis von Kendsche Kyz' Lebensführung, die offenbar trotz des Bewußtseins all dieser Relativitäten ein Leben in Ruhe und Frieden führt zum bescheidenen Nutzen ihrer Umgebung. Insbesondere die letzte Erfahrung ist es, so denke ich, die Bek-Seïd auf seiner Suche in den Vermutungen schließlich trotz aller anzunehmenden Angst den letzten Schritt wagen läßt in das Nichts, welches sich für ihn allerdings sogleich wieder in eine ganze Welt verwandelt, und zwar in eine neue Welt.

(4) Durch ihre Handlungen jedenfalls löst Kendsche Kyz in Bek-Seïd jene Wandlungen aus, die ihn befähigen, die Entscheidung zu treffen, die er im Heiligengrab noch nicht hatte treffen können und die ihn im folgenden hinter den Bergrücken führt, ihn dort eine Schule

eröffnen und Kinder unterrichten läßt. Den Umstand, daß trotz der sich später erweisenden Fehlerhaftigkeit der Entscheidung in der Folge zunächst eine Besserung des Zustands von Bek-Seïd eintritt („danach wurde ich gesund"), verstehe ich so, daß in manchen Situationen die falsche Entscheidung immer noch besser ist als gar keine.

Doch ebendeshalb ist die Sache für Bek-Seïd damit noch nicht ausgestanden. Hinter dem Berge fangen erneut „Vorfälle" mit ihm an: Es ruft ihn. Doch Bek-Seïd - ich muß schon sagen: nach altbewährter Manier von Schamanenkandidaten - „maß dem keine Bedeutung bei". Stell dir das richtig vor: Beständig ruft es ihn beim Namen, doch er stellt sich so, als wäre er nicht gemeint.

Es erhebt sich die Frage: Warum hat Bek-Seïd denn nicht geantwortet? Warum hat er nicht einfach gesagt: Ja, hier bin ich, was gibt's, was liegt an? - Eine Antwort enthält der Text nicht, so daß ich auf das eigene Vorstellungsvermögen angewiesen bin, dem diese Frage allerdings nicht sehr viel zumutet. Warum reagiert man nicht auf eine Stimme, für die kein äußerer Ursprung erkennbar ist? - Es ist eine Angst, und zwar wieder einmal davor, einen Konflikt mit der Rationalität aufzunehmen: Ich bin doch nicht verrückt, ich kann doch nicht auf Stimmen hören, die's gar nicht gibt ... Und es läßt sich noch ein Grund dafür nennen, warum die Antwort nicht gleich erfolgt: Es ist die Unkenntnis des Leides für sich und seine Umgebung, das aus der Mißachtung der Stimme erwachsen kann.

Doch vielleicht stimmt die Aussage „ich maß dem keine Bedeutung bei" auch nicht ganz so, wie es dasteht, oder sie stimmt nur für den Beginn dieser „Vorfälle". Denn möglicherweise war es ja gerade dieses Rufen, was den Entschluß reifen ließ, den Schuldienst aufzugeben und nach Hause zurückzukehren. Mit diesem Schritt korrigiert er die, wie ich meine, fehlerhafte Entscheidung zum Schuldienst, und folgerichtig fühlt er sich wiederum gesund.

(5) Und was findet er zu Hause vor? Nach dem Text gar nichts. Doch aus diesem „Nichts" darf ich vielleicht das Folgende lesen: Er

findet seine beiden alten Eltern vor, die wie immer ihren Alltag leben, so, als wäre eben „nichts" geschehen. Für Bek-Seïd ist im Vorausgehenden aber nicht nur sehr viel, sondern vielleicht Umwälzendes geschehen. Wie soll nun aber einer wie Bek-Seïd mit seinen Erfahrungen in einer Umgebung leben, die so tut, als wäre „nichts" geschehen? Alles, was die Leute sagen, stimmt ja so, wie sie es sagen, nach seinen Erfahrungen nicht. Und vieles von dem, was sie tun, sieht ja für ihn nun aus wie Verrücktheiten. Und wäre es denkbar, daß Bek-Seïd selbst, nach dem, was er erlebt hat, so lebte, als wäre „nichts" geschehen? Ich glaube es nicht. Ich glaube, es gäbe auf Dauer für den Betroffenen nur zwei mögliche Folgen einer derartigen Situation: Entweder er kapselte sich von seiner Umgebung sehr weitgehend ab, oder er würde rasend. Nach den im folgenden beschriebenen Symptomen nehme ich für Bek-Seïd das erstere an.

Warum aber kommt es erst nach der Rückkehr Bek-Seïds von hinter den Bergen zur Zuspitzung seiner Krankheit? Warum beschränken sich jenseits der Berge die Vorfälle auf das Rufen seines Namens? Vielleicht liegt die Antwort darin, daß Bek-Seïd im Umgang mit Kindern, denen gegenüber er als Lehrer und damit als Respektsperson auftrat und die in ihrem Vorurteil noch nicht so gefestigt sind wie Erwachsene, Möglichkeiten des Ausgleichs gefunden hat.

Zurück im väterlichen Umfeld wird Bek-Seïd jedoch für sich und, so nehme ich mit Gewißheit an, für seine Umgebung zum Problem; schnell spitzt sich die Situation dramatisch zu: „An einem der Tage" schließen sich die Augen. Dieses Symptom kennt er schon. Doch nicht nur das, die Krankheit tritt diesmal intensiver auf als beim ersten Mal. Der Bauch beginnt anzuschwellen, schmerzt und sticht, und der ganze Körper empfindet bei Berührung Schmerzen. So liegt Bek-Seïd da als Rühr-mich-nicht-an im wörtlichen Sinne und mit geschlossenen Augen, und ich glaube gern: Wenn er so liegenbleibt, stirbt er bestimmt, wie es ihm der erscheinende „Mensch" ankündigt. Jener „Mensch" zeigt ihm jedoch einen Ausweg: Ein Leben in seinem Dienst, wobei Bek-Seïds Ruhm von Tag zu Tag wachsen werde. Und die Situation ist für Bek-Seïd so, daß er schlicht und einfach sagt: „Ich nehme Euren Vorschlag an."

Die Leichtigkeit, mit der Bek-Seïd anscheinend auf dieses Angebot eingeht, ist für mich etwas befremdlich. Denn in anderen schamanischen Biographien ist genau dieser Punkt das zentrale Problem: Die Kandidaten wehren sich mit aller Kraft und indem sie das denkbar größte Ungemach auf sich nehmen, dagegen, auf einen solchen Vorschlag einzugehen und sich unter die Last dieses Dienstes zu beugen.[16] Hier aber bleibt die Leichtigkeit, mit der Bek-Seïd seine Zustimmung gibt, überraschend.

Es bleibt die Frage: Wer ist jener „Mensch", der da erscheint? Am nächstliegenden scheint es mir zu sein, wenn ich die Aussage „Ich nehme Euren Vorschlag an" auf die folgende Aussage „Ich schwor den Dschinn und Arwak, daß ich ihren Willen ausführen würde ..." beziehe, daß also jener „Mensch" gar kein Mensch aus Fleisch und Blut ist, sondern einer von den Dschinn und Arwak, der in Gestalt eines Menschen erscheint. An Attributen weist diese Gestalt einen goldenen Schnurrbart und einen Ring mit einem kostbaren Stein am Finger auf. Und mit diesen Attributen wird Bek-Seïd begabt, nachdem er seine Berufung angenommen hat.

Was hat das zu bedeuten? Wenn ich den Vorgang wieder bildhaft nehme, so könnte ich sagen: Nach Bek-Seïds Einwilligung begabt ihn der Geist gerade mit einigen seiner eigenen Geistqualitäten. Der Schnurrbart ist ein Attribut der Männlichkeit - das „Gold" des Schnurrbarts korrespondiert dabei wieder mit dem „Gold" des Haars der Albasty. Parallel zum Schnurrbart steht der kostbare Ring als Attribut der Weiblichkeit.[17] Das Verhältnis zwischen Schnurrbart und Ring hier erinnert mich an die Komplementarität von Moschee

---

16 Der Fall der usbekischen Schamanin Momochal, die nicht nur erkrankte, sondern der dazu nacheinander vier Kinder in jungen Jahren starben und die anscheinend dennoch meinte: „Eher als das andere dies ertragen und dazu bitte noch den eigenen Tod", wirft ein Licht auf das Maß der Energie, mit der die Zustimmung verweigert wird (vergleiche zu diesem Fall TAUBE 1999).

und Abhang oben bei der Begegnung mit den drei Mädchen. Abgehoben von Schnurrbart und Ring steht dagegen der Dolch, denn er erscheint nicht als Attribut oder Qualität oder als Bild von beiden, sondern als Instrument.

Beim Opfer des Ziegenbocks waren bestimmte Aspekte der geistigen Männlichkeit oder männlichen Geistigkeit, nämlich die dunklen, die mit der Rationalität zusammenhingen, geopfert worden, ohne daß an ihre Stelle etwas anderes getreten war. So war nach diesem Opfer gleichsam eine Lücke klaffen geblieben. Nun wird deutlich, was an die Stelle des Geopferten tritt: nämlich die lichten, die „goldenen" Aspekte nicht nur der geistigen Männlichkeit, sondern auch die der geistigen Weiblichkeit. Was das genau für Qualitäten sind, wird nicht gesagt. Aus dem Folgenden geht aber hervor, daß sie dazu befähigen, auf manche der Geister, die Menschen Böses zufügen, Einfluß zu nehmen, so daß sie von ihrem schädlichen Tun ablassen.

Nachdem Bek-Seïd sich in den Dienst jenes „Menschen" hat stellen lassen, soll er nun seine neu erlangten Fähigkeiten als Heiler zuerst an sich selbst erproben: Er wird aufgefordert, sich mit dem Dolch, den er bekommen hat, auf den geschwollenen Bauch zu schlagen. Doch Bek-Seïd „war sehr krank, da war nicht eine Stelle auf dem Körper, an der ... [er] bei Berührung keinen Schmerz empfunden hätte". Aber er überwindet seine Angst vor dem erwarteten Schmerz und schlägt sich mit dem Dolch gegen den Bauch.

Der Dolch kann nach den einheimischen Vorstellungen als Sitz der „Lebenskraft" seines Trägers verstanden werden. Wenn man zum Beispiel von jemandem den Dolch bekommt, was ein Vertrauensbeweis sein kann, und man gibt ihn zurück, so niemals mit der Spitze nach dem Besitzer gewendet, sondern stets mit dem Griff. Es könnte

---

17 Über sieben Jahre lang, die ich mich, natürlich nicht kontinuierlich, mit diesem Text beschäftigte, ist mir als Mann die Bedeutung dieses Ringes nicht klar gewesen. Mehr noch, ich hatte den ganzen Ring schlicht übersehen. Das heißt, meine Wahrnehmung war nicht ganzheitlich, sondern einseitig männlich.

also sein, daß dieses Schlagen mit dem Dolch den Bruch eines Tabus darstellt, oder mit anderen Worten: ausdrücklich den Vollzug des „Unvernünftigen".

Nachdem er sich auf den Bauch geschlagen hat, geschieht zweierlei: Bek-Seïd empfindet Erleichterung, das heißt, die Heilung vollzieht sich, und zugleich weiht er sich zum Baksy. Die schamanische „Weihe" ist hier also nicht ein formalisierter Akt in der Öffentlichkeit, sondern sie besteht darin, daß Bek-Seïd erstmals die Tätigkeit eines Heilers ausübt, und zwar an sich selbst. Und diese Weihe enthält folgende zwei Bestandteile: erstens die Entscheidung für den Dienst an den Geistern im Inneren, eben „ihren Willen aus[zu]führen", und zweitens die unmittelbar daran anschließende Umsetzung dieser Entscheidung nach außen, wenn auch zunächst nur gegenüber sich selbst.

Die Einwilligung Bek-Seïds in seinen künftigen Weg und seine Ausführung der Weisung des Geistes offenbaren einen Wandel, der sich in seinem Verhältnis zum Leid vollzogen hat: Bis dahin hatte er offenbar versucht, dem Leiden durch Bewegungslosigkeit zu entgehen, denn abermals: „da war nicht eine Stelle auf dem Körper, an der ich bei Berührung keinen Schmerz empfunden hätte". Das heißt, der Widerstand, den er dem Leiden entgegensetzt, äußert sich als Meidung. Diesen Widerstand gibt er nun auf, indem er der Anweisung „jenes Menschen" nachkommt und das Leiden scheinbar vergrößert, aber gerade dadurch Erleichterung empfindet. Er macht damit die paradoxe Erfahrung, daß es gerade die Vergrößerung des Leides sein kann, die das Leiden löst. Oder mit anderen Worten: Er erkennt vielleicht, daß es nur die Angst vor dem Leid ist, die das Leid erst leidvoll und verderblich macht. Und es könnte sein, daß ihn gerade dies in seiner späteren therapeutischen Praxis dazu berechtigt und befähigt, das Leiden seiner Patienten scheinbar oder tatsächlich zu vergrößern, es aber gerade dadurch zu überwinden. Dann sähe es so aus, als würde er seine eigene Erfahrung an sie weitergeben.

Bis hierhin hat sich fast alles, was für die Schamanenwerdung Bek-Seïds bedeutsam war, in seinem Inneren abgespielt, ohne wesentliche

Beteiligung anderer Menschen. Auch eine Deutung des Geschehens und der Visionen von seiten eines Kundigen, verbunden mit der Aufforderung zum schamanischen Dienst, wie es in anderen Schamanenbiographien vorkommt, fehlt hier. Und selbst wenn es an irgendeiner Stelle der Leidensgeschichte oder vielleicht besser der Wachstumsgeschichte Bek-Seïds erfolgt sein sollte, ist es für ihn offenbar nicht wichtig geworden. Auch der Griff zur Kobyz, dem Musikinstrument des Baksy, erfolgt unwillkürlich und ohne Anleitung von außen. Und selbst die Lehrzeit bei Jarasch erscheint in ihrer fast nichtssagenden Kürze in der ganzen Geschichte als eher nebensächlich.

(6) Doch auch dabei lohnt es sich wieder, genau hinzusehen. Wie ist die Situation: Bek-Seïd hat gerade einmal wieder eine Entscheidung getroffen. Diese war ihm sehr schwer gefallen. Er ist davor bis an den Rand des Todes gegangen. Nun fühlt er sich erleichtert, vielleicht auch gestärkt: Wer könnte so einem, der das durchgemacht hat, noch etwas anhaben! Und um seine Entscheidung umzusetzen, sucht er einen Baksy auf. Dieser ist nun aber nicht irgendein Baksy, sondern es ist Jarasch, der „im Volke als bester Baksy gerühmt wurde". Daraus, daß Bek-Seïd nicht zu irgendeinem Baksy geht, sondern zu Jarasch, entnehme ich, daß er es nicht einfach nur gut machen will, sondern daß er es am besten machen will. Und gerade (oder nur?) diesem „Besten" will er „dienen", um nicht weniger als die „höchsten" Kenntnisse eines Baksy zu erlangen. - Könnte es sein, daß sich hinter diesen Superlativen ein Mangel an Bescheidenheit verbirgt? Will er etwa jemandem etwas zeigen? Wenn ich von hier aus zurückschaue, könnte ich mir jetzt gut vorstellen, daß die nicht näher mitgeteilten Erlebnisse, die Bek-Seïd nach seiner Rückkehr von hinter den Bergen im väterlichen Aul mit seiner Umgebung gehabt hat und die vielleicht mit zu seiner Erkrankung „an einem der Tage" nach dieser Rückkehr beigetragen haben, geeignet sein könnten, einen Wunsch wie „Denen werd' ich's zeigen!" in ihm entstehen zu lassen.

Denn wie wird Bek-Seïds Heimkehr von seiner Umgebung wahrgenommen worden sein? - Zunächst ist da vielleicht die Wiedersehensfreude. Vielleicht wird sogar ein kleines Fest gefeiert, bei dem Bek-Seïd im Mittelpunkt steht: Was ist aus dem Jungen nicht alles geworden! - Bek-Seïd fühlt sich „gesund". Doch schnell holen die Probleme des Alltags die Mitbewohner des väterlichen Auls wieder ein, eines Alltags, in dem Bek-Seïd noch keinen rechten Platz hat und in dem er aufgrund seiner spezifischen Erfahrungen auch nicht so leicht einen Platz finden kann. Denn einerseits decken sich seine Wahrnehmungen und die daraus resultierenden Wertungen der Dinge eben aufgrund seiner besonderen Erfahrungen nicht mit denen seiner Umgebung. Und andererseits ist er - so nehme ich an - nicht der Mann der Kompromisse oder der Diplomatie: Er ist der Schulmeister! Und die Rechthaberei gehört bekanntlich zu den Berufskrankheiten eines solchen. Wie wird Bek-Seïd von seiner Umgebung daher sehr bald wahrgenommen worden sein? Er wird für sie wahrscheinlich sehr bald eine einzige Zumutung gewesen sein. Und dies wird man ihn vermutlich genauso bald in geeigneter Weise haben spüren lassen.

Und wie wird Bek-Seïd selbst diese Zeit nach seiner Rückkehr erlebt haben? Da hat er nun so viel durchgemacht, ist sogar schon in der weiten Welt gewesen, und doch ist er für seine Umgebung vielleicht nicht mehr als ein Verrückter und jedenfalls ein Ungemach. Und vielleicht sind es auch diese nicht näher mitgeteilten Erlebnisse mit seiner Umgebung gewesen, die es Bek-Seïd auf seinem Krankenlager anscheinend so problemlos ermöglichten, auf das Angebot „jenes Menschen" mit Schnurrbart und Ring einzugehen: „Denen werd' ich's zeigen!" Und so macht er sich nach seiner Genesung auf zu Jarasch, gerade zum Besten der Baksy. Doch ist er damit möglicherweise noch nicht auf dem „gebührenden" Weg. Denn nach allem, was ich sonst vom Baksy-Wesen weiß, „gebührt" der „Dienst" eines Baksy durchaus nicht nur dem „Besten", sondern ebenso dem Geringsten, und zwar in gleichem

Maße. *Das* ist der „gebührende Weg". Was Bek-Seïd an dieser Stelle offenbar noch fehlt, ist das rechte Verständnis vom Baksy-Sein, ist - wenn ich es recht sehe - das nötige Maß an Selbstlosigkeit und Bescheidenheit.

Möglicherweise haben hier die Geister eine Befindlichkeit Bek-Seïds, die aus seiner besonderen Konfliktsituation erwachsen ist, ausgenutzt. Offenbar ist ihnen ja an einem „Diener" gelegen. Und nach aller Erfahrung gehört es für die Menschen zu den schwierigsten und peinvollsten Erlebnissen, durch die Geister für diesen Dienst bestimmt zu werden und darin einzuwilligen. Bek-Seïd nun auf seinem Krankenlager befindet sich in einer Situation äußerster physischer Pein. Und zugleich leidet er womöglich darunter, daß ihm seine Umwelt die soziale Anerkennung versagt. Möglicherweise ist sogar sein physisches Leiden eine Manifestation dieser Versagung. Und an so einer Stelle sagt der „Mensch" mit dem Schnurrbart und Ring: „Wenn du so liegenbleibst, kannst du sterben. Wenn du aber aufstehst und mir dienen wirst, alle meine Anordnungen ausführend, so wird dein Ruhm von Tag zu Tag wachsen." Ich könnte mir denken, daß jemand in der Situation von Bek-Seïd vor allem das „wird dein Ruhm von Tag zu Tag wachsen" hört. Und selbst wenn er das „dienen" davor mitbekommt, wird er vielleicht nicht sofort realisieren, daß dieser Dienst an den Geistern den Dienst auch an denjenigen Menschen einschließt, von denen er sich vielleicht gerade gepeinigt fühlt.

Vor diesem Hintergrund komme ich ein weiteres Mal auf die Situation Bek-Seïds nach seiner Rückkehr von jenseits der Berge zurück: Ich hatte oben geschrieben, daß ich für einen solchen Betroffenen nur zwei Wege aus seinem Konflikt mit der Umwelt sehe: den in die Einsamkeit oder den in die Raserei. Einsamkeit bedeutet in diesem Zusammenhang aber vielleicht nicht zwangsläufig die pathologischen Formen, die bei Bek-Seïd in Erscheinung getreten waren. Denn warum sollte es nicht möglich sein, für sich in Ruhe sein Leben zu führen - auch im Angesicht der „normalen" Verrücktheiten im alltäglichen Leben der Umgebung -, solange aus ihnen nicht augenscheinliches Unheil erwächst? Voraussetzung dafür wäre allerdings wohl ein besonderes Maß an Duldsamkeit, eine nicht geringe Zurücknahme des Eigenen, die das Andere ungeachtet seiner „Verrücktheit" einfach gelten läßt. Oder mit anderen Worten: Voraussetzung wäre ein besonderes Maß an Bescheidenheit.

Dieses Maß an Bescheidenheit hat Bek-Seïd meinem Eindruck nach an der Stelle, an der er zu Jarasch aufbricht, noch nicht. Nichtsdestoweniger führt er, nachdem er von ihm zurückgekehrt ist, bis zu seinem ersten Einsatz bei der Frau des Bai-Bala zu Hause im väterlichen Aul ein offenbar unauffälliges Leben. Zwischen dem Aufbruch zu Jarasch und der Entlassung durch diesen steht nun aber im Text nichts weiter als „Nachdem er mich auf den gebührenden Weg gewiesen hatte". Und ich könnte mir in der Tat vorstellen, daß die Ermahnung zur Bescheidenheit auch verbal wirksam vermittelt werden kann. Hinter diesem „Nachdem er mich auf den gebührenden Weg gewiesen hatte ..." könnte daher etwas stecken wie „Nachdem er mich ordentlich zusammengestaucht hatte, entließ mich Jarasch nach Hause".[18]

Das heißt: So wie Bek-Seïd bei Kendsche Kyz vielleicht gelernt hat, den „normalen" Absolutismus der Rationalität, der damals noch sein eigener war, zu relativieren, genau so hat er möglicherweise nun - auf welche Weise auch immer - bei Jarasch[19] gelernt, diesen Relativismus seinerseits zu relativieren; denn diese Fähigkeit könnte für ihn die Voraussetzung sein, das zu ertragen und auszuhalten, was die anderen sagen und tun.

(7) Mit der Annahme der Berufung und der Lehrzeit bei Jarasch ist die innere Entwicklung Bek-Seïds zum Baksy abgeschlossen, die äußere findet offenbar in der folgenden Episode ihren Abschluß. Er

---

18 Auch diesen Gedanken und diese Formulierung verdanke ich Ulli Brenn.
19 Im Usbekischen, das dem Kasachischen benachbart und verwandt ist, bedeutet *jaraš* „Waffenstillstand". Seltsam ist aber, daß hier die usbekische und nicht die kasachische Lautung steht.

erfolgt in der Jurte des Aul-Genossen Bai-Bala[20]. Dessen Frau bekommt ein Kind, und dann beginnt Albasty, sie zu würgen. Albasty tritt hier also erst nach der eigentlichen Entbindung im Prozeß der Nachgeburt auf.

Gegenüber den früheren Erscheinungsformen hat sich ihr Äußeres erheblich verändert: Sie erscheint weder als Huhn noch als blondes Mädchen, sondern als irgend etwas Unförmiges mit großem Leib und einem Kopf von der Größe eines Kessels. Die Art, wie die Albasty die Gebärende „würgt" - nicht mit den Händen am Hals, sondern sie preßt den Leib der Frau, indem sie sich mit ihrem großen Gewicht auf sie legt -, entspricht der Darstellung in einem Text von KUSTANAEV. Dort erscheint Albasty jedoch nicht mit einem übergroßen Kopf, sondern mit riesigen Brüsten.[21] Es mag sein, daß dieser Unterschied im Erscheinungsbild der Albasty ein Ausdruck der Unterschiedlichkeit der Art der Widerstände ist, die gebrochen oder aufgegeben werden müssen, bevor die Entbindung zum glücklichen Ende geführt werden kann.

Die Aussage „Durch den starken Druck des Wesens näherten sich Brüste und Bauch der Gebärenden bis an deren Hals" erinnert mich etwas an den angeschwollenen Bauch Bek-Seïds bei seiner zweiten Erkrankung. Diese Erinnerung sowie der Umstand, daß beide Leiden auf gleiche Weise gelöst werden, nämlich durch „Schlagen" mit dem Dolch, könnte einen Schlüssel für das Verständnis der Art von Bek-Seïds Erkrankung vor dem Erscheinen jenes „Menschen" mit Schnurrbart und Ring liefern: Die Situation war ja die, daß in gewissem Sinne ein neuer Mensch geboren werden sollte, und zwar in Bek-Seïd oder aus ihm heraus. Das heißt, Bek-Seïd ist seinerzeit bildlich gesprochen schwanger mit dem, was er werden soll, aber offenbar nicht werden will oder werden zu können glaubt. Überraschend ist dann nur, wie sich aus dieser Konstellation die ihr angemessenen,

---

20 Bai-Bala kann mit „Reicher Junge" übersetzt werden. Der Name des Vaters seiner Frau, It-Imgän, bedeutet „Hund gesaugt" (vielleicht soviel wie „Hundesohn") und soll durch seine Verächtlichkeit den Träger vor den Nachstellungen böser Geister schützen.
21 KUSTANAEV 1894, S. 35.

da sinnvoll zu ihr passenden und damit überhaupt erst Sinn stiftenden und Verständnis ermöglichenden medizinischen Symptome einer Scheinschwangerschaft - so nehme ich an - bilden. Doch die Geschichte scheint ja überhaupt sehr sinnvoll zu sein. Und wenn man beim genaueren Hinsehen ein ums andere Mal erlebt, wie scheinbare Belanglosigkeiten plötzlich Sinn entwickeln, ist am Ende vielleicht nur noch überraschend, wieso man überrascht war.[22]

Die Albasty mit dem kesselgroßen Kopf würgt also die Frau des Bai-Bala nach der Entbindung. Wer in dieser Situation nach Bek-Seïd schickt, wird nicht gesagt. Da aber, als er ankommt, sein Lehrer Jarasch schon an Ort und Stelle ist, erhebt sich die Frage: Warum schickt man nach Bek-Seïd, wenn Jarasch schon da ist? Ich denke, daß Jarasch selbst nach Bek-Seïd schicken ließ, und zwar nicht, weil seine eigenen Fähigkeiten nicht ausreichend gewesen wären, sondern weil er die Absicht hatte, die neugewonnenen Fähigkeiten seines Schülers öffentlich bekannt zu machen. Ich vermute also, daß es sich hier um den ersten öffentlichen Auftritt Bek-Seïds handelte und daß dieser auf Veranlassung und unter Kontrolle seines Lehrers stattfand. Die Bekanntmachung von Bek-Seïds neuerlangtem Zustand durch eine Demonstration seiner Fähigkeiten ist wichtig, weil erst

---

[22] Über den Fall einer eingebildeten Schwangerschaft bei einem vierjährigen Jungen siehe ERIKSON 1999, S. 47-52. Das Kindermädchen, das der Junge sehr geliebt hatte, hatte dessen Familie verlassen und dem Jungen als Grund sowohl genannt, daß es selbst ein Kind erwarte, als auch, daß er nun groß sei und sie die kleinen Kinder in einer anderen Familie betreuen müsse. Daraufhin hatte der Junge angefangen, den Stuhl zurückzuhalten, was seinen Leib auftrieb und ihn auf den Gedanken an eine Schwangerschaft brachte. Zugleich begann er, wieder ein babyhaftes Wesen an den Tag zu legen. ERIKSON (S. 52) schreibt dazu: „Identifizierungen, die aus Verlusten erwachsen, nehmen solche Formen an. Wir werden die verlorene Person, und wir werden wieder die Person, die wir waren, als die Beziehung in Blüte stand. Dieser Vorgang erklärt vieles, was uns an scheinbar widerspruchsvoller Symptomatik begegnet." - Und: „... der Knabe identifiziert sich mit beiden Partnern einer verlorenen Beziehung; er ist die schwangere Pflegerin und das kleine Kind, das sie früher liebte." - Auch bei Bek-Seïd ist die Symptomatik eine mehrfache: Da ist einerseits der geschwollene Bauch und andererseits das Sich-nicht-rühren-Können und die Blindheit, so daß er „bemuttert" werden muß. Auch Bek-Seïd ist beides zugleich: die (werdende) Mutter und das Kind, das er einst war.

dadurch auch anderen die Möglichkeit eröffnet wird, sich mit der Bitte um Hilfe an ihn zu wenden.

Als Bek-Seïd in Bai-Balas Jurte ankommt, sitzt Jarasch zur Erde gebeugt da und hält einen Dolch gegen die Stirn. Warum tut er das? - Zur Erklärung seiner Handlungsweise ist es vielleicht hilfreich, sich die Situation von Jarasch zu vergegenwärtigen: Jarasch ist der berufene, anerkannte Heiler, der - wie es üblich ist - zu einer Gebärenden in Nöten gebeten wurde. Der normale weitere Ablauf könnte sein, daß Jarasch nun tut, was getan werden muß, um der Gebärenden zu helfen, daß diese dann die Entbindung glücklich zu Ende bringt und daß Jarasch schließlich seinen Lohn erhält und sein Ruhm noch größer wird. So wäre wohl der Ablauf, wenn Jarasch nichts weiter wäre als der berufene Heiler, und ich darf vielleicht annehmen, daß es ihn drängt, so zu verfahren.

Nun ist aber Jarasch nicht nur der Heiler, sondern auch derjenige, der gerade einen anderen in „die höchsten Kenntnisse eines Baksy" eingeführt und ihn „auf den gebührenden Weg gewiesen" hat. Das heißt, Jarasch steht in einem Zusammenhang, der mit seiner Beziehung zu der Gebärenden zunächst nichts zu tun hat, der aber trotzdem Einfluß darauf nimmt, als er im gegebenen Fall offenbar nicht als Heiler tätig werden darf, sondern nur als Vermittler. Und das könnte leicht eine Situation sein, mit der auch ein Heiler erst einmal fertig werden muß. Denn für Jarasch bedeutet das, daß er einen Teil von dem, wofür er zuständig ist, abgeben muß, daß er sich selbst zurücksetzen muß. Andererseits muß er wohl dieser Forderung nachkommen, denn wozu hätte er Bek-Seïd bis an diese Stelle führen sollen, wenn er ihn nun den letzten Schritt, den in die Selbständigkeit, den nur er ihn führen kann, nicht auch führte?

Und Jarasch unterwirft sich dieser Forderung und kommt ihr nach, und in unterwürfiger Haltung, „zur Erde gebeugt", wird er richtig angetroffen. Darüber hinaus enthält die Situation für Jarasch und seine Umgebung möglicherweise insofern eine Gefahr, als es ein Unheil nach sich ziehen könnte, wenn er der gestellten Forderung nicht nachkäme, wenn er also selbst die Heilung vorgenommen hätte. Um dieser Gefahr zu entgehen, ist es für ihn auf jeden Fall nötig, daß er darauf verzichtet, den Dolch gegen die Gebärende, oder genauer: gegen die Albasty zu richten, die auf ihr hockt. Und möglicherweise ist es für ihn dazu ebenso nötig, den Dolch gegen sich selbst zu richten, als denjenigen, aus dem in dieser Situation ein Unheil erwachsen könnte. Ähnlich hatte auch Bek-Seïd seinerzeit den Dolch auf Geheiß jenes „Menschen" gegen sich selbst nicht nur richten, sondern auch führen müssen, als denjenigen, durch den das Unheil nicht nur drohte, sondern bereits eingetreten war.

Und was bedeutet das für Bek-Seïd? Möglicherweise ist dieser Anblick des Jarasch, von dem er weiß, daß er der Beste der Baksy ist, über dessen vielleicht nachdrückliche Belehrungen hinaus für Bek-Seïd zum deutlichen und einprägsamen Bild dafür geworden, daß Unterwürfigkeit eben ein wesentlicher Bestandteil des Baksy-Seins ist.

Als Jarasch Bek-Seïd erblickt, gibt er ihm seinen Segen, die Heilung fortzuführen. Es wird nicht gesagt, daß er auch den Dolch übergeben hätte, wozu auch, Bek-Seïd verfügte ja bereits über den, den er von „jenem Menschen" erhalten hatte. Mit dem Dolch führt Bek-Seïd Schläge nach der Albasty, so wie er es einst bei sich selbst getan hat. Doch im Gegensatz zu damals kann Bek-Seïd die Albasty diesmal sehen, wie sie erst auf der Gebärenden sitzt und sie dadurch quält und wie sie dann flieht und die Frau Erleichterung empfindet. Wieder fällt auf, daß der Baksy mit der Leidenden selbst überhaupt nichts zu tun hat, er befaßt sich ausschließlich mit der Albasty, wohingegen derselbe Vorgang von einem Beobachter, der Albasty nicht wahrnehmen kann, wohl wie ein Schlagen derjenigen aussieht, die entbunden hat.

Die Albasty springt, als sie geschlagen wird, von der Leidenden ab, flieht und wird verfolgt. Die Aussage „bis zu dem Moment, da sie nicht mehr floh" verstehe ich so, daß Bek-Seïd sie schließlich erwischt hat. Was dann mit ihr geschieht, wird nicht gesagt. Aber da ich inzwischen weiß, wie in „solchen Fällen" zu verfahren ist, kann ich es mir gut vorstellen: Sie wird verprügelt, Haare werden ihr ausgerissen, und sie muß ein Versprechen abgeben.

Daß die Leidende nach der Vertreibung der Albasty ihre Erleichterung durch eine Äußerung kundtut, die den Namen Gottes enthält, war schon in der Geschichte von VALICHANOV vorgekommen. Daß der Heiler noch einige Tage bei der Geheilten verbleibt, begegnet hier erstmals. Nach dieser Episode ist Bek-Seïd jedenfalls - so nehme ich an - für seine Umgebung der ausgewiesene Baksy, und seine Entwicklung dazu ist auch nach außen abgeschlossen.

(8) Damit könnte Bek-Seïds Erzählung zu Ende sein, doch sie ist es nicht. Sie findet einige lehrreiche Erweiterungen: Bei der zweiten Begegnung Bek-Seïds mit Albasty im Haus des Bai-Bala gibt sich der Text so, als wäre sie zufällig erfolgt: „Man ließ mich übernachten." Was soll das bedeuten? Warum übernachtet Bek-Seïd zufällig in der Jurte seines Aul-Genossen Bai-Bala, wenn seine eigene Jurte im selben Aul steht? Und warum hat Bek-Seïd den Bai-Bala besucht? Hat er es von sich aus getan oder auf Einladung? Warum aber hätte Bai-Bala den Bek-Seïd direkt am Tage der bevorstehenden Entbindung seiner Frau zu sich einladen sollen, wenn nicht zum Beistand dabei? Doch warum weiß dann Bek-Seïd nichts davon („Es erwies sich ...")? Und überhaupt: Soll ich glauben, daß eine Geburt in einem kasachischen Aul etwas so Alltägliches und Häufiges ist, daß im Vorhinein nicht darüber geredet wird? Und ist denn nicht auch bei Kasachen die erste Frage, die beim Durchsickern einer solchen Information gestellt wird: Wann ist's denn soweit? Und schließlich sieht man das ja auch ... Ich meine, daß Zweifel an Bek-Seïds Ahnungslosigkeit in diesem Fall berechtigt sind, sie müßte schon gigantisch sein, wenn sie zuträfe.[23]

Doch das sind noch nicht alle Fragen: Warum „fürchtet" Bek-Seïd,

---

[23] Es ist nicht selten, sondern eher normal, daß berufene Heiler von solchen oder anderen Ereignissen ein Vorwissen haben, wie auch der Baksy Koilubai bei VALICHANOV.

daß die Frau des Bai-Bala an diesem Abend gebiert? Fürchtet er etwa, daß die Albasty wiederkommt? Doch nach allem, was bisher über das Verhältnis der beiden zu erfahren war, hätte da eher Albasty Grund, sich zu fürchten. Warum müssen die Angehörigen der Frau erst in Tränen ausbrechen, bevor Bek-Seïd bereit ist, ihnen zu helfen? Es gibt damit eine ganze Reihe von Momenten in dieser Episode, deren Funktion ich nicht verstehe und deren Sinn sich mir verschließt.

Der weitere Verlauf scheint sich zunächst ganz so zu gestalten wie bei der vorhergehenden Episode: Bek-Seïd schlägt mit dem Dolch nach der Albasty, und die Albasty flieht aus der Jurte. Doch dann ändert sich der Ablauf: Hier ist nicht davon die Rede, daß Bek-Seïd „ihr nach auf den Hof" jagt wie beim ersten Mal. Und statt eines Hinweises, von dem aus ich auf eine Unterwerfung der Albasty schließen kann, vernehme ich plötzlich eine harsche Drohung gegen Bek-Seïd. Was ist hier los? Warum hat Bek-Seïd die Albasty nicht gejagt, gefangen, geprügelt usw.? Daß er dazu in der Lage ist, hat er ja schließlich demonstriert. Sollte es möglich sein, daß Bek-Seïd hier eine Schwäche gezeigt hat? Und wenn ja, was wäre das für eine Schwäche? - Für den Ausgang der Episode stelle ich zunächst einmal in den Raum: Die Schwäche, die er gezeigt hat, liegt in der Unvollständigkeit der Durchführung seiner Obliegenheiten: Er hat die Albasty nicht bis zum Punkt ihrer Unterwürfigkeit getrieben.

Wie sähe die Situation aus - um mit den Unklarheiten weiterzukommen -, wenn ich unterstelle, daß Bek-Seïd doch eine Ahnung oder Kenntnis von der anstehenden Entbindung in Bai-Balas Familie gehabt hätte? Bek-Seïd wäre dann nicht zufällig dort erschienen, aber noch vor Eintritt des Schadensfalles. Er wäre dann als Ungerufener und damit höchstens für die Familie des Bai-Bala „zufällig" erschienen. Aus deren Sicht wäre angesichts der Situation, in der sie sich befindet (die Entbindung steht kurz bevor), und angesichts der besonderen Art der erscheinenden Person anzunehmen, daß deren Erscheinen sofort als Nicht-Zufall interpretiert worden wäre („Warum ist der wohl ausgerechnet jetzt gekommen ..."). Für die

Familie wäre damit eine Streßsituation entstanden. Und vor diesem Hintergrund würde es mich nicht wundern, wenn die Niederkunft in der Tat gerade in dieser Nacht begonnen hätte und Albasty wiederum erschienen wäre und die Frau bedrückt hätte.

Wie aber würde Bek-Seïd die nunmehr eingetretene Situation erlebt haben? Und vor allem abermals: Warum muß man ihn erst „unter Tränen" bitten, bevor er bereit ist zu helfen, obwohl er doch trotz allem eigentlich deshalb gekommen ist? - Für ihn würde die Sache plötzlich so aussehen, als sei er die Ursache des ganzen Unheils: Bevor er kam, gab es in Bai-Balas Familie ja keine Probleme, die waren erst mit Bek-Seïds Kommen und mit seinen düsteren Ahnungen und Befürchtungen entstanden („Ich fürchtete, daß sie an diesem Abend gebären würde. Eben hatte ich daran gedacht, als sie einen Sohn gebar. Die Albasty erschien wieder ..."). Und möglicherweise hat es sich ja in der Tat gerade so abgespielt. Und möglicherweise ist es das Bewußtwerden dieses Fehlers und das Erschrecken darüber, das ihn davon abhält, sofort und mit aller gebotenen Entschiedenheit der Albasty entgegenzutreten.

Aber vielleicht enthält diese Episode für Bek-Seïd persönlich noch einen anderen Aspekt: Vielleicht hat Bek-Seïd an dieser Stelle gemerkt, daß von ihm auch Zurückhaltung gefordert ist, daß er zwar als Helfer dort gern gesehen ist, wo ein Schadensfall bereits vorliegt, und daß er dann vielleicht auch ungerufen gern gesehen ist, daß er sich aber ansonsten - auch wenn er eine Vorahnung haben sollte - Zurückhaltung aufzuerlegen hat.[24] Er hat vielleicht gemerkt, daß andernfalls der Eindruck entsteht, daß es erst und gerade seine Anwesenheit ist, die die Leute „verrückt" macht, oder anders gesagt: die die Albasty hervorruft. Oder ganz deutlich gesagt: Bek-Seïd fängt an dieser Stelle vielleicht an, zu merken, daß für die anderen gerade er selbst Albasty *ist*. Und das ist eine Erkenntnis, ich könnte auch sagen: ein Schock, der erst einmal verdaut werden muß. Denn

---

24 Gerade so hatte es auch der Baksy Koilubai gemacht, der trotz der Vorkenntnis von der schweren Geburt erst den Boten der Familie abwartete.

es bedeutet: Er ist 'raus aus der Welt der anderen – und zwar endgültig![25] Und eben das Aufdämmern dieser Erkenntnis könnte es sein, das ihn in dieser Situation innehalten läßt, bevor ihn die Tränen der Angehörigen der Frau wieder ein Stück weit in deren Wirklichkeit reißen.

Bek-Seïd befände sich damit in einer ähnlichen Situation wie seinerzeit Jarasch, als dieser nicht selbst die Heilung übernehmen durfte, sondern nach Bek-Seïd schicken lassen mußte: Aus der Möglichkeit des Unheils, das aus ihm selbst erwachsen konnte (Albasty), hatte Jarasch seinerzeit nicht selbst eingegriffen und statt dessen den Dolch gegen die eigene Stirn gerichtet. Bek-Seïd hat dergleichen nicht getan, was in der jetzigen Situation bedeutet hätte, einfach zu Hause zu bleiben und zu warten, bis man ihn ruft. Die Begründung für die Drohung der Albasty („Du läßt mir keine Ruhe ...") bekäme hiernach folgenden Sinn: Wenn du mir nur mehr Ruhe lassen wolltest und nicht immer gleich dahin laufen würdest, wo du mich vermutest, würde es vielleicht weniger Aufregung und Unheil geben. Nach diesem Verständnis erschiene Albasty mit ihrem zutreffenden Hinweis als geradezu kooperativ, während man Bek-Seïd in dieser Episode ein wenig übereifrig fände.

(9) Etwas später findet eine Veranstaltung statt, die der Text als „Versammlung der Frauen des Auls vor den Höfen" bezeichnet – eine schwierige Situation für Männer! Ich assoziiere „Aufruhr", „Revolution", „Chaos"! Daß die Situation tatsächlich nicht harmlos ist, entnehme ich dem Umstand, daß die Frau Bek-Seïds – so scheint es – vorher zu diesem geht, um die Erlaubnis zur Teilnahme an der Veranstaltung einzuholen. Das heißt, es ist nicht die unschuldige

---

25 Diese Erkenntnis ist wohl ein Schlag von ähnlich elementarer Wucht, wie ihn oben schon einer getroffen hatte, als ihm klar wurde, daß er selbst aus einer anderen Sicht vielleicht gerade die Rolle spielt, die aus seiner Sicht die Schafe spielen. Daß den Heilern tatsächlich bewußt ist, daß sie für die anderen Menschen Albasty-haft sind, zeigt vielleicht die Aussage einer Heilerin, die ich einmal in der Umgebung von Chiwa besuchte und die auf die Frage nach Albasty zur Antwort gab, sie selbst sei Albasty und Peri.

zufällige Begegnung der Frauen sagen wir an der Wasserstelle, sondern etwas, was der ausdrücklichen Erlaubnis des Ehemannes bedarf, der diese auch verweigern könnte. Nach außen erteilt Bek-Seïd seine Zustimmung. Doch wie sieht es zu dieser Frage in seinem Inneren aus? Höre ich vielleicht so etwas wie Unwillen in diesem „Ich ließ sie"?

Wer dreht hier der Frau von Bek-Seïd den Hals um? - Der Text sagt: „Dies war die Rache der Albasty" und bezieht diese Aussage offenbar auf die zweite Episode in Bai-Balas Haus. Der dort erschienenen drohenden Albasty hatte ich für den Zeitpunkt ihrer Drohung den Namen „Schwäche des Bek-Seïd" geben können, und zwar „Schwäche, die sich als Mangel an Zurückhaltung oder Gelassenheit äußert". Diese Albasty war damit nicht mehr die der Frau des Bai-Bala, die war zum Zeitpunkt der Drohung bereits endgültig verschwunden („Von der Zeit an hörte die Albasty auf, die Frau des Bai-Bala zu würgen"). Die drohende Albasty könnte vielmehr als Bek-Seïds eigene Albasty angesehen werden. Und diese Albasty, die ich „Schwäche des Bek-Seïd" nannte, die sich als Mangel an Gelassenheit äußert, könnte es in der Tat auch hier wieder sein, die seiner Frau den Hals umdreht. Denn was hätte Bek-Seïd Stichhaltiges gegen die Bitte seiner Frau vorbringen können? Was geht's ihn denn an? - Doch offenbar ist es Bek-Seïd schließlich gelungen, auch diese Albasty zu überwinden, denn nach einiger Zeit heilte er seine Frau „davon". Es könnte demnach sein, daß es sich bei den letzten beiden hier behandelten Episoden zusätzlich zu den angenommenen Belehrungen von Jarasch um zwei weitere Lektionen in Sachen „Zurücknahme des Eigenen" oder „Gelassenheit" handelt.

Doch nun zur Sicht von Bek-Seïds Frau, wie erlebt sie diese Episode: Vermutlich kennt sie ihren Mann gut. Darum kann sie sich wohl denken, wie er auf ihr Anliegen reagieren wird. Und vielleicht ist es deshalb, daß sie ihm ihr Vorhaben vorsichtshalber nicht als Anliegen oder als Bitte vorträgt, sondern als Vorhaben eben, so, als hätte Bek-Seïd gar nichts dazu zu sagen: „Sie sagte, daß auch sie hinginge." Und alles geschieht so, wie die Frau es sich gedacht hat. Sicher hat sie aber gespürt, daß es ihm nicht recht gewesen ist oder daß ihm die Art und Weise, wie sie mit ihm umgegangen ist, nicht gefallen hat. Und es tut ihr vielleicht leid, denn trotz allem mag sie ihren Mann vermutlich - das entnehme ich jedenfalls dem Umstand, daß „es" sie von jener Versammlung abwendet: Sie fühlt sich - so nehme ich an - eben vielleicht aufgrund der Mißhelligkeit, die zwischen ihr und ihrem Mann aufgekommen ist, nicht wohl auf jener Versammlung. Doch aus welchem Grunde auch immer, sie schafft es nicht, sich durch bewußte Entscheidung von dieser Versammlung abzuwenden und zu ihrem Mann zurückzugehen. Darum muß „es" erst ihr das Gesicht nach dem Nacken wenden, darum müssen erst die Frauen schreien und ihr Mann herbeieilen, ehe er sie „nach einiger Zeit" wieder „davon" heilen kann.

Was für eine Albasty könnte demnach bei Bek-Seïds Frau gewesen sein? Ich denke: möglicherweise eine ganz ähnliche wie bei Bek-Seïd selbst. Denn ähnlich wie er hätte sich auch seine Frau bei etwas mehr Gelassenheit fragen können: „Wozu muß ich eigentlich auf diese Versammlung? Ob dabei etwas zu Wohl und Nutzen für mich und meine Familie herauskommt, ist eine völlig offene Frage. Doch daß sich meine Anwesenheit dort nachteilig auf meine Beziehung zu meinem (lieben) Mann auswirkt, das scheint gewiß!" Und sie hätte auf die Teilnahme an der Versammlung verzichten können. Zumindest aber hätte sie im Umgang mit ihrem Mann die Form wahren können.

Zum Abschluß der Betrachtung dieser Episode möchte ich noch die Frage stellen: Hat nun die Albasty ihr Wort, das sie Bek-Seïd einst zu Beginn seiner Laufbahn gegeben hatte, nämlich daß sie ihn „niemals mehr verfolgen werde", im vorliegenden Fall gebrochen oder nicht? Nach dem Wortlaut des Textes - denn auch wenn es um die Ehre eines Gespenstes geht, sollte man dabei genau sein - hat sie es nicht. Nachdem ihr in der ersten Episode (1B) die Haare ausgerissen worden waren, hatte sie lediglich zugesichert, Bek-Seïd selbst niemals mehr zu verfolgen. Die Rache, die sie ihm androht, kehrt sich aber gegen seine Frau. Möglicherweise verfügte Bek-Seïd, als er der Albasty ihr Versprechen abnahm, doch nicht über genügend Sachkenntnis bezüglich „solcher Fälle", was für einen erst Dreizehnjährigen auch durchaus verständlich wäre. Denn in vergleichbaren Situationen lassen nach anderen Texten[26] andere Dämonen-Fänger auch ihre ganze Familie bis ins siebente Glied in das Versprechen der Sicherheit vor den Nachstellungen der Albasty einschließen. Daß Bek-Seïd das nicht tat, lag vielleicht daran, daß er seinerzeit noch keine Familie hatte, für die er Verantwortung trug.

(10A) Es folgen einige allgemeine Ausführungen über die Tätigkeit als Baksy. Zuerst heißt es, daß Wahnsinnige desto eher genesen, je schneller man sie von einem Baksy behandeln läßt. Dann folgt die Aussage, daß Bek-Seïd Unfruchtbarkeit bei Frauen und Bauchschmerzen auch operativ behandelt, wobei er den Bauch aufschneidet. Was soll ich denn davon halten? Mein Verstand schrie sofort: Völlig unmöglich - unter den anzunehmenden hygienischen Bedingungen solche Operationen erfolgreich durchzuführen - ganz ausgeschlossen!

Nicht ganz so schnell hielt meine Erfahrung dagegen: Nur weil du schwacher Geist eine Sache nicht gleich begreifst, ist das noch lange kein Grund, die mehrfachen[27] Aussagen ansonsten unbescholtener Menschen in Zweifel zu ziehen. Dir ist es doch mehr als einmal schon passiert, daß du auf diese Weise anderen Unrecht getan hast.

Mein Verstand, solchermaßen zurechtgewiesen, begann, in eine andere Richtung zu denken, und wurde auch prompt fündig: Das eine Beispiel war der Bericht von M. Morgan über die Heilung eines Mannes bei den Aborigines nach einem tiefen Sturz: „Er hatte sich zwischen Knie und Fußgelenk einen komplizierten Bruch zuge-

---

26 Zum Beispiel Suchareva 1975, S. 36.
27 Auch bei Komarov 1905 findet sich die Beschreibung einer Bauchoperation bei einer Frau, die keine Kinder bekommen konnte.

zogen. Wie ein häßlicher großer Stoßzahn ragte der kaputte Knochen gute fünf Zentimeter aus der schokoladenmilchbraunen Haut heraus".[28] Es folgt die Beschreibung der Heilbehandlung. Dann heißt es: „Am nächsten Morgen stand der Große Steinjäger [der Name des Verletzten] auf und wanderte mit uns weiter. Es war keine Spur eines Hinkens festzustellen".[29]

Das andere Beispiel war die Trepanation: Bereits in der Steinzeit öffnete man dabei mit Steinwerkzeugen meist männlichen Patienten die Schädeldecke oder entfernte Teile davon. Der Zweck der Operationen ist unbekannt, man hat vermutet, daß es dabei um die Behandlung von Kopfschmerzen oder Epilepsie ging. Aus der Art, wie der Schädelknochen vernarbt ist, hat man geschlossen, daß die Patienten diese Operationen eine lange Zeit überlebt haben müssen. Wenn aber bereits in der Steinzeit derart massive chirurgische Eingriffe erfolgreich durchgeführt werden konnten, warum sollte man im Kasachstan des 19. und beginnenden 20. Jahrhunderts dazu nicht in der Lage gewesen sein?

Am Ende der Betrachtung war mir jedenfalls klar, daß ich einen vernünftig begründbaren Zweifel an den in Rede stehenden Aussagen im Text nicht aufrechterhalten konnte.

(10B) Als letztes teilt Bek-Seïd mit, daß er nunmehr eine solche „Weisheit" erlangt habe, daß er zur Abwehr von Albasty nicht mehr bei der Gebärenden anwesend sein müsse, sondern daß es genügt, wenn er seine Kappe oder Peitsche dahin schickt. Ich glaube, daß dies einen weiteren Wachstumsschritt[30] in Bek-Seïds Entwicklung markiert. In der Literatur finden sich mehrere Parallelen für dieses Verfahren, und auch in der Geschichte von VALICHANOV war es schon vorgekommen (oben S. 62).

Warum tut Bek-Seïd das? Warum schickt er Kappe oder Peitsche

---

28 MORGAN 2000, S. 126.
29 A.a.O. S. 130.
30 Bek-Seïds Familienname (eigentlich Großvatersname), Mankischew, könnte zu RADLOFFS (IV, Sp. 2007) *mankiš* „der Schritt", „der Gang", „die Bewegung" gehören.

dahin, wo Albasty eine Gebärende würgt? Im Text heißt es, das Schicken der Gegenstände reiche aus, daß Albasty flieht. Das könnte ich so verstehen, als ob Albasty eben vor den Dingen flieht. Und so ist die Sache wohl auch von denjenigen verstanden worden, die diese Informationen mitteilen oder wiedergeben. Doch wer, bitte schön, flieht schon vor einer Mütze? Und warum sollte Albasty das tun? Auch widerspricht das, was im folgenden mitgeteilt wird, diesem Verständnis: Bek-Seïd sagt, daß er sich gedanklich im Aul der Frau befindet (wenn seine Sachen dort sind) und daß er dort eingreift. Etwas seltsam erscheint mir dabei allerdings, daß er „Ratschläge" erteilt. Ich frage mich: Wem soll er dort gedanklich wie und wozu Ratschläge erteilen? Und auch bei den anderen beiden Heilungen von Leiden, die Albasty verursacht hatte, spielte das Erteilen von Ratschlägen nirgends eine Rolle, sondern vielmehr ein recht spezifisches Verhalten des Baksy ihr gegenüber. Dasselbe Verhalten erwarte ich daher auch in dem Falle, wenn er physisch nicht anwesend ist. Wenn ich nun annehme, daß das, was Bek-Seïd tut, im wesentlichen im Geiste erfolgt, so wäre seine physische Anwesenheit am Ort des Geschehens in der Tat entbehrlich, sofern er nur über die Fähigkeit verfügen würde, seinen Geist vom Körper nach Belieben zu lösen. Und in ebendiesem Sinne möchte ich den Satz verstehen „In der gegenwärtigen Zeit habe ich eine solche Weisheit erlangt, daß ich bei dem Kranken nicht anwesend sein muß": Sein Geist hat die Fähigkeit erlangt, körperunabhängig zu agieren. Das Schicken von Kappe oder Peitsche bekäme dann einen etwas anderen Sinn: Beides wäre nicht mehr an sich Schreckmittel für Albasty, sondern vielmehr Leithilfe für den Geist Bek-Seïds, dem es die Vertrautheit der Gegenstände erleichtern würde, den Ort des Geschehens aufzusuchen und dort zu tun, was notwendig ist.

Wie mag nun dieser Vorgang von seiten der Gebärenden und ihren Angehörigen wahrgenommen worden sein? - Die Entbindung hat begonnen, Komplikationen sind aufgetreten, das eine oder andere hat man schon versucht, um Abhilfe zu schaffen, ohne daß es etwas geholfen hätte, die Situation spitzt sich zu - schließlich schickt man nach einem Baksy mit der Bitte um Hilfe. Alle Erwartungen und Hoffnungen richten sich auf das Erscheinen des Heilers, und was kommt? - eine Mütze! - Alles ist aus ...

Das heißt, möglicherweise erreicht der Baksy mit diesem Vorgehen etwas Ähnliches wie seinerzeit dadurch, daß er mit dem Messer gegen den eigenen Bauch schlug, der doch bei jeder Berührung weh tat: eine Vergrößerung des Leides als Bedingung für dessen Überwindung. Für die Gebärende bricht jedenfalls - so nehme ich an - eine Hoffnung zusammen, die möglicherweise ihre letzte war. Und ich könnte mir vorstellen, daß gerade dieses Fallen in Hoffnungslosigkeit - ich bin an Bek-Seïds Schritt ins Nichts erinnert - die Aufgabe jener Widerstände zur Folge hat, die bis dahin verhindert haben, daß die Entbindung zu einem guten Ende kommt.

Während beispielsweise die Mullas mit trost- und kraftspendenden Gebeten auf eine Stärkung der Gebärenden aus sind - so, wie es „vernünftig" ist (und auch dies kann zum Erfolg führen)[31] -, tut der Baksy möglicherweise genau das Gegenteil. Er ist dazu berechtigt durch seine Erfahrung, die ihn lehrt, daß die Vergrößerung des Leides, also der Vollzug des scheinbar Unvernünftigen, Bedingung für dessen Überwindung sein kann. Und er ist dazu befähigt durch seine Erfahrung, der er vielleicht entnimmt, an welcher Stelle so verfahren werden muß, und vielleicht auch, wie weit er dabei gehen kann.[32]

Beim wiederholten Durchlesen meiner Gedanken zur Geschichte Bek-Seïds mußte ich an verschiedenen Stellen an den Satz denken: „Was Hänschen über Hans erzählt, sagt oft mehr über Hänschen aus als über Hans." Und ich dachte, daß das vermutlich ein sehr wahrer Spruch ist. Doch was hilft es - ich habe nun mal nur meinen Geist mit seinen Erfahrungen, um in eine solche Geschichte hineinzuge-

---

[31] Der folgende Text von STEPNOJ beschreibt einen solchen Fall.
[32] Vor bedenkenloser Nachahmung sei jedoch gewarnt: Wer dergleichen tut, ohne über die entsprechenden Erfahrungen zu verfügen, ist vielleicht nicht der Heiler, sondern ein Sadist.

hen. Und diese Erfahrungen sind natürlich begrenzt und einseitig. Diese Einseitigkeit zeigte sich beispielsweise bei der Episode mit jenem „Menschen" mit Schnurrbart, dessen Ring ich vielleicht geschlechtsspezifisch bedingt völlig aus der Wahrnehmung verdrängt hatte. Doch zeigte gerade dieser Fall auch, daß eine Überwindung solcher Einseitigkeit möglich ist, auch wenn es manchmal lange dauert.

Offenbar ähnlich ging es mir mit dem Huhn mit gebrochenem Flügel. Als Grund dafür könnte ich anführen, daß es außer meiner Begegnung mit der Taube mit gebrochenem Flügel vor dem Haus im gesamten Albasty-Material meines Wissens keinen vergleichbaren Vorgang gibt, auch wenn es zugegebenermaßen anfangs ziemlich irritierend war, auf solche Weise das eigene Leben in den Bereich eines derartigen Untersuchungsgegenstandes hineingezogen zu sehen. Immerhin konnte ich hinsichtlich der Begebenheit mit der Taube über meinen Familiennamen leicht eine Beziehung zu meiner Person herstellen. Doch was hat Bek-Seïd mit dem Haselhuhn zu schaffen? Zwar nicht sieben, aber doch drei Jahre hat es gedauert, bis ich auf diese Frage kam.

Nun stellte sie sich mit Nachdruck: Was bedeutet das Erscheinen des Haselhuhns am Wege Bek-Seïds? Und was bedeutet der gebrochene Flügel? Letzterer verbildlicht ganz allgemein gesagt einen Mangel an potentieller Fähigkeit, der als leidvoll empfunden wird. Wenn ich das Bild auf Bek-Seïd beziehe, so könnte ich es als seine Situation oder Empfindung zu Beginn seines Weges verstehen.

In der Begegnung mit dem Huhn wird zunächst nur darauf aufmerksam gemacht, daß ein Mangel überhaupt besteht. Indem dieser aber ins Bewußtsein gehoben wird, ist zugleich die Möglichkeit seiner Überwindung - gleichsam als Verheißung - eröffnet. Doch worin bestehen dieser Mangel und diese Verheißung? Blicke ich auf das Ende der Geschichte, auf die erlangte „Weisheit" Bek-Seïds, so zeigt es vielleicht, wofür das Bild des gebrochenen Flügels am Anfang der Geschichte stand: Es könnte die „Flugunfähigkeit" des Geistes gemeint haben. Indem Bek-Seïd die „Flugfähigkeit des

Geistes" auf der letzten Stufe seiner Reife, die mitgeteilt wird, erlangt, könnte die Verheißung vom Anfang ihre Erfüllung gefunden, der Kreis von Bek-Seïds Wachsen und Werden am Ende sich geschlossen haben.

Darüber hinaus kann ich eine Parallele zwischen dem Bild dieser ersten Episode und Bek-Seïds Lebensbild insgesamt ziehen: Das verletzte Huhn ist ein Bild des Leidens an sich. Nichtsdestoweniger versucht es, sich der angebotenen Hilfeleistung - so hatte ich die Motivation Bek-Seïds zumindest verstanden - durch Flucht zu entziehen. Der Fluchtversuch bleibt jedoch vergeblich; das Huhn wird gefangen und in die Dunkelheit, das „Nichts", des Brustlatzes gesteckt, wo es schließlich seine Verwandlung in Albasty erlebt.

Wenn ich nun diese Episode zu Bek-Seïds Lebensweg in einer ähnlichen Weise in Beziehung setze, wie es oben in bezug auf Kendsche Kyz' Wunder und Bek-Seïds angenommene Überlegungen zu den Schafen geschah, so könnte ich sagen: Bek-Seïd erlebt seine Welt als peinvoll, da ihn seine „angeborene" weltliche Vernunft, seine Rationalität, in Widersprüche führt, die weder sie zu lösen noch er zu ignorieren oder auszuhalten vermag. Da wird ihm Hilfe angeboten. Doch ebenso wie das Huhn versteht er das Hilfreiche des Angebots nicht, weil es von einer „Ebene" oder aus einer „Welt" kommt, die dem, was er „Verständnis" nennt, nicht zugänglich ist. Darum sucht er - wie das Huhn - sein Heil in der Flucht. Doch ebenso wie das des Huhns bleibt auch sein Fliehen vergeblich. Es „erwischt" ihn schließlich doch, und er muß durch das Nichts, wo auch er sich zum eigenen Besten und zum Wohle seiner Umgebung in Albasty verwandelt.

Manchmal braucht's den Schamanen gar nicht

Mitteilungen zum Autor der folgenden Geschichte, A. Stepnoj, liegen mir nicht vor. Sein Artikel trägt die Überschrift „Von Reisen in die Steppe (Begegnungen und Beobachtungen)". Darin beschreibt Stepnoj zwei Begegnungen, die er unterwegs in der Steppe gehabt hat. Die erste ist die mit einem verarmten Kasachen, bei dem er abends zusammen mit einem Reisegefährten zum Übernachten einkehrte, die andere die mit einem Baksy am nächsten Morgen. Bei der ersten Begegnung kommt die Rede nicht auf Albasty, wohl aber bei der zweiten. Darum gebe ich hier nur diese wieder, und zwar vollständig.

[Stepnoj 1897:]
Am Morgen trafen wir uns mit einem Baksy. Dies war ein großer, hagerer Kasache mit langen knochigen Händen. Sein Kopf war umwunden mit einem fettigen Kattuntuch, unter welchem die Tjubeteika [Kappe] zu sehen war. Der Chalat war alt und abgetragen, auf dem Leib aber war ein reines, weißes Hemd mit geöffneter Brust. Die Brust war eingefallen, verrußt, übergegangen in einen dunkel-olivfarbenen Ton. Das Gesicht war mager, das allergewöhnlichste. Solche Gesichter trifft man auf Schritt und Tritt unter den armen Kasachen, nicht überfüttert mit Kurgaschik [ein einjähriges Schaf] und dergleichen Delikatessen vom Tisch des Nomaden.

Der Name des Baksy ist Tadsche Tonajew. Er ist 59 Jahre alt, doch er erscheint viel jünger. Seine heilerische Tätigkeit begann er mit 25 Jahren, nachdem er die Heilkunst von seinem leiblichen Vater geerbt hatte. Über seine Tätigkeit erzählte uns Tonajew folgendes:

„In der Kindheit träumte ich viele Träume, in welchen die menschlichen Krankheiten in Gestalt von Hunden, schlechten Menschen und hauptsächlich Russen erschienen. Als ich zu prakti-

zieren begann, so ließen mich auch da die Träume nicht los: Sie sagten mir die Resultate der künftigen Heilung voraus. Wenn ich im Traum sah, daß es mir gelang, den schlechten Menschen zu überwältigen – die Krankheit, so ritt ich zur Behandlung, wenn nicht, lehnte ich ab.

In der Mehrzahl der Fälle heile ich von Albasty, dies ist sozusagen meine Spezialität. Nachdem ich den Kranken besehen habe und festgestellt, daß ihm der Rücken weh tut oder die Seiten, ordne ich sogleich an, einen Hammel zu schlachten, nehme die Lunge aus ihm heraus und schlage [damit] lange auf die kranke Stelle. Manchmal wende ich auch eine Massage an. Man kocht den Hammel und ißt ihn sofort auf, als Belohnung aber gibt man mir sein Fell und das ganze Bruststück. Reiche geben manchmal großzügige Belohnungen: ein Pferd, ein Kamel oder mehrere Hammel. Wenn ich aber von Albasty heile, so nehme ich keine andere Belohnung als Fell und Bruststück, weil ich sonst habgierig werde und die Kraft über Albasty verliere. Albasty weiß das und hört auf mich.

Einmal, ich erinnere mich nicht, in welchem Jahr, lud man mich zu dem Kasachen Dschanguttyjew ein, seine Schwiegertochter Kalkesch zu heilen, die nach einer Niederkunft kränklich war. Ich stieg sogleich aufs Pferd und ritt los. Neben der Jurte der Gebärenden drängte sich das Volk. Mitleidsbekundungen waren zu hören, daß es der Kranken sehr schlecht ging und sie dem Tod nahe war. Ich sprang vom Pferd und ging mit der Reitpeitsche in Händen in die Jurte hinein. Die Kranke lag reglos da. Ihr Gesicht war blau angelaufen, und die Augen waren fest geschlossen. Ringsum saßen einige Mullas, die fromm Gebete rezitierten. Auf einmal sehe ich den Albasty. Er saß auf einer Truhe, die mit Filz überzogen war. Seine Füße hingen herab mit ausgerenkten Fersen, und die langen Brüste waren hinter die Schultern geworfen. Der Albasty dachte über etwas nach. Kaum hatte er mich bemerkt, als er schnell auffuhr, lossprang und sich versteckte, indem er unbemerkt durch das Gitter der Jurte hindurchging. Leise ging ich zu der Kranken hin, machte *eine Massage und schlug ihr dreimal kräftig auf den Rücken. Sie kam zu sich und fing an zu sprechen. Man ließ mich übernachten, schlachtete einen weißen Hammel und wollte mich mit noch irgend etwas beschenken, doch ich lehnte ab.*

Einmal passierte es mir, daß ich mehrere Albasty auf einmal sah. Das war auf der Roten Halbinsel, zwischen den Siedlungen Ostrownoje und Krasnojarsk. Man hatte mich zu Gast zu dem Kasachen Berkut Mendybajew geladen. Ich esse und sehe am anderen Ufer des Ural vier Albasty, welche lustig auf dem Sand spielten. Sie waren jung. Ihre Brüste waren, wie auch sonst, über die Schultern geworfen. Am anderen Tag ritt ich abermals an diesen Ort, und nach einer oberflächlichen Besichtigung der Sandbank bemerkte ich darauf die Spuren der Albasty. Ihre Füße waren nach innen verrenkt.

Die Albasty können offenbar Gestalt annehmen, wie es ihnen beliebt. So sah ich vor einigen Jahren in der Nähe der Erdhütte des Kasachen Arabai Kirgizbajew einen Albasty in Gestalt einer Ziege. Die Witwe Kymbasch jedoch stieß einmal auf ihn in Gestalt eines jungen Zickleins, das unter einer Schwarzpappel lag und still Gras kaute. Als er die Kymbasch erblickte, da verschwand er schnell, gerade als hätte ihn die Erde verschlungen."

Während er dies erzählte, war Tadsche sehr aufgeregt: Seine Augen sprühten Funken, und die Hände gestikulierten heftig. Es war augenscheinlich, daß alles, was er erzählt, unanfechtbare Wahrheit ist, an welche Tadsche ebenso glaubt wie an die Existenz der weiten Steppen auf der Erde und an den aromatischen Kumys. Glücklicher, naiver Nomade!

Wie weit weg ist seine einfache Weltbetrachtung von unserem zerfressenden Skeptizismus, von der Philosophie der Verzweiflung, welche in der letzten Zeit unsere Intelligentsia ergriffen hat!?

Der Bericht über die Begegnung mit dem Baksy beginnt recht unvermittelt mit der Aussage: „Am Morgen trafen wir uns mit einem Baksy".

Das „wir" bezieht sich sicher darauf, daß der Begleiter STEPNOJS, von dem im ersten Teil des Artikels die Rede ist, an dem Treffen beteiligt war. Wie es zu dem Treffen kam und dazu, daß der Baksy so von seinem Leben erzählte, wird wieder nicht gesagt.

Einen Hinweis auf den Ort der Begegnung gibt es im ersten Teil des Artikels. Dort heißt es, bevor STEPNOJ und sein Begleiter zu der Jurte des Kasachen kommen, in der sie zu übernachten gedenken: „Über den Seen breiteten sich Dunstwölkchen aus, sich sanft über die grünen Wiesen hinstreckend. Die Täler dunkelten. Hinter dem Ural, welchen wir eben erst durchritten hatten, tauchte die goldene Sichel des Mondes auf." Das heißt, die Begegnung findet in der Nähe des Uralflusses statt, in einer Gegend, wo es Seen, Täler und grünes Gras gibt. Vielleicht war es im Gebiet des Turgai Oblast, der vom Mittellauf des Ural berührt wird und für den die *Turgajskaja gazeta* erschien, in der der Artikel abgedruckt wurde.

Im Zusammenhang mit den jungen Albasty wird ebenfalls der Uralfluß erwähnt sowie zwei Ortschaften, zwischen denen dies geschieht: Ostrownoje und Krasnojarsk. Ein Ort Ostrownoje liegt am nördlichen (rechten) Ufer des Ural etwa sechzig Kilometer flußaufwärts von Orenburg. Weitere dreißig Kilometer flußauf liegt eine Siedlung Kyzyl Dschar, wovon Krasnojarsk eine russifizierte Form sein könnte. Auffällig ist, das es fünfzehn Kilometer nördlich von Ostrownoje einen Ort namens Stepnoj gibt, was auch der Name des Verfassers des Artikels (vermutlich ein Pseudonym) ist.

Was die Zeit der Begegnung anlangt, so stelle ich fest, daß sie am Morgen stattfand und daß es vielleicht im Frühling war, denn in den Steppen ist im allgemeinen nur im Frühling das Gras grün. Publiziert wurde der Artikel am 30. Mai 1897 in einer Zeitung, die dreimal pro Woche erschien, so daß der Frühling 1897 als Zeitpunkt der Begegnung in Frage kommt.

Die Aussagen des Textes kann ich ihrer Herkunft nach in zwei Teile teilen: Zum einen sind es Beobachtungen, Kommentare und Wertungen von STEPNOJ, die gleichsam einen Rahmen bilden

(Einleitung und Abspann). Dazwischen stehen Aussagen des Baksy Tadsche Tonajew, die STEPNOJ so genau genommen wissen will, daß er sie wie wörtlich Gesagtes in Anführungszeichen setzt.

In der Einleitung beschreibt STEPNOJ zunächst das Äußere des Baksy, seine Gestalt und seine Kleidung, die offenbar keinerlei Auffälligkeiten aufweisen. Einzig der Umstand, daß er „viel jünger" erscheint, als er tatsächlich alt ist, könnte als ungewöhnlich angesehen werden – häufiger verhält es sich bei Mittelasiaten zumindest für den Blick des Europäers umgekehrt.

Das Alter des Baksy ist neunundfünfzig Jahre. Wenn ich die Differenz zum Erscheinungsjahr des Artikels bilde, dann kommt das Jahr 1838 als Geburtsjahr des Baksy in Betracht. Weiter wird gesagt, daß der Baksy seine Heiltätigkeit mit fünfundzwanzig Jahren begann, nachdem er die Heilkunst vom Vater ererbt hatte, das heißt, daß Tadsche bereits seit vierunddreißig Jahren als Baksy tätig war. Daß diese Tätigkeit als ererbt verstanden wird, kommt nicht selten in solchen Mitteilungen vor. Der Name des Baksy sagt mir nichts.

Der Bericht des Baksy wiederum läßt sich in drei Teile teilen, einen ersten, in dem er allgemein über die Träume erzählt, darüber, wie er behandelt und welche Belohnungen er bekommt und annimmt, einen zweiten, in dem er den Fall einer Heilung von Albasty schildert, und einen dritten, in dem er weitere Begegnungen zwischen Albasty und ihm und einer dritten Person mitteilt.

Zu den Träumen im ersten Teil wird gesagt, daß sie bereits seit der Kindheit auftraten und daß in ihnen „die menschlichen Krankheiten in Gestalt von Hunden, schlechten Menschen und hauptsächlich Russen erschienen". Warum Hunde als Bilder für die Ursachen von Krankheiten erscheinen, ist mir nicht gleich verständlich. Daß schlechte Menschen krank machen können, ist für mich nachvollziehbar. Auch daß „hauptsächlich Russen" in dieser Funktion auftreten, ist für mich verständlich, da sich die Kasachen seinerzeit in der Situation eines eben von den Russen kolonialisierten Volkes befanden und kollektiv die demütigende Erfahrung der Unterwerfung und damit verbunden die der Entwertung der eigenen Werte und nicht zuletzt die der wirtschaftlichen Ausbeutung durchlitten.

In *Rossija* las ich dazu (1913, S. 306): „Der westliche Teil der Nomaden [Kasachen], bekannt unter der Bezeichnung Kleine Horde, blieb unter der Leitung der Chane bis 1824, als der letzte Chan, Schir-Gazy, entfernt und die Chanswürde mit der Ernennung dreier Sultan-Regenten abgeschafft wurde. Diese Maßnahme führte, wie auch zu erwarten war, nicht zur Beruhigung in der Horde, und die Unruhen in ihr setzten sich fort, wobei sie seit dem Jahr 1838 einen besonders heftigen Charakter annahmen, als die Kasachen durch Chiwa aufgewiegelt wurden und der energische Sultan Kenesary, ein Enkel des Vali, des ehemaligen Chans der Mittleren Horde, am Aufstand teilnahm. Der Kampf mit Kenesary zog sich bis zum Jahre 1846 hin, als er sich an den Fluß Tschu zurückzog und in einem Scharmützel mit Kirgisen getötet wurde (1847)."

Wenn ich mir vorstelle, welche Wirkung es hat, wenn man einem Volk die Chanswürde (das ist die Königswürde) wegnimmt, dann, glaube ich, ist in der Tat zu erwarten, daß das zu Unruhen und Aufständen führt, selbst wenn nicht von außen „aufgewiegelt" wird. Das Jahr 1838, in dem der Aufstand eskalierte, war der Zeitpunkt, der für die Geburt von Tadsche Tonajew in Frage gekommen war. Und die dann folgenden Jahre sind die Zeit, in der bei dem Knaben Tadsche Träume anfangen, in denen „hauptsächlich Russen" vorkommen, von denen Kasachen krank werden.[1]

Weiter heißt es, daß die Träume auch später, als er bereits Baksy war, noch von Bedeutung blieben, da er durch sie erfuhr, ob seine

---

1 Ich möchte an dieser Stelle noch einmal auf Tschokan VALICHANOV zu sprechen kommen, von dem es ebenfalls hieß, daß er ein Enkel des letzten Chans der Mittleren Horde war. Ich hatte mich nämlich gefragt, wieso ein Mensch wie er im Alter von dreißig Jahren sterben mußte. Jetzt sehe ich, daß es vielleicht deshalb war, weil er in besonderem Maße dem „kränkenden" russischen Einfluß ausgesetzt war. Im gleichen Jahr als Kenesary ums Leben kam und der kasachische Aufstand abebbte (1847), trat er als Zwölfjähriger dem Kadettenkorps in Omsk bei. Doch die Rolle, die er dort gespielt hat, wird wohl nicht nur die eines Kadetten gewesen sein, sondern als „Königskind" (Chansenkel) auch die einer Geisel.

Heilbehandlungen Erfolg haben würden. Ich vermute, daß diese Träume ebenso wie bei dem Baksy Koilubai da waren, bevor man ihn um Hilfe bat. Es würde sich dann auch in diesem Fall um ein Vorherwissen handeln. Doch anders als bei Koilubai erhält er nicht mündlich Kenntnis von der Zukunft, sondern dadurch, daß er im Traum eine Auseinandersetzung mit demjenigen Geist austrägt, der den Patienten schädigt. Dem Ausgang dieser Auseinandersetzung entnimmt er seine Entscheidung, ob er zu dem Patienten geht oder nicht. Damit ist klar gesagt, daß ein Baksy eine Bitte um Hilfe unter bestimmten Bedingungen abschlagen kann, nämlich dann, wenn er weiß, daß er nicht zu helfen vermag. Das erscheint mir auch vernünftig, denn er erspart auf diese Weise dem Patienten und seiner Familie sinnlose Aufwendungen und ermöglicht es ihnen, sich gleich nach einem anderen umzutun, der dem Leiden vielleicht gewachsen ist.

Es folgt der Satz: „In der Mehrzahl der Fälle heile ich von Albasty, dies ist sozusagen meine Spezialität." Ähnliche Aussagen gibt es öfter im Albasty-Material: So hatte auch der Baksy Koilubai große Macht vor allem über Albasty, und auch bei Bek-Seïd im vorigen Text hatte ich diesen Eindruck.

Dann heißt es, daß der Baksy, wenn der Patient über Schmerzen im Rücken oder in den Seiten klagt, sogleich anordnet, „einen Hammel zu schlachten", und daß er „die Lunge heraus[nimmt]" und damit „lange auf die kranke Stelle" schlägt. Dabei handelt es sich um ein Löseopfer. Dem Schadensgeist, der es offenbar auf die „Lebenskraft" des Patienten abgesehen hat, wird zum Ausgleich oder als Ersatz die Lunge oder Leber (ein Bild der „Lebenskraft") eines Opfertieres angeboten.[2] Daneben werden noch Massagen erwähnt.

Eine Frage, die sich mir zu diesem Teil noch stellt, ist, in welchem

---

2 Es gibt mehrere Geschichten darüber, daß eine Albasty in Tiergestalt sich bei einer Gebärenden einschleicht, ihr die Lunge oder die Leber herausreißt und bestrebt ist, diese in ein Gewässer zu werfen. Gelingt ihr dies, dann ist die Gebärende nicht mehr zu retten. Doch meist greift in diesen Geschichten zuvor eine Person ein, die die Albasty sehen kann und sie durch Schläge zwingt, die Lunge oder Leber wieder an ihren Platz zu legen, wodurch die Gebärende wieder zu sich kommt (vergleiche z. B. MIROPIEV 1888, S. 10-12 und S. 14-15).

Verhältnis Albasty zu den Krankheiten in Menschen- oder Hundegestalt steht. Albasty scheint sich von diesen zu unterscheiden. Denn der Baksy sagt, daß er einen Unterschied zwischen beide setzt in dem, was er als Belohnung für die Heilung von ihnen annimmt. Bei den Krankheiten in Menschen- oder Hundegestalt können es im Falle von reichen Patienten „ein Pferd, ein Kamel oder mehrere Hammel" sein. Bei der Behandlung von Albasty jedoch nimmt er „keine andere Belohnung als Fell und Bruststück" des Tieres, das bei der Heilungszeremonie geschlachtet wurde. Als Grund dafür gibt der Baksy an, daß er „sonst habgierig werde und die Kraft über Albasty verliere". Das heißt: Die Habgier gehört zu den Schwächen, die ein Baksy überwunden haben muß, wenn er gegen Albasty erfolgreich sein will. Oder mit anderen Worten: Die Habgier ist eine derjenigen Gestalten, in denen Albasty erscheint. Aber: „Albasty weiß das [daß der Baksy auch diese Schwäche überwunden hat] und hört auf [ihn]".

Der konkrete Fall einer Heilung, der im zweiten Teil der Aussagen des Baksy mitgeteilt wird, endet damit, daß man ihn zusätzlich „mit noch irgendwas" mehr als dem geschlachteten Hammel belohnen wollte, doch er „lehnte ab". Und da es bei dieser Heilung gerade um Albasty ging, erscheint diese Geschichte wie eine Illustration zu dem, was vorher gesagt worden ist.

Worum ging es: Man lud den Baksy ein zu Kalkesch, der Schwiegertochter von Dschanguttyjew, die nach einer Niederkunft kränklich war. Wie auch in den meisten anderen Fällen handelt es sich offenbar um Komplikationen bei der Nachgeburt, das heißt, Albasty tritt erst nach der eigentlichen Entbindung auf.

Der Baksy macht sich sofort auf und reitet los. Als er bei der Frau ankommt, drängt sich dort bereits das Volk, und Worte des Bedauerns sind zu hören. Da es hieß, daß der Baksy gleich aufs Pferd stieg und losritt, als er die Bitte vernahm, kann es sich hier nicht um Menschen handeln, die er zusammenrufen ließ. Ich nehme vielmehr an, daß sich die Leute hier von selbst versammelt haben, weil sie eben wissen, was zu tun ist, wenn sich ein solcher Fall herumspricht.

Der Baksy kommt an, steigt vom Pferd und geht mit der Reitpeitsche in der Hand in die Jurte hinein. Bei anderen heißt es, daß sich der Baksy „Hals über Kopf" oder „wie ein Tollwütiger" in die Jurte stürzt und mit der Peitsche durch die Jurte schlägt. Diese Mitteilungen stammen jedoch nicht von den Heilern, sondern von Zuschauern solcher Vorgänge; für diese ist das spektakuläre Auftreten des Heilers das, was mitteilenswert ist. Hier ist es jedoch der Heiler selbst, der spricht. Und an seinem eigenen Verhalten hat er, wie es scheint, kein Interesse. Vielleicht hat sich Tadsche aber auch in der Tat anders verhalten als seine Kollegen, doch dazu später. Seine Reitpeitsche hatte er jedenfalls dabei, und vermutlich gedachte er zunächst auch, sie so wie seine Kollegen zu benutzen.

Und was sieht er, als er die Jurte betritt: Zuerst sieht er die Kranke, die mit blau angelaufenem Gesicht und fest geschlossenen Augen reglos daliegt. Das ist verständlich, denn die Frau, die entbunden hat, ist in dieser Situation das Wichtigste für ihn; nur ihretwegen ist er ja überhaupt gekommen. Dann sieht er die ringsum sitzenden Mullas, die fromm Gebete rezitieren, und erst zuletzt entdeckt er die Albasty. Doch wie findet er den Schadensgeist vor? Er erblickt die Albasty wie gesagt nicht sogleich, sondern erst nach einer mehr oder weniger kurzen Zeit. Und sie sitzt nicht wie nach anderen Aussagen auf der Gebärenden und preßt sie mit der übergroßen Last ihrer Brüste oder ihres Kopfes, sondern sie sitzt auf einer Truhe, die mit Filz bespannt ist.[3] Diese zwei Eigenheiten der Geschichte mögen miteinander zusammenhängen, denn wenn die Albasty auf der Gebärenden gewesen wäre, dann hätte Tadsche sie wohl sofort entdeckt.

Die Albasty sitzt in Gedanken versunken auf der Truhe und läßt

---

3 Die Truhen, in denen Hausrat aufbewahrt wird, stehen üblicherweise an der Wand, die der Tür gegenüber liegt. Wenn ich annehme, daß sich die Mullas als geehrte Gäste auf dem Ehrenplatz vor diesen Truhen niedergelassen haben, so haben sie die Albasty im Rücken. Die Frau läge von den Mullas aus gesehen in der linken Hälfte (der Frauenhälfte) der Jurte.

die Beine baumeln. Ihre langen Brüste hat sie über die Schultern geworfen. Der Länge der Brüste entnehme ich, daß es sich auch bei dieser Albasty um ein weibliches Wesen handelt und daß STEPNOJ nur aus Gründen einer Konvention in bezug auf sie männliche Formen verwendet. Auch die Albasty bemerkt das Eintreten des Baksy anscheinend nicht sofort, sonst wäre sie wohl auch von diesem „unbemerkt" verschwunden. Doch Tadsche hat noch Zeit, sich ihr Erscheinungsbild einzuprägen. Daß die Albasty nicht sofort oder gar noch bevor Tadsche die Jurte erreicht hat, aus ihren Gedanken gerissen wurde, läßt mich nun annehmen, daß er eher unauffällig und nicht wie andere Baksy tobend und brüllend die Jurte betreten hat.

Sobald die Albasty des Tadsche gewahr wird, springt sie auf und entweicht unbemerkt (von den anderen Anwesenden) durch die Jurtenwand. Eine Parallele für ein solches Verhalten kenne ich nicht. Doch auch das sehe ich als einen Hinweis darauf an, daß Tadsche keinen Schlag nach der Albasty geführt hat, weil eine solche Geste von den anderen nicht unbemerkt geblieben wäre. Sonst muß die Albasty stets erst geschlagen werden (sei es mit der Reitpeitsche, einem Messer oder einem Stock), bevor sie von der Gebärenden abließ. Was hat diese Abweichung zu bedeuten?

Die Albasty ist zu der Frau gekommen. Das kann ich nur so verstehen, daß es in ihrer Absicht lag, sie zu würgen und zu töten. Und dem blauangelaufenen Gesicht und dem Satz „Sie kam zu sich ..." entnehme ich, daß Albasty die Gebärende tatsächlich gewürgt hat und daß diese ohnmächtig war, sonst hätte man die Mullas und den Baksy auch nicht bemühen müssen. Als aber Tadsche ankam, war die Albasty anscheinend von der Gebärenden schon wieder abgerückt. Und nicht etwa gespannt und lauernd saß sie auf der Truhe, sondern gedankenversunken und entspannt. Jetzt werden auch ihre ausgerenkten Füße verständlich: Ich vermute, daß es nicht eigentlich „ausgerenkte" Füße waren als vielmehr Füße, die nach hinten wiesen, mit den Fersen nach vorn, so wie es in anderen Fällen gelegentlich beschrieben wird: Die Albasty hatte ihre Füße von der Frau schon wieder abgewandt, sie befand sich – bildhaft gesprochen – bereits auf dem Heimweg. Darum denke ich, daß ein Eingreifen des Baksy in diesem Falle nicht mehr nötig war und auch nicht erfolgt ist. Und der einzige Grund, den ich dafür sehe, daß die Albasty von der Gebärenden bereits abgelassen hatte, sind die frommen Rezitationen der Mullas ringsum. Anscheinend können auch diese manchmal hilfreich sein.[4]

Nachdem sie also den Baksy nur gesehen hat, macht sich die Albasty ganz davon. Der Baksy läßt der Niedergekommenen noch eine Massage angedeihen und schlägt sie dann „dreimal kräftig auf den Rücken". Die Frau kommt zu sich und fängt an zu sprechen.

Der nächste Satz „Man ließ mich übernachten" findet sich wörtlich so auch im Bericht Bek-Seïds im vorigen Text. Dort stand er nicht nach einer Heilung von Albasty, sondern davor (bevor Bek-Seïd zum zweiten Mal bei der Frau des Bai-Bala tätig wurde), und ich hatte den Eindruck, Bek-Seïd sei durch sein unaufgefordertes Erscheinen ein wenig übereifrig gewesen; jedenfalls hatte dieser Satz dort auf mich etwas befremdlich gewirkt. Hier dagegen wirkt die Aufforderung zur Übernachtung ganz natürlich als ein Bestandteil der Dankbarkeit der Angehörigen der Frau dem Baksy gegenüber und vielleicht auch, damit er im Falle eines Falles an Ort und Stelle zur Verfügung steht.[5] Ebenfalls aus Dankbarkeit wird wohl der weiße

---

4 Als ich meine ersten Eindrücke zu dieser Geschichte zu ordnen versuchte, hatte ich das Ganze noch etwas anders verstanden. Ich hatte gedacht: Wenn ich mir vorstelle, ich wäre eine Frau, die ein Kind zur Welt bringen soll, und ringsum sitzen lauter Mullas, die fromm Gebete rezitieren - ich glaube, daß ich dann auch meine Schwierigkeiten hätte. Ich hatte daher angenommen, daß es in solchen Fällen zu den ersten Maßnahmen eines Baksy gehören würde, dafür zu sorgen, daß das fromme Gebete-Rezitieren zumindest in der Jurte der Gebärenden schleunigst ein Ende fände. In manchen Fällen mag es auch tatsächlich so sein, wie zum Beispiel in einer Geschichte bei MIROPIEV (1888, S. 11-12), wo es heißt: „Jener Bursche, der die Ziege [eine Albasty in Ziegengestalt, die eine Gebärende angegriffen hatte] gesehen hatte, jagte alle Leute, die in der Jurte waren, hinaus. Er packte die Albasty, schlug sie kräftig, machte, daß sie kein zweites Mal käme, und ließ sie frei."

5 Bei der ersten Heilung von Bai-Balas Frau im vorigen Text hieß es, daß Bek-Seïd noch drei Tage bei der Kranken blieb.

Hammel geschlachtet, nämlich zur Bewirtung und als Belohnung und nicht im Rahmen der Heilungszeremonie, da ja die Frau bereits zuvor wieder zu sich gekommen war.

Zum Schluß hätte ich allerdings gern noch gewußt: Worüber hat die Albasty nachgedacht?

Abschließend zu seinen Ausführungen beschreibt Tadsche noch weitere Begegnungen mit Albasty, als erstes folgende: „Einmal passierte es mir, daß ich mehrere Albasty auf einmal sah ... Ich esse und sehe am anderen Ufer des Ural vier Albasty, welche lustig auf dem Sand spielten." Mich erinnert diese Aussage an die von Bek-Seïd, als er im Alter von dreizehn Jahren nach seiner ersten Begegnung mit Albasty in Gestalt des Haselhuhns „an der Moschee Tarakty Kamal vorbeikam" und „bei einem steilen Abhang drei spielende Mädchen" erblickte. Ich werde im folgenden beide Episoden nebeneinander betrachten und hoffe, durch den Vergleich zu Verständnis zu gelangen.

Bei Bek-Seïd hatte diese Episode in einem zweifachen Bezug gestanden: Die Moschee Tarakty Kamal („mit Kamm [?] versehene Festung") und der Abgrund standen dort gleichsam als Bilder für die Möglichkeit des Heils als auch des Unheils, des Falls. Ganz ähnlich verhält es sich bei Tadsche, denn zu dem Ort, an dem er die spielenden Albasty sieht, heißt es: „Das war auf der Roten Halbinsel, zwischen den Siedlungen Ostrownoje und Krasnojarsk". *Ostrovnoj* ist ein von dem Wort *ostrov* „Insel" gebildetes Adjektiv („Insel-"), und *ostrovnoe* ist davon die sächliche Form. Krasnojarsk kann, wie gesagt, auf ein kasachisches Kyzyl Dschar zurückgehen, was mit „roter Steilhang" übersetzt werden kann. Das heißt, die Episode findet zwischen „Insel-" und „Roter Steilhang" statt. Der Hang erinnert an den in der Geschichte von Bek-Seïd, daher nehme ich an, daß er auch eine ähnliche Funktion hat. Er ist lediglich durch die rote Farbe von diesem unterschieden, was ebenso wie das Rot im Namen der Halbinsel den Ausnahmecharakter der Situation anzeigt.

Neben dem Abgrund stand bei Bek-Seïd die Moschee. Das Wort „Festung" im Namen der Moschee erinnert mich nun an den Anfang des Kirchenliedes "Ein feste Burg ist unser Gott". Dieser Moschee, die „... Festung" heißt, entspricht bei Tadsche das „Insel- (sächlich)". Und auch die Insel ist das Feste oder eine Feste in der amorphen Flut des Wassers (der Seele oder des Unbewußten) oder das rettende Ufer. Das heißt, auch diese beiden Bilder, Moschee/Festung einerseits und Insel- andererseits, bringen etwas ganz Ähnliches zum Ausdruck, so etwas wie Sicherheit oder Gewißheit, wobei die Akzente allerdings unterschiedlich gesetzt sind: Bei Moschee, Festung oder überhaupt Gebäude steht der Aspekt des Bergens im Vordergrund, bei Insel der des Tragens. Bei Bek-Seïd hatte ich gesehen, daß der Aspekt des Bergens vielleicht in seinen Anlagen steckt: Unmittelbar vor der Episode mit den spielenden Mädchen hatte er ein Haselhuhn mit gebrochenem Flügel in seinem Brustlatz „geborgen". Das heißt, Bek-Seïd ist vielleicht einer, der die Dinge birgt. Wenn ich diese Gedanken zu den bei Tadsche erscheinenden Bildern in Analogie setze, sehe ich: Tadsche ist vielleicht einer, der die Dinge trägt.

Doch zwischen Steilhang („Abgrund", „Fall") und Insel- („rettendes Ufer") ist die Mitte, und da ist die Rote Halbinsel, auf der die Albasty, wie es heißt, „spielen": Damit nehmen sie Bezug auf die Tätigkeit des Baksy, dessen Zeremonien eben als „Spiel" bezeichnet werden. Diese Halbinsel (später auch als Sandbank bezeichnet) ist ein Ort, der vom Festland aus in das Wasser hineinragt und fast wie eine Insel vom Wasser umspült wird, aber anders als eine Insel noch eine Verbindung mit dem Festland hat. Es ist ein Ort, der vom Formhaften ins Formlose hineinragt, der vom Gebundenen ins Gelöste hineinragt, von der Gewißheit in die Ungewißheit, vom Verstand in die Seele – an diesem Ort ist es, daß die Albasty spielen und ihre Spuren hinterlassen. Und vielleicht zeigen sie dem angehenden Baksy damit zugleich, an welchem „Ort" er in Zukunft „spielen" wird.

Du siehst daran, daß ich annehme, daß es sich auch bei Tadsche an dieser Stelle um den Beginn seiner Laufbahn als Baksy handelt. Ich schließe das aus der Menge der Übereinstimmungen in den Bildern der Episoden im Lebensweg von Bek-Seïd und Tadsche sowie aus der Funktion, die diese Episode in Bek-Seïds Leben hatte. Neben den Übereinstimmungen stehen allerdings Unterschiede; der auffälligste: Bei Bek-Seïd waren es drei Mädchen, die da spielten, bei Tadsche sind es vier. Die Bedeutung der verschiedenen Zahlen in diesen Zusammenhängen ist mir unklar. Klar ist lediglich, daß die Vier offenkundig eine höhere Wertigkeit hat als die Drei. Und entsprechend empfinde ich auch das Tragen als dem Bergen gegenüber höherwertig.

Ein weiterer Unterschied besteht möglicherweise im Alter: Bek-Seïd ist dreizehn Jahre alt, als er den Mädchen begegnet. Bei Tadsche wird das Alter nicht genannt. Doch der Satz: „Man hatte mich zu Gast zu dem Kasachen Berkut Mendybajew geladen" ruft in mir nicht das Bild eines Kindes oder eines Jugendlichen hervor, sondern das eines erwachsenen Mannes. Das paßt zur Aussage des Textes, daß Tadsche „seine heilerische Tätigkeit ... mit 25 Jahren" begann. Wenn ich vor den Beginn dieser Tätigkeit noch ein paar Jahre Lehrzeit setze, so komme ich auf ein Alter von Anfang Zwanzig, in dem er sein Berufungserlebnis gehabt haben könnte.

Während Tadsche bei Berkut Mendybajew zu Gast ist, wird ein Gastmahl veranstaltet, denn es heißt, daß Tadsche gerade ißt, als er „am anderen Ufer des Ural vier Albasty" erblickt. Anscheinend fand das Mahl im Freien und damit in der warmen Jahreszeit statt. Dem Umstand, daß er die Albasty überhaupt erblickt, entnehme ich, daß es eine Situation des Entspanntseins war. Doch was hat das Essen in diesem Zusammenhang zu bedeuten? Ich weiß nicht, was bei diesem Gastmahl serviert worden ist, doch vermute ich, daß auf jeden Fall Fleisch dabei war. Denn wenn man jemanden zu Gast lädt, dann kommt etwas Ordentliches auf den Tisch, und das ist bei Kasachen eben Fleisch, und zwar am besten Kurgaschik, die „Delikatesse vom Tisch des Nomaden" wie es oben heißt. Und vielleicht ist ja gerade anläßlich des Gastmahls ein Lamm geschlachtet worden, das Tadsche nun verzehrt. Du merkst, worauf ich hinaus will: Ich denke, es könnte bei Tadsche ein ganz ähnlicher Gedanke gewesen sein, der ihn die Albasty erblicken ließ, wie ich ihn für Bek-Seïd angenommen hatte, als die beiden Reiter zu ihm kamen, nämlich die Frage, wieso die Ansprüche von Menschen über die von Lämmern gestellt werden sollen. Dafür, daß Schlachten an dieser Stelle eine Rolle spielt, spricht vielleicht auch der Ablauf des Textes insgesamt. Denn bevor Tadsche diese Episode erzählt, spricht er den Satz: „Man ließ mich übernachten, schlachtete einen weißen Hammel und wollte mich mit noch irgendwas beschenken, doch ich lehnte ab." Und gerade die Erwähnung des Schlachtens und der anschließenden Bewirtung in diesem Satz könnte ihn in seinen Gedanken als nächstes zu dieser Episode geführt haben, die vielleicht zur wichtigsten in seinem Leben geworden ist.

Doch die Ansprüche der Lämmer treten bald wieder in den Hintergrund, denn nun erblickt Tadsche die Albasty. Und *die* Sache scheint ihn richtig beschäftigt zu haben, denn es heißt, daß er „am anderen Tag ... abermals an diesen Ort" ritt, und zwar offenbar direkt auf die Sandbank am „anderen Ufer", dorthin, wo die Albasty gespielt hatten. Warum tut er das? Was ist in ihm vorgegangen? Ich denke, am Anfang wird für ihn eine einfache Frage gestanden haben wie: Nanu, was ist denn das da? Im weiteren werden vielleicht Fragen ähnlich wie bei Bek-Seïd gefolgt sein: Was hat das zu bedeuten? Was ist hier los? Und am Ende stand vielleicht: Träum' ich oder spinn' ich?

Ich denke, vor allem Fragen wie die letzteren waren es, die den Tadsche schließlich „am anderen Tag" auf die Sandbank getrieben haben, denn wieder handelt es sich dabei um Fragen von existentieller Bedeutung. Und was findet er, als er auf der Sandbank ankommt: Er findet „den Beweis", die Spuren der Albasty im Sand. Da die Albasty menschengestaltig erschienen waren, gehe ich davon aus, daß auch ihre Spuren menschlichen Fußabdrücken glichen. Doch warum sind auf einmal die Füße nach innen gedreht und nicht wie normale Füße oder mit den Fersen nach vorn, wie ich es für die Albasty, die auf der Truhe saß, angenommen hatte? Ich denke, die Antwort steckt in folgendem: Wenn die Füße in normaler Stellung gewesen wären oder auch mit den Fersen nach vorn, dann wären die Spuren für Tadsche nicht mehr von menschlichen zu unterscheiden gewesen. Das heißt, er wäre auf seiner unbeantworteten Frage sitzengeblieben und vielleicht in eine ähnliche Situation geraten wie Bek-Seïd, als er sich in seinen Vermutungen verlor. Nun aber ist für Tadsche die Sache klar: Hier *sind* Albasty *gewesen*. Mit dem Ansichtigwerden dieser abnormen Spuren hatte er gleichsam seine Hand in die Wunde Jesu Christi gelegt. Wer so etwas gemacht hat, für den gibt es keine Zweifel mehr, der ist tatsächlich „am anderen Ufer" angelangt.[6]

Und gerade so tritt Tadsche STEPNOJ gegenüber auf: „Während er dies erzählte, war Tadsche sehr aufgeregt: Seine Augen sprühten Funken, und die Hände gestikulierten heftig. Es war augenscheinlich, daß alles, was er erzählt, unanfechtbare Wahrheit ist, an welche Tadsche ebenso glaubt, wie an die Existenz der weiten Steppen auf der Erde und an den aromatischen Kumys. Glücklicher, naiver Nomade!" In der Tat, das ist zu Recht gesagt, außer daß ich meine, daß STEPNOJ das „naiver" auch hätte weglassen können.

Zum Schluß möchte ich noch auf ein Motiv zu sprechen kommen, das in diesem Text erstmals auftaucht, obwohl es zu den markantesten Zügen dieser Dämonin gehört: die über die Schulter geworfenen Brüste. Sowohl die Albasty, die auf der Truhe saß, als auch die, die auf der Sandbank spielten, wurden so beschrieben. Der Hintergrund liegt wohl darin, daß es sich bei Albasty um eine erniedrigte alte Muttergottheit handelt – besonders ANDREEV und BASILOV haben diesen Punkt hervorgehoben.[7] Das Verhältnis zu Muttergottheiten war aber immer sehr zwiespältig. Noch im alten Griechenland beispielsweise flehten die Frauen in Kindesnöten die Artemis an, ihnen

---

6 Johannes 20.24-29. Ich glaube allerdings nicht, daß die Sache so einfach war. Der Bericht von Bek-Seïd hat gezeigt, daß der Werdegang zum Baksy ein ziemlich komplizierter, langwieriger und schmerzhafter Prozeß ist. Im vorliegenden Fall kann nur nichts weiter dazu gesagt werden, weil Tadsches Bericht an dieser Stelle abbricht.
7 ANDREEV 1953, S. 78-81, und BASILOV 1994, S. 49-55.

gnädig zu Hilfe zu kommen, ohne den Todesbogen.[8] Das heißt, die Göttin war dafür zuständig, das Leben zu geben, sie konnte es aber auch nehmen.

Die weibliche Brust ist ein Bild des Nährens, das wiederum einer der Aspekte des Gebens ist. Die Aspekte des Gebens muß die Gottheit aber hinter sich lassen, gleichsam hinter sich werfen, wenn sie diejenigen des Nehmens vollzieht. Aus dem Hin und Her entsteht ein ewiges Sichwenden, Geben und Nehmen. Damit wird klar, wieso Albasty, die als Dämonin ihrem Wesen nach auf die nehmenden Aspekte der Gottheit reduziert ist, so oft mit über die Schulter geworfener Brust angetroffen wird.

---

[8] Näheres dazu bei TAUBE 2007, S. 299.

Magersucht im 19. Jahrhundert

Die folgende Geschichte ist überschrieben mit „Im Dunkel der Unwissenheit (Aus der Praxis der kasachischen Baksy und Darger)". Darger ist das persische Wort für Arzt. Zur Person des Autors, Pjotr VAVILOV, ist mir nichts bekannt. Das im Text vorkommende Wort Hadschi meint Menschen, die eine Pilgerfahrt nach Mekka durchgeführt haben; solche Leute genießen hohes Ansehen.

[VAVILOV 1896:]
Ein gewisser Kasache Dsch. Balkin aus dem Turgai Wolost, Aul Nr. 3, ein reicher Mann, der eine einzige Frau hatte und mit ihr etwa zehn Jahre gelebt, hatte keine Kinder von ihr, ungeachtet, daß er sie alljährlich behandeln ließ, wozu er verschiedene Baksy und Darger einlud. Schließlich wurde die Frau des Kasachen Balkin im Jahre 1895 schwanger, und bald darauf wurde sie krank. Ihr Mann ließ verschiedene Darger und Baksy kommen, auf daß sie seine Frau heilten. Die Geladenen sammelten sich, und nach der Untersuchung der Kranken erklärte einer von ihnen mit Namen Kodscha, daß unreine Geister die Frau ergriffen hätten und daß er sie jetzt austreiben würde, wobei er hinzufügte, daß er bekannte Geister hätte, verwandt mit jenem, welcher die Frau ergriffen hatte, und er würde sie schicken, damit das Unreine aus der Frau herausgeht.

Bei Sonnenuntergang waren aus der Jurte der kranken Frau unverständliche Worte zu hören, und die „Behandlung" begann. Der Baksy war nur in einen zerrissenen kasachischen Kaftan aus Kamelwolle gekleidet (ein Hemd und andere Kleidung hatte er nicht), saß auf einem Filz, stieß Schreie aus und rief verschiedene, lang verstorbene Leute zu sich, Hadschis u. a., wobei er sie bei Namen nannte, ihnen verschiedene Worte hinzufügend, in welchen er verschiedenen Viehs und anderer Dinge gedachte. Es ging ihm fließend von der Zunge auf die Melodie eines russischen Liedes sogar. Danach wurden bei dem Baksy die Augen weiß, so daß die Pupillen überhaupt nicht mehr zu sehen waren, und nachdem er auf die Erde gefallen war, begann er, Worte zu sprechen, die niemandem verständlich waren. Danach, nachdem er aufgesprungen war, stürzte er sich auf die umgebenden Menschen. Und einen alten Mann, der sich da befand, biß er so in den Bart, daß er zu bluten begann, und der Alte lief wie von Sinnen aus der Jurte, beschimpfte den Baksy auf jegliche Weise und begab sich nach Hause. In der Jurte fuhr der Baksy fort, im Kreis um die kranke Frau zu laufen, und mehrmals zerrte er sie herum und biß sie. Umgebende Kasachen nahmen [zwei Säbel] fest an beiden Enden und hielten sie, der Baksy aber, nachdem er barfuß auf die Schneiden der Säbel hinaufgesprungen war, hüpfte auf ihnen herum wie eine Elster. Nachdem er dann einen Säbel in die Hand genommen hatte, begann ihn der Baksy zu schwingen. Die umgebenden Kasachen, erschreckt, wollten den Baksy fangen, aber sieben und mehr Menschen konnten ihn nicht halten, und auf diese Weise tobte der Baksy bis zum Morgengrauen.

Am andern Tag ließ der Baksy ein Kurgaschik schlachten und das Fleisch der Kranken zu essen geben, was auch getan wurde. Weil die Frau aber lange schon kein Fleisch mehr gegessen und keinen Tee getrunken hatte, so aß sie sich, die Gelegenheit, die sich ergeben hatte, nutzend, an dem Fleisch satt bis zum Bersten und löschte den Durst mit Tee. Danach fing sie ordentlich an zu schwitzen und wurde gesund.

Nach vier Tagen erzählte die Frau, die genesen war, ihren Verwandten einen Traum solchen Inhalts, daß der Baksy, der sie geheilt hatte, in ihre Jurte gekommen wäre und gesagt hätte: Laß mich bei der Geburt unbedingt kommen, sonst wird dich erneut albastï basadï, d. h. die unreinen Geister werden dich würgen!

Die Frau kam mit einer Tochter nieder, und am Tag der Geburt wurde ihr schlecht, und ihr Mann galoppierte erschreckt nach dem Baksy. Nachdem er angekommen war, nahm der Baksy erneut seine

Tätigkeit auf und fing damit an, daß er dem Mann der Kranken befahl, einen Widder, einen Kamelhengst und einen Hengst an die Jurte anzubinden, wobei er erklärte, daß die Frau albastï basavutar, das heißt die unreinen [Geister] sie würgen, und daß er, der Baksy, die Unreinen austreiben werde und sie in das angebundene Vieh hineingehen würden; und dieses Vieh sollte unbedingt ihm, dem Baksy, gegeben werden.

Als das ausgeführt war, begann der Baksy, zu schreien und die kranke Frau so lange durch die Jurte zu zerren, bis die Kranke wieder zu Farben kam und die Frau das Bewußtsein zurückerlangte.

Zum Abschluß der ganzen Operationen erzählte der Baksy den Umgebenden, daß sich viele Geister dieser Frau bemächtigt hätten, doch er habe sein ganzes Wissen aufgeboten und sie mittels der ihn umgebenden Geister mit Gewalt aus der Frau verjagt. Jetzt hatten, nach den Worten des Baksy, diese Geister das angebundene Vieh ergriffen, weshalb er ohne den geringsten Verzug das Vieh nahm und nach Hause aufbrach.

Auf diese Weise erlangen die Baksy in der kasachischen Steppe sehr hohe Summen. Doch seit der Ankunft der Feldscher der [militärisch-administrativen] Abteilungen an ihren Bestimmungsorten gehen die Einkünfte der Baksy zurück. Da sie dies voraussehen, gedenken einige Baksy mit Blick auf die baldige Einstellung ihrer Tätigkeit, näher nach Chiwa zu zu nomadisieren.

Der Text läßt sich in fünf Teile gliedern: Erstens den einleitenden Abschnitt mit Angaben zu den äußeren Bedingungen und der Vorgeschichte des Geschehens, zweitens die Beschreibung einer ersten Heilungszeremonie am Beginn der Schwangerschaft, drittens die Angaben zu dem Traum der Frau, viertens die Beschreibung der zweiten Heilungszeremonie bei der Entbindung und fünftens die allgemeinen Gedanken des Autors zum Baksy-Wesen und dessen Zukunftsaussichten. Ich werde im folgenden erst nur kurz auf die äußeren Bedingungen und die Vorgeschichte eingehen und dann noch etwas genauer auf die erste Heilungszeremonie, weil ich glaube, daß vor allem diese ein allgemeineres Interesse beansprucht.

Die Geschichte setzt unmittelbar mit der Handlung ein, ohne daß ein Erzähler oder dergleichen erwähnt wird. Daher ist es für mich am nächstliegenden, anzunehmen, daß es der Autor selbst ist, der spricht, und ebenso, daß er auf eigenes Erleben und Beobachten zurückgreift.

Ort der Ereignisse ist der Aul Nr. 3 des Turgai-Wolost. Die Stadt Turgai ist eine russische Gründung aus dem Jahre 1845 und liegt am rechten Ufer des gleichnamigen Flusses im nördlichen Kasachstan. Da Wolost die kleinste Verwaltungseinheit in Rußland war, nehme ich an, daß sich die mitgeteilten Ereignisse in der näheren Umgebung der Stadt Turgai abspielten. Der Name Turgai bezeichnet verschiedene Singvogelarten wie Lerche oder Star.

Was die Zeit betrifft, so wird als absolutes Datum das Jahr 1895 erwähnt, in dem die Frau schwanger wird. Ein weiteres Datum sind die zehn Jahre, die das Paar vor Beginn der Schwangerschaft bereits zusammen gelebt hatte. Erschienen ist der Artikel am 22. Mai 1896, so daß VAVILOV die Ereignisse bald nach der Entbindung aufgezeichnet und publiziert hat.

Was die handelnden Personen betrifft, so wird von dem Paar nur der Name das Mannes genannt, Balkin; dieser Name sagt mir nichts. Der Name des Heilers, Kodscha, kann „Lehrer", „reicher Kaufmann", „alter Mann, Greis" und „Nachkomme der ersten Chalifen" bedeuten.[1] Damit ist nicht sicher, ob dieses Kodscha hier tatsächlich als Name verwendet wurde. Vielleicht bringt es auch eine Clan- oder Familienzugehörigkeit zum Ausdruck; es könnte auch nur eine verehrende Anrede sein.

Nun zum Geschehen selbst: Ein Mann und eine Frau leben zehn Jahre lang zusammen, ohne Kinder zu bekommen, und das, obwohl der Mann Jahr für Jahr verschiedene Heiler kommen läßt, damit sie seine Frau behandeln. Das heißt, es besteht offenkundig ein Problem. Nach zehn Jahren wird die Frau schwanger. Da langjährige Probleme

[1] RADLOFF II, Sp. 1708-1709.

selten die Tendenz haben, plötzlich ganz von allein zu verschwinden, gehe ich davon aus, daß die letzte der Behandlungen es vermocht hat, das Problem zu lösen. Doch bald nach Beginn der Schwangerschaft wird die Frau krank. Das heißt, es tritt erneut ein Problem auf, von dem ich aber zunächst nicht weiß, ob es vielleicht mit dem alten zusammenhängt oder ob es sich um ein völlig neues handelt. Zu den Symptomen der Krankheit wird nichts gesagt.

Wie bereits zuvor lädt der Mann verschiedene Heiler ein, von denen einer nach der Untersuchung erklärt, daß „unreine Geister die Frau ergriffen hätten". Als Erklärung für seine Therapie fährt der Baksy fort, daß „er bekannte Geister hätte, verwandt mit jenem, welcher die Frau ergriffen hatte, und er würde sie schicken, damit das Unreine aus der Frau herausgeht".

Das erinnert mich an das Heilerkonzept bei VALICHANOV. Dort hieß es, daß der Herrscher der Albasty samt seiner Heerschar nach deren Überwindung in die Schar der Geister, die dem Baksy dienstbar sind, eingegliedert worden war. Entsprechend hatte der Baksy vielleicht auch hier Albasty oder Albasty-ähnliche Geister irgendwann überwunden und zu dienstbaren Geistern gemacht.

Ich komme nun zur Betrachtung der ersten Heilungszeremonie und werde sie im folgenden Satz für Satz durchgehen:

„Bei Sonnenuntergang waren aus der Jurte der kranken Frau unverständliche Worte zu hören, und die ‚Behandlung' begann."

Nicht selten findet eine solche Zeremonie am Abend statt. Auch im Text von KARAZIN war es um die Zeit des Sonnenuntergangs, als „am dunkler werdenden Himmel sich die feine Sichel des neuen Mondes" zeigte. Warum ist das so? – Ich denke, die Zeit des Sonnenuntergangs ist diejenige, zu der das Tagwerk getan ist, die Herde ist gemolken und versorgt, jetzt ist Zeit für Muße und Ruhe. An einem solchen Tag jedoch, an dem ein Baksy zu einer Heilungszeremonie geladen hat, bleibt der Fernseher aus, und alle rechtschaffenen Leute gehen, wie es sich gehört, zur Jurte des oder der Kranken hin.

Daß das Wort „Behandlung" in Anführungszeichen gesetzt wurde, hängt wohl mit der Schwierigkeit des Autors zusammen, eine solche Veranstaltung ohne Wenn und Aber als Behandlung im medizinischen Sinne zu akzeptieren. Die Aussage, daß „aus der Jurte der kranken Frau unverständliche Worte zu hören" waren, läßt in mir das Bild entstehen, daß sich der Berichterstatter zu diesem Zeitpunkt noch außerhalb der Jurte befindet: In der optischen Wahrnehmung ist nur das Äußere der Jurte enthalten, ihr Inneres ist nur der akustischen Wahrnehmung zugänglich.

„Der Baksy war nur in einen zerrissenen kasachischen Kaftan aus Kamelwolle gekleidet (ein Hemd und andere Kleidung hatte er nicht) ..." An dieser Stelle setzt die optische Wahrnehmung vom Inneren der Jurte ein. Das heißt, zwischen dem ersten und zweiten Satz muß der Berichterstatter die Jurte betreten haben.

Der Baksy „saß auf einem Filz" – es ist üblich, daß man in der Jurte nicht auf dem blanken Erdboden sitzt, sondern auf einem Filz, einem Teppich oder auf einer sonstigen Sitzunterlage – „stieß Schreie aus und rief verschiedene, lang verstorbene Leute zu sich, Hadschis u. a., wobei er sie bei Namen nannte, ihnen verschiedene Worte hinzufügend, in welchen er verschiedenen Viehs und anderer Dinge gedachte". Mit den verschiedenen, lang verstorbenen Leuten sind Heilige, Propheten oder Schutzpatrone gemeint. Die Erwähnung des Viehs hier könnte sich auf die Schutzheiligen der vier Haustierarten beziehen.[2]

Daß dem Baksy die Anrufung „fließend von der Zunge" ging, daran habe ich keine Zweifel. Doch daß dies „auf die Melodie eines russischen Liedes sogar" erfolgte, finde ich verwunderlich: Es geht doch in dieser Phase der Zeremonie, wenn ich es recht verstehe, um das Herbeirufen derjenigen Geister, die den Baksy bei seinem Vorhaben unterstützen sollen. Mit einer wirklich russischen Melodie könnte aber wohl nur ein russischer Geist herbeigerufen werden.

---

[2] Diese Schutzheiligen werden in einer Anrufung bei einer Heilungszeremonie erwähnt, bei der es ebenfalls um eine Frau ging, die keine Kinder bekommen konnte (TOLEUBAEV 1991, S. 53).

Für die Kasachen können aber gerade Krankheitsgeister die Gestalt von Russen haben, wie aus dem Satz oben bei STEPNOJ hervorgeht: "In der Kindheit träumte ich viele Träume, in welchen die menschlichen Krankheiten in Gestalt von Hunden, schlechten Menschen und hauptsächlich Russen erschienen". Und bei MIROPIEV heißt es, daß drei Peri fliehen, als sie drei Russen erblicken, und es wird erläutert: „... weil sie die Russen sehr fürchten. An dem Ort, wo der Geist eines Russen ist, kann ein Peri nicht sein".[3] Das heißt, eine russische Melodie zu singen wäre an dieser Stelle doppelt kontraproduktiv: Zum einen würden damit gerade Geister herbeigerufen, die den Kasachen schädlich sind. Und zum anderen würde es den Peri, die ja die Haupthilfsgeister der Baksy sind, damit unmöglich gemacht zu erscheinen. Mag sein, daß das, was der Baksy sang, Herrn Vavilov an eine russische Melodie erinnert hat. Daß es aber wirklich ein russisches Lied war, glaube ich nicht.

„Danach wurden bei dem Baksy die Augen weiß, so daß die Pupillen überhaupt nicht mehr zu sehen waren ..."

Die Bildhaftigkeit eines Textes liegt naturgemäß in seiner Wörtlichkeit: Wenn von den Augäpfeln des Baksy außen nur noch das Weiße zu sehen ist, dann sind seine Pupillen in irgendeiner Form nach innen gerichtet. Das heißt, der Baksy schaut in dieser Phase nach innen, und er tut das im wörtlichsten Sinne. Und was er da drinnen sieht, wirft ihn offenbar um, denn weiter heißt es: „... und nachdem er auf die Erde gefallen war, begann er, Worte zu sprechen, die niemandem verständlich waren".

Wenn das, was der Baksy hier zum Ausdruck bringen will, mit klar gesetzten Sätzen zum Ausdruck hätte gebracht werden können, so fällt mir kein Grund ein, warum er es nicht auch in dieser Form hätte zum Ausdruck bringen sollen. Ich nehme also an, daß es in klar gesetzten Sätzen nicht zum Ausdruck zu bringen war. Und wenn ich mir nun noch anschaue, an welcher Stelle sich der Baksy befindet,

---

3 MIROPIEV 1888, S. 42.

als er das Unverständliche murmelt, so sehe ich vielleicht auch, woher ihm das, was er sagt, zukommt: Er liegt zu der Zeit auf dem Boden, er hat gewissermaßen sein Ohr an der Erde. Damit kommt ihm das, was er sagt, offenbar von unten zu, von ganz unten.

„Danach, nachdem er aufgesprungen war, stürzte er sich auf die umgebenden Menschen."

An dieser Stelle beginnt eine Phase, die als Toben oder Rasen bezeichnet werden könnte. Ich schließe daraus, daß das, was der Baksy in der Phase des unverständlichen Gemurmels vernommen hat, geeignet ist, einen Menschen zur Raserei zu bringen. Doch warum wendet er sich gegen die Anwesenden und warum in dieser Art und Weise? Da ich mit meiner Betrachtung noch ganz am Anfang stehe und keine Ahnung habe, worum es in diesem Fall geht, versuche ich zunächst, so allgemein wie möglich zu formulieren und so dem Verstehen näher zu kommen. Ganz allgemein gesagt: Es ist ein Problem aufgetreten. Und ebenso allgemein gesagt: Dem Baksy ist angetragen worden, dieses Problem zu lösen. Ich habe die Erwartung, daß sich der Baksy in seinen Handlungen auf den „Ort" beziehen wird, von dem das Problem ausgegangen ist. Da er sich auch gegen die anwesenden Zuschauer wendet, nehme ich an, daß der Ursprung des Problems zumindest teilweise auch bei diesen zu suchen ist. Das würde bedeuten, daß das Problem nicht nur in der Kranken steckt, sondern auch in ihrer Umgebung, daß es sich also vielleicht um ein Problem in den zwischenmenschlichen Beziehungen handelt.

„Und einen alten Mann, der sich da befand, biß er so in den Bart, daß er zu bluten begann; und der Alte lief [wie] von Sinnen aus der Jurte, beschimpfte den Baksy auf jegliche Weise und begab sich nach Hause."

Was ich eben über den Ausgangspunkt des Problems gesagt habe, gilt auch für diesen alten Mann. Und nicht nur das: Es gilt für ihn in besonderem Maße, da ihm gegenüber die Raserei des Baksy kulminiert. Es kann sich also nicht um einen für die Kranke belanglosen Mann handeln, sondern er muß für sie eine besondere Bedeutung haben. Da der Text keinen Hinweis darauf liefert, um wen es sich handeln könnte, bin ich auf den Kontext und das eigene Nachdenken angewiesen: Wenn ich mir die Männer aus der Generation der Alten ansehe, mit denen eine verheiratete jüngere Frau Probleme haben könnte, so sehe ich nur den Schwiegervater. Mit dem leiblichen Vater hat eine verheiratete Frau normalerweise nichts mehr zu tun und mit anderen alten Männern ebenfalls nicht. Mit dem Schwiegervater hat sie insbesondere dann zu schaffen, wenn ihr Mann das jüngste unter den männlichen Geschwistern war, denn der jüngste Sohn bleibt nach der Tradition der zentralasiatischen Nomaden im Aul der Eltern und gewährleistet deren Versorgung im Alter.

Ich betrachte nun die verschiedenen Bilder in diesem Satz: Der Bart, in den der Baksy den alten Mann beißt, ist ein Zeichen der Männlichkeit. Da der alte Mann zu bluten begann, hat ihn der Baksy wohl nicht nur in den Bart gebissen, sondern er muß auch ein Stück vom Kinn oder der Backe mit erwischt haben.

Das zweite Bild, das Blut, das fließt, ist ein Bild der Lebenskraft. Der alte Mann verliert hier ein Stück seiner Lebenskraft. Und durch die Wunde, die ihm der Baksy zufügt, wird er vor den anderen zugleich zu einem Gezeichneten.

Ein drittes Bild ist das Beißen selbst. Verletzendes Beißen ist vor allem eine tierische Ausdrucksform, das heißt, es ist ein Zeichen der Bewußtseinsferne oder -schwäche. Daß ich an dieser Stelle auf den Begriff „Bewußtseinsferne" stoße, ruft mir in Erinnerung, was ich oben über die Unaussagbarkeit (in klar gesetzten Sätzen) des Gemurmels des Baksy geschrieben habe, das von ganz unten kam. Denn sich in klar gesetzten Sätzen ausdrücken zu können ist ein Merkmal der Bewußtseinsnähe oder -stärke. Beide Momente, die Bewußtseinsferne hier und die Nichtformulierbarkeit (sprachlich) oben, entsprechen einander. Daß sich der Baksy an dieser Stelle offenbar in einen Zustand der Bewußtseinsferne versetzt hat, könnte für ihn die Voraussetzung dafür sein, daß er handeln kann, wie er handelt. Denn normalerweise (Bewußtseinsnähe) begegnet man alten Männern, und auch diese einander, mit Respekt, Zurückhaltung und Ehrerbietung. Doch hier ist anscheinend etwas anderes geboten. Ein Beißen, das zu Verletzungen führt, ist darüber hinaus ein Ausdruck von Aggressivität (wie auch das Sich-Stürzen auf die Menschen). Nehme ich beide Momente zusammen, so verstehe ich dieses Beißen als den Ausdruck einer bewußtseinsfernen Aggressivität, oder anders gesagt als den einer tierischen Wut.

Eine Stelle in der Erzählung „Schnock" (1850) von Friedrich HEBBEL hat mich in diesem Zusammenhang noch auf einen anderen Gedanken gebracht. Ich las diese Erzählung gerade in jener Zeit, als ich mit dem Text von VAVILOV beschäftigt war. Und in ihr ist auch von Beißen, Bart und Blut die Rede. Die Hauptperson der Erzählung, eben ein gewisser Schnock, teilt von ihrem Leben folgendes mit:

„Nie wär's mir eingefallen, mich aus eigener Bewegung nach einem Weibe umzusehen, und wer das zu ruhmredig findet, der lasse sich sagen, was ich schon in meinem zehnten Jahre erlebte, dann wird er's begreifen. Ich stand dabei, als meine Mutter meinem Vater die Oberlippe abbiß, weil er nach einem heftigen Zank zu früh auf den Versöhnungskuß drang, ich sah sein Blut stromweis in den Bart rinnen ... Wer an meiner Stelle hätte nicht schaudernd, wie ich, das Gelübde getan, niemals wieder einen Menschen an dem Ort, wo er Zähne hat, zu küssen ..."[4]

Der neue Gedanke, der sich für mich aus dieser Lektüre ergab, war der: Wenn sich zwei Menschen mit den Lippen einander nähern, so ist dies üblicherweise der Auftakt zu einer Zärtlichkeit, zu einer Bekundung von Zuneigung. Und eine Frage, die für mich in dem hier verhandelten Satz noch steht, ist nämlich die: Warum ließ der alte Mann den Baksy, wenn er doch tobte, so nahe an sein Gesicht heran, daß er hineinbeißen konnte? Warum hat er ihn nicht auf Distanz gehalten? Es wird zwar später gesagt, daß der Baksy im Zustand des

---

4 *Hebbels Werke in vier Bänden* ..., Bd. 4 (Leipzig 1912), S. 130.

Tobens körperlich sehr stark war, denn „sieben und mehr Menschen konnten ihn nicht halten". Doch ein Mann, auch wenn er alt ist, sollte doch imstande sein, wenigstens das Gesicht abzuwenden!

Wie nun aber, wenn der Baksy unmittelbar vor dem Biß gar nicht getobt hätte? Wenn er statt dessen beispielsweise Küßchen werfend durch die Jurte gehüpft wäre? Ich könnte mir vorstellen, daß es dann jemanden hätte geben können, der dem Baksy aus Übermut oder zum Scherz seine Wange sogar hinhält. Doch dieser Jemand hätte mit dieser Geste auch zweierlei demonstriert: einerseits, daß er zu den Menschen gehört, die eine Situation nicht immer richtig einzuschätzen wissen; und andererseits, daß er seine eigene Befindlichkeit über die von anderen stellt. Denn es ging an dieser Stelle ja nicht um Scherz und Übermut, es ging ja nicht um Gaudi, sondern es ging um die Heilung einer kranken Frau. Und das ist zunächst überhaupt nichts Spaßiges. Und folgerichtig erscheint mir jetzt der schmerzhafte Biß, den der alte Mann erhält. Und leicht nachvollziehbar sind nach diesem Schreck die Heftigkeit seiner Empörung und sein wüstes Schimpfen. Doch ich denke: Irgendwie hat er es sich wohl auch selbst zuzuschreiben.

Wenn ich mir vor diesem Hintergrund noch einmal das Beziehungsgefüge in diesem Fall näher anschaue, insbesondere die Beziehung zwischen dem Baksy und dem alten Mann und die zwischen dem alten Mann und der kranken Frau, so kommt es mir jetzt so vor, als würde der Baksy an dieser Stelle einen Rollentausch inszenieren: In der Beziehung zwischen dem alten Mann und dem Baksy sind die Rollenverhältnisse klar: Da ist es der Baksy, der sich aggressiv verhält, und der alte Mann ist es, der dadurch eine Verletzung erleidet.

In der Beziehung zwischen der kranken Frau und dem alten Mann ist zunächst nur klar, daß augenscheinlich die Frau Verletzungen erlitten hat, die sich nämlich in ihrer Krankheit offenbaren. Über den alten Mann sagt der Text in dieser Frage nichts, aber ich denke, gerade er könnte es gewesen sein, der ihr ob gewollt oder ungewollt diese Verletzungen zugefügt hat. Das heißt, der Baksy steckt vielleicht dadurch, daß er ihm diese Verletzung zufügt, den alten Mann gleichsam in die Rolle der kranken Frau. Und was die Art der Verletzung der Frau betrifft, so könnte vielleicht die Art der Verletzung des alten Mannes durch den Baksy darüber etwas aussagen. Sollte nämlich meine Annahme des Küßchenwerfens zutreffend sein, dann könnte der Baksy hier dem alten Mann die Erfahrung vermittelt haben, daß das, was für die eine Seite wie eine Bekundung von Zuneigung aussieht oder als solche gemeint ist, bei einer anderen zu Verletzungen führen kann.

„In der Jurte fuhr der Baksy fort, im Kreis um die kranke Frau zu laufen, und mehrmals zerrte er sie herum und biß sie." Daß der Baksy auch die kranke Frau beißt, zeigt mir, daß das, was oben über den Ursprung des Problems gesagt wurde, auch auf sie zutrifft: Er liegt auch bei ihr, und damit scheint es sich in der Tat um ein Problem in den Beziehungen zu handeln.

Herumzerren tritt in diesem Text erstmals auf, und mir ist auch nicht erinnerlich, daß es mir sonst in Texten begegnet wäre. Daß aber der Baksy die Kranke umkreist, wird nicht selten in solchen Beschreibungen erwähnt,[5] und auch über das Kasachische hinaus scheint es ein übliches Verfahren bei schamanischen Heilungszeremonien zu sein. Was aber hat es zu bedeuten?

Bei der Lösung dieser Frage hat mir wieder die Allgemeinheit der Formulierung geholfen und diesmal auch die Sprache selbst: Der Baksy hat allgemein gesagt den Auftrag, die Frau gesund zu machen, er hat den Auftrag, den Zustand der Frau zu verändern, er hat damit den Auftrag, sie in gewissem Sinne zu verwandeln. Und genau das ist es, was er an dieser Stelle vielleicht tut: Indem er sie umwändelt, wandelt er sie um. Der Umstand, daß das deutsche Wort *umwandeln* sowohl die Bedeutung „umkreisen" als auch die Bedeutung „verwandeln" hat (die Differenzierung der beiden Be-

---

[5] Auch bei KARAZIN hieß es, daß die beiden Heiler „einige Male um den liegenden [Patienten] herum" gingen.

deutungen durch unterschiedliche Betonung ist sekundär), sagt mir, daß vom Ursprung aus gesehen beide Tätigkeiten gleich sind; vom Ursprung aus gesehen kann man nicht das eine tun, ohne das andere mitzutun.

„Umgebende Kasachen nahmen [zwei Säbel] fest an beiden Enden und hielten sie, der Baksy aber, nachdem er barfuß auf die Schneiden der Säbel hinaufgesprungen war, hüpfte auf ihnen herum wie eine Elster."

Zunächst zu den Äußerlichkeiten: Ich denke, daß die Kasachen die Klingen nicht unmittelbar in der Hand gehabt haben können, weil sie sich sonst die Hände zerschnitten hätten. Als ich einmal bei einer hochbetagten Heilerin in der Umgebung von Chiwa, von der es hieß, daß auch sie früher auf Säbeln getanzt hätte, einen solchen Säbel sah, da war das Heft mit einem Lappen umwickelt. Ob die Nennung der Elster hier eine besondere Bedeutung hat, weiß ich nicht.

Doch wie kann das der kranken Frau helfen? Oder: Welche Funktion hat diese Phase innerhalb der Zeremonie? Aus dem Text selbst heraus wird mir die Bedeutung dieser Stelle nicht klar. Es gibt jedoch im Potapov-Material die Beschreibung einer Zeremonie, bei der eine usbekische Schamanin namens Jakut, ebenfalls aus der Umgebung von Chiwa, etwas Ähnliches tut. Es ging um die Heilung eines blinden und psychisch „nicht ganz normalen" Mannes. Über den Gebrauch der Säbel dabei schreibt POTAPOV[6]: „Dazu stellte sie vier Männer paarweise auf, einen gegenüber dem anderen, und gab ihnen zwei scharfe Säbel. Sie hielten die Säbel ähnlich wie eine Trage mit der Schneide nach oben. Zwischen den Säbeln auf dem Boden plazierte sie den Kranken. Er saß etwas gekrümmt da. Jakut kletterte auf die Säbel hinauf, und die Trommel schlagend und tanzend, sang sie den Aufruf an die Geister ... [Es folgt der Wortlaut der Anrufung, J. T.] ... Mit dem Tanz auf den Säbeln beendete Jakut auch ihre Séance. Sie sprang von den Säbeln, wobei ihre Füße vollkommen unversehrt geblieben waren. Auf die Frage, warum sie die Füße nicht zerschnit-

---

6 POTAPOV 1995, S. 173-175.

ten hätte, antwortete sie lächelnd, daß die Dschinn sie von unten gestützt hätten."[7]

Jakut erklärt ihre Unversehrtheit mit der Unterstützung durch die Geister. Ich nehme an, daß auch der Baksy Kodscha unverletzt geblieben ist und daß auch seine Unversehrtheit der Unterstützung durch die Geister zugeschrieben wurde. Und gerade das könnte der Punkt sein: Der Baksy zeigt an dieser Stelle vielleicht, daß er die Unterstützung der Geister überhaupt hat und daß er befugt ist, zu tun, was er tut. Der Baksy könnte damit hier gleichsam seine Approbation vorzeigen oder, in bezug auf den Schadensgeist gesagt, den Räumungsbefehl.

„Nachdem er dann einen Säbel in die Hand genommen hatte, begann ihn der Baksy zu schwingen."

Aufgrund der Kenntnis der Texte von VALICHANOV und DIVAEV (Bek-Seïd) nehme ich an, daß es sich nicht nur um ein „Schwingen" des Säbels handelt, sondern daß der Baksy mit dem Säbel nach der Albasty schlägt, welche nur von demjenigen, der den Vorgang beschreibt, nicht gesehen wird.

„Die umgebenden Kasachen, erschreckt, wollten den Baksy fangen, aber sieben und mehr Menschen konnten ihn nicht halten, und auf diese Weise tobte der Baksy bis zum Morgengrauen."

Den Formulierungen, daß die Kasachen den Baksy „fangen" wollten und daß sie ihn „nicht halten" konnten, entnehme ich, daß er sich in irgendeiner Form durch die Jurte bewegt hat. Ich denke, daß auch dabei ein Umkreisen der Kranken herausgekommen sein könnte. Nach dem Bericht von P. (siehe unten, S. 189) wird eine Patientin während der Behandlung „am Herd niedergelegt", das heißt, in der Jurtenmitte. Außerdem heißt es dort, daß eine solche

---

[7] Aufschlußreich scheint mir das Lächeln der Heilerin zu sein, als sie die Antwort gibt: Sie weiß, das derjenige, der fragt, eine „vernünftige Erklärung" des Phänomens erwartet. Und sie weiß natürlich, was sie antworten wird. Und sie weiß, daß ihre Antwort für denjenigen, der gefragt hat, überhaupt nichts vernünftig erklärt. Sie weiß also, daß die Kommunikation in diesem Falle scheitern muß. Und dieses Wissen läßt sie lächeln.

Zeremonie erst endet, wenn der Baksy körperlich völlig erschöpft ist, was hier vielleicht eben erst zur Zeit des Morgengrauens der Fall war.

„Am anderen Tag ließ der Baksy ein Kurgaschik schlachten und das Fleisch der Kranken zu essen geben."

Es kommt öfter vor, daß bei einer Heilungszeremonie ein Tier geopfert wird. Das geschieht dann aber meist noch während der eigentlichen Zeremonie am Abend. Meist nimmt der Baksy anschließend das Tier oder bestimmte Teile davon mit sich mit. Und ich kenne keinen weiteren Fall, wo die Patientin selbst das Fleisch des Opfertieres ißt. Deshalb vermute ich, daß es sich hier nicht um ein Opfer im eigentlichen Sinne gehandelt hat. Doch was war es dann? Ging es nur um eine gute Mahlzeit für die Genesene?

„Weil die Frau aber lange schon kein Fleisch mehr gegessen und keinen Tee getrunken hatte, so aß sie sich, die Gelegenheit, die sich ergeben hatte, nutzend, an dem Fleisch satt bis zum Bersten und löschte den Durst mit Tee."

Dieser Satz klingt für mich sehr seltsam. Es wird zunächst gesagt, daß die Frau „lange schon kein Fleisch mehr gegessen und keinen Tee getrunken hatte". Wenn ich nach dem Grund für diese Enthaltsamkeit frage, so scheint die Aussage „die Gelegenheit, die sich ergeben hatte, nutzend" eine Antwort auf diese Frage zu geben: offenbar weil sie zuvor keine Gelegenheit hatte, sich satt zu essen und zu trinken. Doch was soll das denn bedeuten? Soll das heißen, daß sie nichts zu essen und zu trinken hatte oder daß man sie nichts essen und trinken ließ? Gerade so muß ich den Satz verstehen, wenn ich ihn genau nehme.

Doch ich glaube nicht, daß damit die Sache richtig wiedergegeben ist, und andere Stellen im Text widersprechen einem solchen Verständnis offenkundig. Denn zum einen wird eingangs gesagt, daß Balkin „ein reicher Mann" ist. Es trifft also nicht zu, daß die Familie vielleicht aus Armut Hunger gelitten hätte. Und zum anderen nehme ich nicht an, daß Balkin vielleicht aus Geiz seine Frau kurz gehalten hätte: Ihm ist sehr an einem Kind gelegen, er hat sich zehn Jahre darum bemüht und dabei vermutlich auch Aufwendungen gehabt. Und für die Behandlung seiner Frau bei der Entbindung ist er offenbar ohne weiteres bereit, einen Kamelhengst, einen Hengst und einen Widder zu opfern – allesamt Zuchttiere, was durchaus keine Kleinigkeiten für einen nomadischen Haushalt sind. Und da soll er ausgerechnet am Beginn der Schwangerschaft seiner Frau zu geizig sein, ihr ordentlich zu essen zu geben? Das ist für mich undenkbar.

Es ist damit für mich zugleich undenkbar, daß die seit kurzem schwangere Frau keine „Gelegenheit" zu angemessener Ernährung hatte. Ich nehme daher an, daß sie *trotz ausreichendem Angebots* „lange schon kein Fleisch mehr gegessen und keinen Tee getrunken hatte", daß sie also Nahrung nicht aufnehmen konnte oder wollte, daß also eine Eßstörung bei ihr vorlag. Das ist ein Punkt, der diese Geschichte abermals von allen anderen unterscheidet.

Er erinnerte mich an die Magersucht von Mädchen und jungen Frauen in heutiger Zeit. Als ich mich mit diesem Phänomen vertraut machen wollte, führte mir der Zufall oder genauer gesagt: die Richtlinien, nach denen der Handapparat der Deutschen Bücherei in Leipzig bestückt wird[8], das Buch *Essstörungen* in die Hand. In diesem Buch haben verschiedene Ärzte, Therapeuten und Psychoanalytiker, die in ihrer täglichen Praxis Umgang mit Menschen mit Eßstörungen haben, in mehreren Artikeln ihre Erfahrungen und Ansichten zu diesem Thema zusammengefaßt. Beim Durchblättern fand ich, daß es verschiedene Arten von Eßstörungen gibt. Die beiden wichtigsten sind: die Magersucht (*Anorexia nervosa*), bei der die Mädchen und jungen Frauen die Nahrungsaufnahme reduzieren oder ganz einstellen, und die Eß-Brech-Sucht (*Bulimia nervosa*), bei der Eßanfälle mit Brechanfällen wechseln. Da im Text von VAVILOV

---

8 Ich denke, diese Stelle bietet eine gute Gelegenheit, einmal meine Dankbarkeit gegenüber dieser Institution und ihren Mitarbeitern wie auch denen der Universitätsbibliothek Leipzig für ihre gute Arbeit zu bekunden.

von Erbrechen keine Rede ist, nehme ich für die kasachische Frau zunächst irgendeine Art von Magersucht an.

Weiter fand ich in diesem Buch einen Artikel von D. Munz und A. Catina, der sich mit der Frage beschäftigt: "Sind es wirklich nur Frauen?" Daraus ging hervor, daß unter den von Eßstörungen betroffenen Menschen nur zweieinhalb bis knapp zehn Prozent männlich sind. Dann stieß ich auf eine Stelle, wo es hieß (S. 261-262): "Keiner der untersuchten Männer zeigte im Gegensatz zu einer größeren Zahl von Frauen eine Abneigung gegenüber der Sexualität, die männlichen Patienten mit Bulimie [Eß-Brech-Sucht] erleben Sexualität angenehmer als Bulimikerinnen und als beide Gruppen mit Anorexie [Magersucht]". Das verstand ich so, daß die Frauen mit Magersucht Sexualität als weniger angenehm erleben. Das erinnerte mich an die jahrelange Kinderlosigkeit der kasachischen Frau. Ich dachte: Wenn eine Frau Sexualität als weniger angenehm empfindet, dann könnte es sein, daß sie den Geschlechtsakt meidet. Und das schien mir ein Grund zu sein, der gut erklärt, warum sie keine Kinder bekommt.

Zur Fragestellung ihres Artikels ("Sind es wirklich nur Frauen?") führten die Autoren aus (S. 263): "Für pubertierende Mädchen ist die körperliche Reifung und Metamorphose weniger leicht zu verleugnen oder zu verdrängen als für Jungen ... Da sie einschneidendere äußere und innere Veränderungen durchleben, sind diese auch von größerer symbolischer Bedeutung. Durch Reduktion des Körpergewichtes können die hormonell bedingten körperlichen Veränderungsprozesse gehemmt werden, sodass sich feminine Körperproportionen weniger ausbilden und der Menstruationszyklus unterbrochen wird."

An diesem Zitat fielen mir zwei Punkte auf: Einerseits das Verleugnen und Verdrängen der körperlichen Reifung, es geht also um ein Nichtannehmen der geschlechtlichen Identität. Und andererseits das Unterbrochenwerden des Menstruationszyklus, was mir wieder die Kinderlosigkeit der kasachischen Frau in Erinnerung rief.

Als ich über das Register des Buches diesem zweiten Punkt weiter nachging, stieß ich in einem anderen Artikel auf die Aussage, daß „die Amenorrhö ... bei Frauen ein Diagnosekriterium der Anorexia nervosa" sei,[9] das heißt, das Aussetzen oder gar nicht erst Einsetzen der Regelblutung ist Voraussetzung, daß unter Medizinern überhaupt von Magersucht im engeren Sinne gesprochen wird. Damit war mir die Kinderlosigkeit der kasachischen Frau endgültig klar: Wenn ein Eisprung nicht stattfindet, kann auch kein Kind empfangen werden.

Weiteren Aufschluß brachten die Überlegungen von MUNZ und CATINA darüber, warum vorwiegend Frauen von solchen Störungen betroffen sind: „... aus psychoanalytischer Sicht [ist] die frühe Geschlechtsidentifikation für Mädchen komplizierter als für Jungen. Extrem vereinfachend dargestellt finden beide, Jungen und Mädchen, wichtige Hilfe bei der Ausbildung ihrer Geschlechtsidentität durch die Identifikation mit dem gleichgeschlechtlichen Elternteil. Da die Entwicklung des Selbstbewusstseins und des Selbstwertgefühls der Abgrenzung von der umsorgenden Mutter bedarf, ist eine aggressive, sich selbst behauptende Auseinandersetzung mit dieser für das Kind unumgänglich. Mädchen können hierbei im Gegensatz zu Jungen in das schwierige Dilemma geraten, dass sie sich einerseits von der Mutter abgrenzen möchten, sich andererseits aber auch mit ihr als Frau identifizieren wollen. Jungen hingegen können sich einfacher von der Mutter abgrenzen, da sie sich dem Vater als Identifikationsperson zuwenden können."[10]

Auch aus diesem Zitat ging hervor, daß es bei den Mädchen um eine besondere Schwierigkeit „bei der Ausbildung ihrer Geschlechtsidentität" geht. Das machte mir einen Punkt in der Geschichte um die kasachische Frau klar, der für mich bis dahin noch offen geblieben war. Nämlich die Frage, warum die Krankheit am Beginn der Schwangerschaft auftritt. Ich hatte schon gesagt, daß ich davon ausgehe, daß die letzte Heilbehandlung vor der Schwangerschaft, die

---

9 KÖPP, FRIEDRICH, ZIPFEL und HERZOG 2004, S. 137.
10 MUNZ und CATINA 2004, S. 263-264.

der Mann für seine Frau durchführen ließ, erfolgreich gewesen sein muß. Das Problem, das vielleicht auch bei der kasachischen Frau eben darin bestand, ihre weibliche Identität anzunehmen, war dabei offenbar gelöst worden, sonst wäre sie ja nicht schwanger geworden.[11] Wieso aber wird sie nun gleich wieder krank?

Ich dachte nun: Wenn eine Frau merkt, daß sie das erste Mal schwanger geworden ist, und wenn sie die körperlichen und seelischen Veränderungen empfindet, die damit einhergehen, so erzeugt dies bei der Herausbildung der weiblichen Identität gewiß einen neuen, starken Impuls. Wenn diese Annahme zutrifft und wenn eine Frau ohnehin Probleme mit der Akzeptanz ihrer geschlechtlichen Identität hat, dann könnte ich mir vorstellen, daß eben dieser Impuls die kasachische Frau gerade am Beginn der Schwangerschaft erneut in die Krise und in jene Krankheit führte, die einen weiteren Einsatz des Heilers erforderlich machte. Dann wäre der Zeitpunkt dieser Erkrankung ein weiteres Band, das die Probleme der kasachischen Frau mit denen der heutigen Frauen mit Eßstörungen verknüpft. Und wenn das Problem insgesamt auf diese Weise zutreffend eingesehen ist, dann ist nicht nur für den schamanisch begabten Heiler, sondern wohl auch für jeden anderen Menschen leicht absehbar, daß es am Tag der Entbindung erneut Probleme geben wird.[12]

Ich möchte ein letztes Mal auf den Artikel von MUNZ und CATINA zurückkommen, weil sich daraus noch ein weiterer Gesichtspunkt ergibt. Am Ende des vorigen Zitats führten sie aus, daß Mädchen in das Dilemma geraten können, „dass sie sich einerseits von der Mutter abgrenzen möchten, sich andererseits aber auch mit ihr als Frau

---

11 „Allgemein kann man davon ausgehen, dass eine eingetretene Schwangerschaft anzeigt, dass die werdende Mutter von den körperlichen Folgen ihrer Essstörung weitgehend genesen ist" (KÖPP und andere 2004, S. 138).

12 „Problematisch sind vor allem die Schwangerschaften ... von solchen Frauen, die zwischenzeitlich von ihrer Essstörung genesen waren und anlässlich der Schwangerschaft einen Rückfall in ihr anorektisches ... Verhalten erleiden. Generell gilt, dass Schwangerschaften bei Frauen mit einer manifesten Essstörung als Risikoschwangerschaften angesehen werden müssen" (KÖPP und andere 2004, S. 138).

identifizieren wollen. Jungen hingegen können sich einfacher von der Mutter abgrenzen, da sie sich dem Vater als Identifikationsperson zuwenden können". Direkt im Anschluß daran fahren sie fort: „Dies kann ein Grund dafür sein, dass das Vermögen zu aggressiver Auseinandersetzung, zu Abgrenzung und Selbständigkeit bei präpubertären Jungen stärker ausgeprägt ist als bei Mädchen, die in dieser Zeit durchschnittlich deutlich konflikt- und aggressionsvermeidender ... sind als Jungen ... Somit erscheint die Entwicklung der basalen [d. h. grundlegenden] Geschlechtsidentität für Mädchen leichter störbar und es scheint für Mädchen schwerer zu sein, aggressive Auseinandersetzungen und Selbstbehauptung zu erlernen ..."[13]

Die in diesem Zitat angesprochene Schwierigkeit, „aggressive Auseinandersetzungen und Selbstbehauptung zu erlernen", erinnert mich an das aggressive Verhalten des Baksy während der Heilungszeremonie. Jetzt sieht es für mich so aus, als würde der Baksy hier in Stellvertretung für die Frau diejenigen selbstbehauptenden Aggressionen ausleben, die sie nicht ausleben kann. Daß sich diese nicht wie in dem Zitat gemeint gegen die Mutter richten, sondern gegen jenen alten Mann, mag mit der Lebenssituation der Frau zusammenhängen. Sie ist nicht im pubertären Alter, sondern sie ist eine seit zehn Jahren verheiratete Frau, und damit hat sie im Alltag nichts mehr mit ihrer Mutter zu tun; sie steht als reales Aggressionsziel nicht zur Verfügung.

Und auch die Bisse des Baksy gegen die Frau bekommen nun noch einen etwas anderen Sinn: Sie vermitteln ihr, da sie ja nach der Zeremonie gesund wird, die Erfahrung, daß solche Bisse, Ausdruck einer tierischen Wut, nicht nur das Moment des Zerstörerischen enthalten, sondern daß sie auch heilsam sein können. Und eben diese Erfahrung könnte der Frau helfen, jene Hemmungen zu überwinden, die ihr eine eigene Selbstbehauptung bisher unmöglich machten, Hemmungen, die vielleicht lauten: Wut ist böse. „Beißen" ist böse.[14]

---

13 MUNZ und CATINA 2004, S. 264.
14 Aus meiner eigenen Sozialisation weiß ich, daß offen aggressives Verhalten (und

Das Verhalten des Baksy macht hier überhaupt erst so richtig klar – klarer kann man es nicht machen –, worum es bei dieser Frau eigentlich geht: Es geht um Beißhemmung. Doch das ist noch nicht der Punkt. Denn Beißhemmungen sind sicherlich auch wichtig, und sie haben gewiß ihren biologischen und sozialen Sinn. Andererseits ist aber auch Beißen wichtig, sonst würden uns vermutlich keine Zähne wachsen. Es geht also genau genommen um das Maß: Es geht um ein Zuviel an Beißhemmung. Das ist der Punkt. Und es ist leicht verständlich, wieso sich ein Zuviel an Beißhemmung gerade als Eßstörung äußert: Ich kann beispielsweise Fleisch nicht gut essen, ohne zu beißen und zu kauen.[15]

Wenn ich nun weiter nach dem Grund für dieses Zuviel an Beißhemmung frage, so fällt es mir schwer, an einen angeborenen Grund zu glauben. Denn wenn die besagten Aggressionen als notwendig zur Bildung eines ganzen Selbst beschrieben werden, dann erscheinen sie mir in gewissem Sinne auch als berechtigt. Wenn nun in uns Hemmungen angelegt wären, die das Ausleben dieser notwendigen Aggressionen unterdrücken, dann wären wir von der Anlage her als selbstzerstörerische Wesen geschaffen worden, und das traue ich Gott nicht zu (abgesehen davon, daß dann auch noch die Frage beantwortet werden müßte, wieso wir nicht alle unter dieser Art Störungen leiden).

Wenn ich daher nach einem Grund im Außen für dieses Zuviel an Beißhemmung frage, so fällt mir nur ein, daß die gemäß ihrer Entwicklungssituation notwendig und berechtigt Beißende auf ein

zwar nicht nur bewußtseinsfernes) mit den stärksten Tabus belegt ist. Auch das Beißen spielt dabei eine besondere Rolle: Wenn im Kindergarten ein Kind ein anderes biß, dann war in der Regel schnell klar, welches das böse war, dann wurde nach der Schuld des gebissenen nicht mehr viel gefragt. Und fast scheint es mir, als ob im Deutschen beide Wörter (*beißen* und *böse*) einen gemeinsamen Ursprung hätten.

15 Es gibt unter mittelasiatischen Frauen Rituale, bei denen Fleisch gegessen wird, das so lange gekocht worden ist, daß es unzerkaut gegessen werden kann; und das Fleisch darf auch nicht gekaut werden. Es könnte sein, daß es sich bei diesen Ritualen um den Vollzug und damit um den Abbau von übermäßigen Beißhemmungen handelt. Leider habe ich vergessen, wo ich von dieser Sache gelesen habe.

Zuviel an Abwehr gestoßen ist. Und wenn ich nun weiter nach dem Zuviel an Abwehr dieser Aggressionen frage oder danach, warum die Mutter oder andere die pubertären Ausfälligkeiten der Tochter nicht einfach freundlich lächelnd ausgehalten oder ruhig wie ein Fels die Brandung an sich abwallen lassen haben, so fällt mir nur ein, daß diese Personen selbst in ihrer eigenen Entwicklung noch nicht jenes Maß an Festigkeit erreicht hatten, das dafür notwendig gewesen wäre. Das heißt, eigentlich hätten diese Menschen therapiert werden müssen. Doch dazu ist es nun zu spät, die Kinder sind groß, und die Störung in ihnen ist manifest. Offenbar können die selbstgestörten alten Menschen an dieser Stelle nur noch weggebissen werden, und zwar zum Schutz der werdenden Mutter und zum Schutz des Kindes, denn um diese geht es hier. Daß man das tun kann, hat zur Voraussetzung, daß sie anwesend sind. Das ist ein weiterer Grund, den ich dafür sehe, warum möglichst viele Menschen bei der Heilungsséance anwesend sein sollen[16]: Es eröffnet dem Baksy die Möglichkeit, weitere Personen als die Kranke selbst wenn nötig in den Behandlungsprozeß einzubeziehen.

Ich komme nun noch einmal auf den gebissenen alten Mann zu sprechen: Ich denke, außer der erlittenen Verletzung und dem Schock hat er auch noch eine deutliche soziale Herabsetzung erfahren. Jeder, der bei der Zeremonie anwesend war und der ihm in der Folgezeit begegnet, wird sofort wieder dieses Bild vor Augen haben, wie er wüst schimpfend und wie von Sinnen aus der Jurte rennt. Das entspricht in keiner Weise der Würde, die man im Verhalten eines alten Menschen normalerweise erwarten darf. Damit hat der Baksy den alten Mann in gewissem Sinne zu einem Narren gemacht. Ich gehe davon aus, daß dem alten Mann nichts daran liegt, Anlaß zu Gerede oder gar Gespött zu bieten. Ich gehe daher weiter davon aus, daß er in der Folgezeit die Umgebung der Kranken nach Möglichkeit meidet. Und ich gehe schließlich davon aus, daß er noch weit mehr die Kranke selbst meiden wird. Denn jedem, der

---

16 Einen ersten Grund habe ich oben, S. 56, genannt.

diese Szene gesehen hat, ist klar, daß er in ihrer Nähe nichts zu suchen hat.

Damit komme ich zum Ende der Betrachtung dieser Heilungszeremonie. Es gibt bis zu diesem Punkt eine Reihe von Momenten, die mit der Annahme einer Magersucht in einen sinnvollen Zusammenhang gebracht werden können und die diese Geschichte von allen anderen hier behandelten unterscheiden: das Vorliegen einer Eßstörung, der Zeitpunkt des Erscheinens von Albasty am Beginn der Schwangerschaft sowie der Umstand, daß der Baksy einen Teilnehmer an der Heilungszeremonie wie auch die kranke Frau beißt. Wenn ich die Probleme der kranken Frau hier zu Recht mit denen heutiger Frauen mit Eßstörungen zusammengestellt habe, dann wäre die Annahme, die nicht selten begegnet, daß Eßstörungen von Art der Magersucht eine moderne oder gar modische Erscheinung seien, nicht zutreffend. Es würde vielmehr bedeuten, daß diese Krankheiten nicht nur schon vor über einhundert Jahren auftraten, sondern auch, daß es seinerzeit unter den Kasachen Heiler gab, die mit diesen Störungen souverän umzugehen wußten und sie beseitigen konnten.

Vor dem Hintergrund dieser Geschichte möchte ich noch einmal auf die erste Erzählung von D<small>IVAEV</small> zurückblicken ("Die Ehe mit der Geisterfrau"). Ich tue das, weil ich glaube, daß Albasty in beiden Fällen einen ähnlichen, wenn nicht gar denselben Namen hat. In der Geschichte hier hatte es sich bei Albasty offenbar um ein Problem bei der Bildung der weiblichen Identität gehandelt. Bei dem jungen Burschen dort, der nur mit dem blonden Mädchen namens Albasty Kinder zeugen wollte und nicht mit seiner irdischen Frau, lag vielleicht etwas Vergleichbares vor: Daß in einer bestimmten Phase der Reifung der männlichen Identität Sexualität vor allem in der Phantasie ausgelebt wird, halte ich für normal. Doch für ebenso normal halte ich, daß sie zum Reif- und Ganzwerden irgendwann aus der Phantasie auch heraus- und in die Menschenwelt hineintreten muß. Und diesen Schritt weigerte sich der Bursche zu tun.

Damit ginge es in beiden Geschichten um eine Störung beim Wachsen und Reifwerden der geschlechtlichen Identität von Menschen. Und diese Störung heißt Albasty.

Nach der Zeremonie ist diese Störung jedenfalls beseitigt, und die Frau aß sich satt „bis zum Bersten", fing „ordentlich an zu schwitzen und wurde gesund".

*   *   *

Die Gedanken zu dieser Heilungszeremonie habe ich zweimal in einem Vortrag vorgetragen. Und beide Male wurde ich mit derselben Frage konfrontiert. Das eine Mal lautete sie: Für mich wäre da noch das Problem der Unterscheidung zwischen Deskriptivem und Literarischem. Und das andere Mal hieß es: Ja, und wenn sich das nun alles einer abends in der Kneipe ausgedacht hat?

Ich denke: Daß ich aus diesem Text machen konnte, was ich gemacht habe, zeigt mir, daß die Wahrheit einer Geschichte nicht darin liegt, wie sie zustande gekommen ist, sondern in ihr selbst.

Der Blick des Arztes

Im Verlaufe der Untersuchung hat sich gezeigt (allerdings war das auch schon vorher klar), daß es zum „Kerngeschäft" von Albasty gehört, Entbindungen zu behindern. Das Verhalten der Kasachen bei Entbindungen nahm daher in diesem Buch einen breiten Raum ein. Um das Bild diesbezüglich abzurunden, möchte ich nun noch einen Bericht des Arztes A. K. BELILOVSKIJ wiedergeben, auch wenn der Name Albasty darin nicht auftaucht. Er findet sich in einem Artikel „Über die Sitten und Bräuche der fremdstämmigen Frauen in Sibirien und Mittelasien bei Geburten". Darin beschreibt BELILOVSKIJ auch die Entbindung einer kasachischen Frau. Ich beschränke mich hier auf die leicht gekürzte Wiedergabe dieses Teils des Artikels.

[BELILOVSKIJ 1894, S. 384-387:]
Bei den Kasachen geht eine Geburt ... gewöhnlich so vor sich: Die Frau nimmt eine ebensolche Position ein wie die Kalmückin, das heißt, auf den Knien mit nach vorn gebeugtem Leib. In denjenigen Fällen, in welchen ich bei einer Entbindung anwesend sein konnte, kauerte die Gebärende in einem riesigen kupfernen Becken, in welchem sich ein wenig warmes Wasser befand. Mit den Händen hält sich die Gebärende entweder an der Hebamme ... und anderen anwesenden Frauen oder an irgendeinem unbeweglichen Gegenstand, meistens an einem durch die Jurte gespannten Seil ...[1]

Bei schwierigen Geburten gebären die Kasachinnen meist stehend, wobei die Hebamme auf die Gebärende einredet, droht, schreit und den ganzen Gang der Entbindung leitet. Die Anwesenden aber sitzen entweder im Kreis mit untergeschlagenen Beinen, seufzen und

---

1 Meine Cousine Bärbel Gensior, die seit vielen Jahren als Hebamme arbeitet, sagte mir, daß seit den neunziger Jahren des vorigen Jahrhunderts auch in sächsischen Entbindungsstationen den Gebärenden wieder angeboten wird, hockend oder in einer Schlinge hängend oder in einer Wanne zu entbinden.

rufen aus „Allah" oder aber lärmen und eilen geschäftig hin und her: Jemand bereitet warmes Wasser für den Säugling, jemand läuft aus der Jurte hinaus und ruft der Menge etwas zu; aus der Menge sondert sich ein kräftiger Bursche ab, legt den Beschmet [Oberbekleidung, eine Art Mantel] ab und stellt sich nahe der Jurte in irgendwelcher Erwartung. Die Kempir, die Hebamme, wäscht sich noch einmal sorgfältig die Hände und führt die Finger in den Geburtskanal ein; anscheinend vergewissert sie sich, daß die Geburt schwierig ist, das ist an ihrem Gesicht erkennbar, am Wiegen des Kopfes, das wird deutlich aus den vernehmlichen Schnalzern mit der Zunge, die Befremden und Entsetzen zum Ausdruck bringen. Die Kempir tastet lange mit den Fingern etwas ab. Die Männer hinter der Jurte sind in Unruhe. Nachdem sie die Beschmet oder kleine Teppiche auf die Erde gelegt haben, begeben sie sich auf die Knie und beginnen zu beten. Der Ehemann, ein reicher Kasache, schenkt einem armen Schlucker einen Hammel, einem anderen ein mageres Pferd. Diese Armen fangen an, lauter als alle zu beten.

Eine Kasachin taucht ein Tumar (ein Amulett) in Wasser und gibt dieses Wasser der Gebärenden zu trinken ... Danach nimmt die Hebamme den Platz hinter der Gebärenden ein, stemmt ihr das Knie ins Kreuz, umfaßt sie selbst mit den Armen und beginnt, den Bauch von oben nach unten zu pressen, wobei sie die Gebärende beredet, Geduld zu haben, sich nicht zu fürchten, nicht zu schreien: „Sei still, weine nicht!" Doch da wird die Hebamme müde. Sie nickt, hinter der Kranken sitzend, mit den Augen einer Kasachin zu; diese geht unbemerkt aus der Jurte hinaus und flüstert der Menge leise etwas zu. Der hochgewachsene, kräftige und dunkelhäutige Kasache, der zuvor herbeigeholt worden war und der sich vorbereitet hat, stürmt mit Krawall in die Jurte hinein, die Menge erhebt augenblicklich einen rasenden Schrei, die Gebärende schreit auf und gebiert – so stark wirkt der plötzliche Lärm auf sie ein, hauptsächlich aber die Erscheinung des dunkelhäutigen schrecklichen Mannes zu jener Zeit, da sie nackt über der Kupferschüssel hockt. Das Stöhnen der Gebärenden, die Schreie und Ausrufe der Frauen, das Lärmen der ganzen Menge, die Burschen stürmen zu Pferde wie Pfeile vom Bogen irgendwohin los, wohl um die Neuigkeit durch alle Aul zu verbreiten – all das macht auf denjenigen, der das nicht gewohnt ist, einen starken Eindruck. Mich aber, den Dargyr [Arzt], der ein stummer Zeuge des Geburtsaktes war, hätte man, wie man mir danach erklärte, [nur] im äußersten Fall zu einer aktiven Rolle zugelassen ...

Zum Glück dieses Steppenvolkes, über Hunderte von Werst verstreut, [fern] von der Stadt und vom einzigen Kreisarzt in dem ganzen riesigen Kreis, welcher bei dem immensen Gehalt aus der Staatskasse (1800 Rubel ohne die Fünfjahreszuschläge und dergleichen) seine städtische Praxis nur verläßt und in den Kreis hinausreitet zum Öffnen von Leichen, zum Glück, sage ich, dieses Volkes, fern auch von der einzigen Hebamme im ganzen Kreis, kommen schwere Geburten bei ihnen äußerst selten vor. Mir ist während meiner Zeit in der Steppe nicht zu Ohren gekommen, daß eine Kasachin bei einer Entbindung gestorben sei.

Die weibliche Sicht der Dinge

Der Artikel, dem ich den folgenden Text entnommen habe, trägt den Titel „Gebräuche der Kasachen im Oblast Semipalatinsk" und ist nur mit P. unterzeichnet. Die Personen, die erzählen, werden im Text als „Erzählerinnen" und „Kasachinnen" bezeichnet. Es ist das erste Mal, daß Frauen in Sachen Albasty zu Wort kommen.

[P. 1878, S. 54-57:]
Beim Einsetzen der Wehen versammeln sich die Frauen des ganzen Auls in der Jurte der Gebärenden, kümmern sich um sie, führen sie umher, wobei sie sie unter den Armen stützen, betten sie auf Kissen usw. Beim Eintreten der letzten Wehen befestigen sie die Stützstange der Jurte am Rauchöffnungsreifen, spannen von jener zum Scherengitter der Jurtenwand ein breites Band, welches sie der Leidenden in die Hand geben mit dem gleichen Ziel wie die russischen Hebammen ihren Patienten ein Handtuch, das am Bettgestell festgebunden ist. Geht die Sache dem Ende entgegen, hält sich die Gebärende kniend an diesem Band fest. Zwei Frauen halten sie unter den Armen, die kräftigste aber, nachdem sie sie mit den Armen an der Taille umfaßt hat, stemmt ihr das Knie ins Kreuz und preßt ihr mit den Händen den Bauch. Nach der Geburt wickelt man der Gebärenden den Bauch mit Binden, legt sie in halbliegender Stellung auf Kissen in ein Bett; doch wenn sie dies verlangt, gestattet man ihr auch, sich [ganz] hinzulegen. Danach bedeckt man sie bis zum Bauch mit einer gesteppten Seidendecke. Nachdem man die Gebärende hingelegt hat, spannt man über ihr ein Seil, an welchem heilige Bücher aufgehängt werden, um sie vor dem Schaitan zu schützen. Bei den ärmsten Kasachen, da sie keine solchen Bücher haben, geht es auch ohne diese Zeremonie.

Nach der Geburt bleiben die Frauen die ganze erste Nacht in der Jurte der Wöchnerin. Man zündet Kerzen an oder eine Nachtlampe und löscht das Feuer im Herd nicht, damit der Schaitan nicht kommt oder sich irgendeine Krankheit einstellt.

Unmittelbar nach der Niederkunft schlachtet man einen Hammel und legt das rechte Hinterbein, die Leber, den Fettsteiß, das Rückgrat und den Hals in einen Kessel. Das übrige Fleisch verwahrt man roh und verbrennt es im Verlaufe der ersten drei Tage nach der Geburt.

Wenn das Fleisch, das in den Kessel gelegt wurde, fertig ist, ruft man die Nachbarn zusammen, meldet ihnen die Geburt des Kindes und verteilt das Fleisch an die Frauen, egal wem welches Stück zufällt, nur den Hals gibt man im ganzen derjenigen, welche das Kind in Empfang genommen hat.

Über mehrere Tage hinweg gibt man der Wöchnerin Surpa (Brühe von Hammelfleisch) zu trinken, die dick mit Zimtpulver bestreut ist.

Der auf die Niederkunft folgende Tag gilt als ein besonders glücklicher und verläuft nach den Worten der Erzählerinnen sehr fröhlich – den ganzen Tag reicht man den Frauen, die sich versammelt haben, verschiedene Speisen, und bewirtet sie, wie man nur kann. Nach drei Tagen erhebt sich die Wöchnerin, wenn ihre Kräfte es erlauben, von dem Lager, und geht im Winter in ein Bad, im Sommer wäscht sie sich in der eigenen Jurte mit Wasser, in welchem man Heidekraut gekocht hat. Das kasachische Bad aber ist ebenfalls eine Jurte oder ein Blockhaus mit einem Haufen Steine, die den Herd darstellen.

Gleich nach dem Bad gibt man ihr Surpa zu trinken, dann nimmt man das Seil mit den heiligen Büchern ab, das über ihr gespannt war, denn die Frau gilt wieder als rein, und sie darf dem Mann wieder das Essen reichen, was ihr in den ersten Tagen verboten war.

Im Falle einer schweren Geburt jagt man alle Frauen aus der Jurte der Gebärenden hinaus, da man meint, daß sich unter ihnen eine schlechte befindet und in ihr ein Schaitan sitzt. In der Jurte versammeln sich nur Männer, um die Jurte der ganze Aul. Man schreit, schlägt mit Peitschen auf die Jurte, feuert Gewehre ab, schlägt auch die Gebärende selbst, doch nach den Worten der Erzählerinnen nur leicht, nicht schmerzhaft. Man ruft einen Darger herbei, das ist ein Arzt, der mit Arzneimitteln heilt, häufiger aber einen Baksy. Der Baksy spielt auf der Kobyz, versetzt sich in Abgestumpftheit, und in diesem Zustand heilt er. Unter den Baksy gibt es auch Frauen, doch das ist selten. In besonders schweren Fällen ist es üblich, zwei Baksy zu laden.

Diese Zeremonie geht folgendermaßen vor sich: Man löscht alles Feuer in der Jurte außer dem Herd, der sich, wie schon bekannt ist, in der Mitte der Jurte befindet, [und] legt die Kranke neben den Herd. Der Baksy, gekleidet in ein langes weißes Hemd, kniet nieder, stellt seine Kobyz vor sich und beginnt, sich leicht hin und her wiegend, den Bogen verhalten über die Saiten zu führen. Von Zeit zu Zeit schüttelt er die Kobyz, wodurch die ganzen metallenen Schmuckstücke, die an ihr hängen, klirren. Dann beginnt der Baksy, unter den Klängen der Kobyz mit vibrierender Stimme ebenfalls kaum hörbar eine wilde, unfaßliche endlose Melodie zu singen – etwas wie das Stöhnen einer Äolsharfe. Von dieser Musik und diesem Gesang in der halbdunklen Jurte wird auch dem Gesunden bang. Zunehmend fängt [der Baksy] an, den Gesang mit hysterischen Seufzern, Schluchzen, Röcheln zu unterbrechen. Das Spiel auf der Kobyz bricht bald ab, bald füllt es erneut die Jurte mit zitternden, ächzenden Grabesklängen. Nun aber erklingen die Saiten schriller, häufiger unterbricht das Röcheln und hysterische Stöhnen den Gesang, lauter und lauter erhebt sich auch die ohrenzerreißende Melodie, und plötzlich bricht sie ab. Der Baksy springt auf, wirft die Kobyz fort, und mit rollenden Augen [und] verzerrtem Gesicht beginnt er, im Kreis durch die Jurte zu gehen. Er ist augenscheinlich völlig von Sinnen. Von Zeit zu Zeit fällt er den Umgebenden in die Arme, steht wieder auf, röchelt, schluchzt, beißt sich in die Hand, krümmt sich krampfartig zusammen, springt durch den Rauchöffnungsreifen aus der Jurte hinaus, packt einen großen Warenballen mit den Zähnen und schleudert ihn ans andere Ende der

Jurte, ergreift ein glühendes Holzscheit usw. Alles aufzuzählen, was er in dieser Zeit ausführt, ist unmöglich. In besonderem Maße rasen die Baksy, wenn es ihrer zwei sind. Sie beißen sich, bewerfen einander mit brennenden Holzscheiten und toben so lange, bis der schwächere Baksy ganz von Kräften ist. Unter diesem Toben soll auch die Heilung der Kranken vor sich gehen.

Wenn die Gebärende entbunden hat und die Nachgeburt kommt nicht heraus, zieht man der Kranken wildlederne Hosen an, setzt sie einem Burschen aufs Pferd, und er galoppiert mit ihr über Berg und Tal, begleitet vom Geschrei und Gekreisch des ganzen Auls. Auf die Frage: „Aber was soll denn das helfen?" antworten die Erzählerinnen ruhig: „Manchmal hilft es, manchmal stirbt [die Frau]".

Wenn man nach dieser Operation die Frau lebend wieder nach Hause bringt, sie aber ohnmächtig ist, reibt ihr der Baksy mit den Händen die Stirn, dann zieht er ihr die Zunge heraus, wobei er sie mit dem Ärmel oder einem Lappen faßt, und gibt ihr eine Ohrfeige; „mit den Händen auf die Wangen", sagten die Kasachinnen. Während er die Ohrfeige gibt, redet ihr der Baksy zu: „Was schlummerst du? Sprich: Ich danke Dir, Herr!"

Danach ruft die Hebamme einen Schmied samt seinen Gerätschaften. Man stellt den Amboß neben die Kranke, bringt Eisen zur Rotglut und schlägt es auf dem Amboß so, daß die Funken nach allen Seiten fliegen. Der Schmied bringt ihr das Eisen schnell ans Gesicht, und der Baksy sagt: „Du, mach' nicht die Augen zu, schlummre nicht!"

Wenn die Kranke schließlich zu sich kommt, sagt sie auch wie vom Baksy gefordert worden war: „Ich danke, Herr." Der Schmied gibt ihr eine stählerne oder eiserne Feile in den Mund, damit sie sie mit den Zähnen halte.

Für die Heilung erhalten der Baksy und der Schmied reiche Geschenke.[1]

Über sieben Tage hinweg gibt man dann der Wöchnerin Surpa zu trinken, dick bestreut mit einem Pulver aus Zimt, Ingwer, Sarbuga

---

1 Dieser Satz steht im Original erst nach dem folgenden Absatz.

und Dschemdschemil (für die beiden letzteren Wurzeln kenne ich die russische Bezeichnung nicht). Die Kasachen glauben, daß diese arzneiliche Surpa zum Schwitzen führt.[2]

Erschienen ist der Text 1878, damit ist er einer der frühesten, die mir vorliegen. Über die Zeit des Gesprächs wird nichts gesagt, aber da er in einer normalen Zeitschrift publiziert wurde, denke ich, daß es nicht lange vor der Publikation stattgefunden hat.

Der Ort des Gesprächs geht aus dem Titel hervor: „Gebiet Semipalatinsk". Die Stadt Semipalatinsk liegt am rechten Ufer des Irtysch, im östlichen Kasachstan. In dem Artikel wird außerdem mehrmals der Ort Ust-Kamenogorsk erwähnt, der etwa zweihundert Kilometer östlich von Semipalatinsk am Oberlauf des Irtysch liegt. Die Mitteilungen könnten sich daher auch auf diesen Ort beziehen.

Die Autorin des Artikels gibt ihre Identität nicht preis, sondern versteckt sich hinter dem Kürzel P. Daß es eine Frau ist, scheint jedoch sicher zu sein, nicht nur da sie in bezug auf sich selbst die weiblichen Vergangenheitsformen der Verben verwendet, sondern auch, da sie gerade mit kasachischen Frauen eben diese Themen so eingehend erörtert. Außerdem vermute ich, daß es sich um eine Russin handelt, weil sie Russisch schreibt und weil sie darüber hinaus an einer Stelle das Verfahren, das von den kasachischen Hebammen angewendet wird, mit dem von russischen vergleicht. Diese Frau sitzt nun – dieses Bild entsteht in mir – in lockerer Runde mit mehreren Kasachinnen im Gespräch zusammen. Die Themen sind unter anderem Entbindungen und die mit ihnen verbundenen Verhaltens- und Betrachtungsweisen.

Der Text behandelt zunächst den Ablauf bei einer Entbindung, die ohne Schwierigkeiten verläuft. Anschließend schildert er, zu welchen Maßnahmen man im Falle von Komplikationen greift. Und zum Schluß folgt noch eine kurze Bemerkung darüber, was eine

---

[2] Ferner geht es in dem Artikel u.a. um Hochzeits- und Bestattungsbräuche. Eine gekürzte Übersetzung ins Deutsche erschien 1881 in der Zeitschrift *Globus*.

Wöchnerin in den ersten sieben Tagen nach einer Entbindung vorzugsweise zu sich nimmt. Nun zu den Einzelheiten.

Zuerst heißt es, daß, sobald die Wehen einsetzen, sich „die Frauen des ganzen Auls in der Jurte der Gebärenden" versammeln und sich um sie kümmern. Wenn aber bei einer Entbindung stets alle Frauen des Auls anwesend sind, so erwarte ich ein hohes Maß an Kompetenz und praktischer Erfahrung bei allen diesen Frauen. Und entsprechend zeichnet sich auch dieser Text durch Informiertheit und Detailliertheit aus.

Dies zeigt schon der folgende Satz: Die Stützstange, mit der beim Aufstellen der Jurte der Rauchöffnungsreifen emporgehoben wird, wird an eben dem Reifen befestigt (ich denke, unten muß die Stange auch irgendwie befestigt oder verankert werden), und dann wird von der Stange zur Wand ein breites Band gespannt, an dem sich die Gebärende während der Entbindung festhalten kann. Unmittelbar vor und auch während der Geburt faßt die Gebärende dann das Band mit den Händen und geht in die Knie. Dabei wird sie von zwei Frauen unter den Armen gehalten.

Weiter heißt es: „... die kräftigste aber, nachdem sie sie mit den Armen an der Taille umfaßt hat, stemmt ihr das Knie ins Kreuz und preßt ihr mit den Händen den Bauch." Die Beschreibung des Vorgangs ähnelt sehr der von BELILOVSKIJ, die Wendung „stemmt ihr das Knie ins Kreuz" ist dort fast wörtlich dieselbe. Dann heißt es, daß man nach der Geburt der Gebärenden den Bauch mit Binden umwickelt. Dieses Detail kommt meines Wissens im Albasty-Material nicht noch einmal vor. Es ist aber möglicherweise ein weiterer Beleg für die besondere Informiertheit des Textes, denn es hat eine Parallele in anderen Volksmedizinen, so bei den Maya. Nach einer Entbindung heißt es da: „... um den Uterus an seinem Platz zu halten, legte [der Heiler] ihr [der Frau, die geboren hatte] ein *faja* [das ist ein Band] um die Hüften, damit die zu stark gedehnten Sehnen gestützt wurden ..."[3] Und auch in Deutschland wurde den Wöchnerinnen früher der Bauch gebunden.

3 ARVIGO 1999, S. 151-152.

Weiter heißt es, daß man die Frau anschließend „in halbliegender Stellung auf Kissen in ein Bett" legt. Auch diese Aussage ist ohne Parallele. Im Anschluß wird sie relativiert: „...doch wenn sie dies verlangt, gestattet man ihr auch, sich [ganz] hinzulegen ..." Die halbliegende Stellung könnte dazu dienen, einen ungehinderten Abfluß des Blutes und des Wochenflusses zu gewährleisten.

Auch daß nach der Geburt an einem Strick über der Wöchnerin heilige Bücher aufgehängt werden, um den Teufel abzuwehren, erscheint hier erstmals, und soweit ich sehe ist es auch sonst einmalig. Aufschlußreich ist allerdings das in diesem Satz verwendete Wort Schaitan, denn es zeigt, daß es auch dabei um Albasty geht, deren Namen die vorsichtigen Kasachinnen lediglich nicht aussprechen.

„Nach der Geburt bleiben die Frauen die ganze erste Nacht in der Jurte der Wöchnerin. Man zündet Kerzen an oder eine Nachtlampe und löscht das Feuer im Herd nicht, damit der Schaitan nicht kommt oder sich irgendeine Krankheit einstellt." Erst jetzt erfahren wir, was in der ersten Nacht nach einer Entbindung geschieht, was wiederum damit zusammenhängen mag, daß es sich bei den Gesprächspartnern um Frauen handelt. Denn wenn die Frauen des Auls in der Jurte der Gebärenden übernachten, vermute ich, daß der Hausherr und sonstige erwachsene Männer, die zum Haushalt gehören, sich woanders aufhalten. Und daher ist von ihnen über diese erste Nacht auch nichts zu erfahren.

Zweimal hieß es aus dem Mund eines Baksy (Bek-Seïd bei DIVAEV und Tadsche bei STEPNOJ), daß man sie nach einer schweren Geburt übernachten ließ (es wird allerdings nicht ausdrücklich gesagt „in der Jurte der Gebärenden", vielleicht war es auch in einer benachbarten Jurte). Doch auch sie haben über diese erste Nacht nichts erzählt, vielleicht weil es nicht ihre Aufgabe war, das Herdfeuer zu unterhalten und die Lichter anzuzünden.

„Unmittelbar nach der Niederkunft schlachtet man einen Hammel [und] legt das rechte Hinterbein, die Leber, den Fettsteiß, das Rückgrat und den Hals in einen Kessel."

Hier erfolgt ein Bruch im Erzählfluß: Während eben davon die Rede war, was in der ersten Nacht nach einer Geburt geschieht, geht die Erzählung nun zurück an die Stelle unmittelbar nach der Geburt. Keule, Leber und Fettsteiß, die in den Kessel gelegt werden, gewährleisten, daß es eine gehaltvolle Suppe wird. Die Leber hat darüber hinaus eine symbolische Bedeutung als Sitz der Lebenskraft. Eine solche könnten auch Rückgrat und Hals haben. Einmalig im Albasty-Material ist die Aussage, daß das „übrige Fleisch ... roh" verwahrt und „im Verlauf der ersten drei Tage nach der Geburt" verbrannt wird. Nach anderen Autoren werden nur Fettstücke ins Feuer geworfen.

„Wenn das Fleisch, das in den Kessel gelegt wurde, fertig ist, ruft man die Nachbarn zusammen, meldet ihnen die Geburt des Kindes und verteilt das Fleisch an die Frauen, egal wem welches Stück zufällt, nur den Hals gibt man im ganzen derjenigen, welche das Kind in Empfang genommen hat."

Ich stoße mich etwas an dem „melden" in diesem Satz. Ich denke, zu der Zeit, da das Fleisch des Tieres, das im Moment einer Kindsgeburt geschlachtet wurde, gar gekocht ist, ist die Neuigkeit im ganzen Aul schon lange herum. Ich nehme daher an, daß es bei dieser Bewirtung um einen ritualisierten Ausdruck der Dankbarkeit und Freude der Familie geht und für die Aulgemeinschaft um eine Festigung des Gemeinschaftsgefühls. Wer von den Frauen das Neugeborene in Empfang nimmt, wird nicht gesagt. Die folgende Aussage, daß man der Wöchnerin über mehrere Tage hinweg Hammelfleischsuppe mit Zimt zu trinken gibt, wird ganz am Ende des Zitats wiederholt und ergänzt.

Daß der „auf die Niederkunft folgende Tag ... als ein besonders glücklicher" gilt und „sehr fröhlich" verläuft, ist leicht nachvollziehbar; ebenso, daß man „den ganzen Tag ... den Frauen, die sich versammelt haben, verschiedene Speisen" reicht, und sie „bewirtet ... wie man nur kann".

„Nach drei Tagen erhebt sich die Wöchnerin, wenn ihre Kräfte es erlauben, von dem Lager, und geht im Winter in ein Bad, im Sommer wäscht sie sich in der eigenen Jurte mit Wasser, in welchem man Heidekraut gekocht hat."

Das ist nun schon die dritte Relativierung – auch dadurch unterscheidet sich dieser von den anderen (männlichen) Texten: Man bettet die Wöchnerin halbliegend, aber wenn sie es verlangt, läßt man sie sich auch ganz hinlegen. Man hängt heilige Bücher über der Wöchnerin auf, aber wenn keine da sind, geht es auch ohne das. Nach drei Tagen erhebt sich die Wöchnerin von ihrem Lager, aber nur wenn ihre Kräfte es erlauben. All diese Einschränkungen in den Aussagen bringen eine große Nachgiebigkeit zum Ausdruck. Die drei Tage, nach denen sich die Wöchnerin normalerweise erhebt, sind diesselben, während derer das Restfleisch des Opfertieres verbrannt wird. Das Ende der Verbrennung des Fleisches zeigt damit den Zeitpunkt an, an welchem sich die Wöchnerin erheben sollte.

Was die Verwendung des Heidekrauts betrifft, nehme ich an, daß dies sowohl im Sommer wie im Winter geschieht. In ZEDLERS *Universallexicon* finde ich unter „Erika vulgaris" unter anderem: „Die Wurtzel ist holtzig und kreucht in der Erden herum ... befördert denen Frauen ihre Zeit ... Unsere Weiber pflegen das Kraut mit denen weissen Blumen in Biere zu sieden, und denen Ammen zu trincken zu geben, soll ihnen viel Milch bringen; oder geben ihnen die weissen Blümlein gepülvert mit warmen Biere ein ... Ein Bad von diesem Kraut gemacht, thut gut denen lahmen und schmertzhafften Gliedern."[4] Ich denke, ein Bad, das „denen lahmen und schmertzhafften Gliedern" gut tut, kann eine Frau, die unlängst entbunden hat, aufs beste gebrauchen.

Daß man dann „das Seil mit den heiligen Büchern" abnimmt, das über der Wöchnerin gespannt war, ist für mich einleuchtend: Das Seil kann ja nicht ewig dort bleiben und womöglich den Durchgang behindern. Dies könnte übrigens eine der Funktionen dieses Brauches

---

4 ZEDLER, Bd. 8 (1734, Nachdruck 1994), Sp. 1628.

sein, daß dort, wo die Wöchnerin liegt, keiner unnötig entlanggehen soll (diese Annahme wird vielleicht noch plausibler, wenn man bedenkt, daß sich das gesamte häusliche Leben in einem einzigen Raum abspielt). Ich halte es übrigens für möglich, daß dieses „Seil" dasselbe „Band" ist, an dem sich die Gebärende festgehalten hat, daß man das Band also gar nicht erst abgemacht hat.

„... die Frau gilt wieder als rein, sie darf dem Manne wieder das Essen reichen, was ihr in den ersten Tagen verboten war."

Nach diesem Satz ist es ein Reinsein, das es der kasachischen Frau erlaubt, ihrem Mann das Essen zu reichen. Das klingt nach Auszeichnung, Ehre oder Privileg. Es ist dies aber vermutlich nicht nur ein Privileg für eine kasachische Frau, sondern auch eine Pflicht, die dazu mit Arbeit verbunden ist, denn vor dem „Essen reichen" steht ja das Essenkochen. Nun ist für mich leicht verständlich, warum eine Frau, die gerade entbunden hat, gleichzeitig zunächst von der Verrichtung der häuslichen Pflichten entbunden ist: nämlich um sich von den Strapazen der Entbindung zu erholen, wieder zu Kräften zu kommen, sich in die neue Situation hineinzufinden und vor allem sich ausreichend dem Kind widmen zu können. Doch warum ist es zur Begründung dieser Auszeit nötig, ihr Unreinheit anzudichten, ein Begriff, der ja eine Geringschätzung zum Ausdruck bringt? Was gibt es für einen Grund, jemanden, der gerade ein Kind geboren hat, geringzuschätzen?

Um mit dieser Frage weiterzukommen, sehe ich mir die ganze Szenerie noch einmal an: Die Frau, die entbunden hat, lagert entspannt unter heiligen Büchern zwischen Kissen und hat das Kind im Arm oder neben sich liegen. Und was machen die anderen Frauen? Lagern die auch entspannt? Mitnichten: Da sehe ich ein hektisches Treiben. Die Gäste kommen und gehen. Und da ich durch KARAZINS Text weiß, daß „der Gast ... für jeden Kasachen eine heilige Person ist", ist die Hektik nur um so größer. Und was machen die Männer? Von denen haben die Frauen in dieser Situation – seien wir ehrlich – vermutlich nicht viel zu erwarten, die tun nichts als palavern und schmausen und bestenfalls noch das eine oder andere Schaf schlachten. Ich denke: Wenn eine Frau die „Idylle" der Wöchnerin sieht, während sie selbst nicht weiß, wo ihr der Kopf steht, könnte sie der Gedanke überkommen: Da liegt die mit ihrem blöden Balg auf der faulen Bärenhaut, und ich muß hier rotieren! – ein Gedanke, den natürlich jede rechtschaffene Frau mit Empörung weit von sich weisen wird. Doch nichtsdestoweniger glaube ich, daß es Gedanken solcher Art sein könnten, welche natürlich zum Abträglichsten gehören, was der jungen Mutter und dem Kind überhaupt widerfahren kann, vor denen die Wöchnerin ihre Unreinheit schützt. Denn durch die Unreinheit der Wöchnerin sind die anderen Frauen ihr gegenüber erhöht, und ihrem möglichen Neid ist damit eine Hemmschwelle gesetzt.[5]

Und was sieht die junge Mutter? Die sieht natürlich dasselbe wie ich, nur sieht sie es mit anderen Augen: Sie ist die Herrin des Hauses, ihre Aufgabe ist es normalerweise, für alles zu sorgen und die Gäste zu bewirten. Doch was tut sie statt dessen? „Und ich liege hier auf der faulen Bärenhaut!" – ich meine, das ist ein Gedanke, der eine Frau belasten könnte. Doch auch vor solchen offenkundig abträglichen Gedanken steht wieder die Unreinheit der Wöchnerin: „Ich darf ja nicht, es ist mir ja verboten ..." Auf diese Weise ist sie durch ihre „Unreinheit" sowohl vor den anderen als auch vor sich selbst geschützt.

Als nächstes kommt die Rede darauf, was man im „Falle einer schweren Geburt" unternimmt. Zuerst „jagt man alle Frauen aus der Jurte der Gebärenden hinaus, da man meint, daß sich unter ihnen eine schlechte befindet und in ihr ein Schaitan sitzt." Ich denke nicht, daß wirklich „alle" Frauen aus der Jurte gejagt werden und

---

5 Dieser Absatz ist bei manchen, die das Manuskript gelesen haben, auf heftige Ablehnung gestoßen. Darum noch einmal: Ich denke, es müssen wirklich böse Gedanken sein, vor denen die Wöchnerin und das Kind in dieser entscheidenden Situation geschützt werden sollen, anders bekommt die „Unreinheit" keinen Sinn, darum auch die Bösartigkeit der Formulierung.

daß man die Gebärende völlig ohne weiblichen Beistand läßt. Ich vermute, es sind nur die überzähligen, die nicht unmittelbar zur Hilfeleistung gebraucht werden, und daß vielleicht zwei oder drei der nächsten weiblichen Angehörigen bei der Frau verbleiben. Auch bei jenem Schaitan, von dem eine der Frauen in einem solchen Fall als besessen gilt, könnte es sich um einen Gedanken des Neides handeln.

„In der Jurte versammeln sich nur Männer, um die Jurte der ganze Aul. Man schreit, schlägt mit Peitschen auf die Jurte, feuert Gewehre ab, schlägt auch die Gebärende selbst, doch nach den Worten der Erzählerinnen nur leicht, nicht schmerzhaft."

Normalerweise versammeln sich die Männer bei einer Entbindung abgesondert woanders. Doch wenn der normale Weg zu Schwierigkeiten führt, so muß ein unnormaler begangen werden (Tabubruch): Die Männer werden in der Jurte der Gebärenden versammelt, gebärden sich in der beschriebenen Art und Weise, und um die Jurte herum tobt der Rest des Auls. Das sieht so aus, als würden die Männer einige der Aktionen des Baksy vorwegnehmen. Und das Schlagen auf die Gebärende wie auch auf die Jurte zeigt die Bildlichkeit der Behausung als bergender Mutterleib. Daß die Gebärende „nur leicht, nicht schmerzhaft" geschlagen wird, erinnert an das Verhalten des Heilers in der Geschichte von KARAZIN, der seinen mit großem Schwung angesetzten Hieb unmittelbar vor dem Körper des Patienten abgefangen hatte.

Halten die Schwierigkeiten an, ruft man einen „Arzt, ... häufiger aber einen Baksy" und in besonders schwierigen Fällen sogar derer zwei. Es folgt die Beschreibung einer langen schamanischen Séance. Solche Zeremonien sind mehrfach in der Literatur beschrieben worden, wie auch oben im Text von VAVILOV. Dort war es allerdings um die Heilung einer Eßstörung am Beginn einer Schwangerschaft gegangen. Hier dagegen geht es um eine Entbindung. Ich habe hier im Buch mehrere Fälle von Entbindungen, zu denen ein Baksy hinzugezogen worden ist. In keinem hatte es eine langwierige Séance gegeben, sondern die Heiler hatten sozusagen kurzen Prozeß gemacht. Auch in anderen Texten heißt es, daß der Baksy regelrecht in die Jurte stürmt, Koilubai hatte sich dabei noch nicht einmal die Zeit genommen, vom Pferd zu steigen. Lediglich im Text von VAVILOV ließ der Baksy erst noch drei Tiere an die Jurte anbinden. Und das Zögern Bek-Seïds bei der zweiten Entbindung hatte ja nichts mit dieser Entbindung zu tun, sondern ließ sich mit der speziellen Lebenssituation Bek-Seïds begründen.

Diese Eile scheint mir auch sinnvoll zu sein, denn ich vermute, daß jede Verlängerung der Komplikationen bei einer Entbindung das Risiko insbesondere für das Kind erhöhen kann.[6] Wenn es dagegen um die Heilung von einer Eßstörung geht, um Unfruchtbarkeit oder eine sonstige Erkrankung, dann kommt es auf eine Stunde mehr oder weniger offenbar nicht an, dann wird ausgiebig auf der Kobyz gespielt und gesungen, die Kranke umkreist, und es wird getobt bis zum Morgengrauen.

Ich fürchte, daß die Autorin hier etwas durcheinandergebracht hat. Gewiß hat sie von den kasachischen Frauen gehört, daß man Baksy zu Entbindungen lädt, weil das selbstverständlich ist. Aber daß sie in diesem Zusammenhang auch von dieser Séance gehört hat, das glaube ich nicht. Vielmehr scheint sie hier etwas wiederzugeben, was sie selbst erlebt hat, dafür sprechen die Art der Beschreibung und die benutzten Vergleiche: „Dann beginnt der Baksy, unter den Klängen der Kobyz mit vibrierender Stimme ebenfalls kaum hörbar eine wilde, unfaßliche endlose Melodie zu singen – etwas wie das Stöhnen einer Äolsharfe" oder: „Nun aber erklingen die Saiten schriller, häufiger unterbricht das Röcheln und hysterische Stöhnen den Gesang, lauter und lauter erhebt sich auch die ohrenzerreißende Melodie, und plötzlich bricht sie ab." Die gleiche Empfindung habe

---

[6] Dafür könnte auch der Ablauf der Dinge bei der ersten Entbindung, bei der Bek-Seïd zugegen war, sprechen. Dort war Bek-Seïds Lehrer, der bereits bei der Gebärenden war, nicht tätig geworden, sondern er hatte nach Bek-Seïd schicken lassen, was zwangsläufig zu einer Verzögerung führen mußte. Allerdings hieß es dort von der Frau: Sie „hatte gerade entbunden. Es geschah, daß die Albasty sie zu würgen begann." Das heißt, das Kind war in dem Fall bereits geboren und damit außer Gefahr.

ich auch bei einigen Kommentaren: „Von dieser Musik und diesem Gesang in der halbdunklen Jurte wird auch dem Gesunden bang" oder: „Alles aufzuzählen, was er in dieser Zeit ausführt, ist unmöglich" – all das hat die Verfasserin bestimmt nicht von den kasachischen Frauen gehört.

Manches, was von dieser Séance berichtet wird, erinnert mich an die erste Zeremonie im Text von VAVILOV (das Beißen beispielsweise oder auch das Straucheln des Baksy, so daß er „den Umgebenden in die Arme" fällt, was mich daran denken läßt, wie sich der Baksy Kodscha auf die Anwesenden stürzte). Anderes, zum Beispiel daß der Baksy durch den Rauchöffnungsreifen aus der Jurte springt, begegnet hier erstmals. Doch da mir der Zusammenhang der Séance völlig unklar ist, will ich nicht näher auf sie eingehen.

Wenn die Nachgeburt ausbleibt, zieht man der Frau Hosen an, „setzt sie einem Burschen aufs Pferd, und er galoppiert mit ihr über Berg und Tal, begleitet vom Geschrei und Gekreisch des ganzen Auls." Der Vorgang sieht für mich wie ein Wegbringen und Abschütteln des Schadensgeistes aus, wobei die lärmenden Aulbewohner ein wenig an KARAZINs Text erinnern, wo die ebenfalls lärmenden Versammelten den Rappen über den Kasatkin trieben.

Im Falle einer Ohnmacht der Frau „reibt ihr der Baksy mit den Händen die Stirn, dann zieht er ihr die Zunge heraus, wobei er sie mit dem Ärmel oder einem Lappen faßt, und gibt ihr eine Ohrfeige", dabei „redet ihr der Baksy zu: ‚Was schlummerst du? Sprich: Ich danke Dir, Herr!'" Was das Massieren der Stirn bewirkt, weiß ich nicht. Doch daß man bei ohnmächtigen Menschen darauf zu achten hat, daß sie nicht an der eigenen Zunge ersticken, und daß man versucht, sie mit Ohrfeigen wieder zu sich zu bringen, wobei man sie anspricht, gehört auch hierzulande zum Standardwissen aus Erste-Hilfe-Kursen.

Die Aufforderung zum Dank, die man angesichts der Qualen der Frau für unangemessen halten könnte, ist nichtsdestoweniger völlig berechtigt, denn das Kind ist ja bereits geboren. Und indem der

Baksy die Frau durch die Aufforderung zum Dank eben darauf hinweist, hemmt er vielleicht Impulse bei ihr, sobald sie zu sich gekommen ist, sich gleich wieder fallen zu lassen, denn er appelliert damit an ihr Verantwortungsbewußtsein: Du hast jetzt ein Kind! Ich denke, daß das die Frau stärken könnte. Und in gleichem Sinne verstehe ich, daß der Baksy die Gedanken der Frau auf Gott lenkt: Einerseits weist es auf die sittliche Verpflichtung hin, das Rechte zu tun, andererseits ist es ein Trost, denn Gott ist der, der barmherzig ist und sich erbarmt – das sind seine häufigsten Beinamen. Und das heißt: Egal wie, es wird besser werden.

„Danach [ich vermute: im Falle, daß die bisherigen Maßnahmen nichts fruchteten] ruft die Hebamme einen Schmied samt seinen Gerätschaften. Man stellt den Amboß neben die Kranke, bringt Eisen zur Rotglut und schlägt es auf dem Amboß so, daß die Funken nach allen Seiten fliegen."

Nicht der Baksy, sondern eine „Hebamme", offenbar eine der beistehenden Frauen, holt den Schmied. Der Baksy bleibt als leitender Heiler bei der Gebärenden. Auch in anderen Texten ist davon die Rede, daß Dinge, die vom Schmied kommen, oder auch Schmiede selbst gegen Albasty eingesetzt werden. Hier sehe ich, wie das praktisch vor sich geht: Der Schmied bringt einige seiner Utensilien mit und beginnt, in der Jurte emsig zu hämmern. Ich nehme an, daß dieses Gehämmer sowie der Umstand, daß der „Schmied ... ihr das [glühende] Eisen schnell ans Gesicht" bringt, dazu führen kann, daß die Frau aus der Ohnmacht erwacht.

„Wenn die Kranke schließlich zu sich kommt, sagt sie auch wie vom Baksy gefordert worden war: ‚Ich danke, Herr.' Der Schmied gibt ihr eine stählerne oder eiserne Feile in den Mund, damit sie sie mit den Zähnen halte."

Warum ausgerechnet eine Feile? Wenn ich mir vorstelle, eine eiserne Feile mit den Zähnen halten zu sollen, so gehört das für mich zu den unangenehmsten Vorstellungen überhaupt. Doch vielleicht soll auch das bewirken, daß die Frau nicht gleich wieder wegdämmert. Daß der Heiler am Ende „reiche Geschenke" erhält, war schon mehrfach vorgekommen.

„Über sieben Tage hinweg gibt man dann der Wöchnerin Surpa zu trinken, dick bestreut mit einem Pulver aus Zimt, Ingwer, Sarbuga und Dschemdschemil ... Die Kasachen glauben, daß diese arzneiliche Surpa zum Schwitzen führt."

Zimt, Ingwer, Sarbuga, Dschemdschemil[7] – auch dazu hatte ich einiges geschrieben. Doch das alles wiederzugeben, sagte mir der Verleger, sei an dieser Stelle nicht der rechte Ort. Das sollte einer speziellen Arbeit vorbehalten bleiben. Ich akzeptiere den Rat und beende hier meine Ausführungen.

---

[7] In der deutschen Übersetzung von 1881 ist Dschemdschemil ersetzt durch Galgant. Ich vermute, daß die Autorin, die auch an anderer Stelle auf kasachische Heilpflanzen zu sprechen kommt, den Umstand der Übersetzung und Neuerscheinung ihres Artikels zu einer Präzisierung genutzt hat.

Nachwort

Von hier aus möchte ich noch einmal zurückschauen und die Funktionen, die Albasty in den einzelnen Geschichten erfüllt, zusammenfassen. In der ersten Geschichte hatten die Albasty versucht, zwei reisende Männer dazu zu verführen, etwas Unreines zu essen. Oder mit anderen Worten: Sie hatten versucht, diese Männer den Geboten des Glaubens zu entziehen.

In der zweiten und dritten Geschichte hatte sich Albasty bemüht, junge Männer durch Verführung der irdischen Welt zu entziehen; bei Pjotr Michailowitsch Kasatkin in der vierten Geschichte hatte ich den Eindruck, daß es um etwas Ähnliches gegangen war.

„Sich entziehen" hatte auch bei dem Baksy Koilubai in der fünften Geschichte eine Rolle gespielt. Dieser hatte seine Kobyz vielleicht gerade deshalb zum Wettrennen aufgestellt, um sich den „lästigen Bitten oder Provokationen der Leute zu entziehen" – so hatte ich oben formuliert. Und dieses „sich entziehen" hatte wie der nächstliegende und einfachste Weg ausgesehen (das aber nur, wenn man von allem anderen absah), womit mir die Funktion der Einäugigkeit im Bild der Albasty klar geworden war.

Auch im Lebensweg von Bek-Seïd zum Baksy in der sechsten Geschichte war Sich-entziehen-Wollen ein wichtiges Element gewesen. Und schließlich kann ich auch das Nicht-Akzeptieren der eigenen Geschlechtsidentität, wie ich es für die Frau in der achten Geschichte angenommen hatte, als ein Sich-entziehen-Wollen verstehen.

Wenn ich jetzt auf die gebärenden Frauen in zahlreichen anderen Geschichten blicke, so nehme ich an, daß eine Entbindung, die „schiefgeht", für die Gebärende zur schlimmsten körperlichen und seelischen Qual werden kann. Ich vermute daher, daß für diese Frauen Albasty etwas ganz Ähnliches sein kann wie für manche der obigen Betroffenen, nämlich die einäugige Versuchung, sich dem Elend dieser Welt durch Flucht zu entziehen.

Mit dieser nicht eben erfreulichen Aussage beenden wir unsere Reise durch die kasachische Geisterwelt. Es würde mich freuen, wenn sie dir gefallen und auch ein wenig Spaß gemacht hat. Jemand hat mal gesagt, ein Buch zu veröffentlichen, das ist so, als würde man einen dicken Brief an alle schreiben. Wenn du mir schreiben willst: meine Adresse findest du unter dem Impressum.

Ich wünsche uns allen eine gute Zeit.

Literaturverzeichnis

ANDREEV, M. S., *Tadžiki doliny Chuf*, vyp. 1 (Stalinabad 1953).
ARVIGO, Rosita, *Mein Leben als Medizinfrau*, Bergisch Gladbach 1999.
BAJALIEVA, T. D., *Doislamskie verovanija i ich perežitki u kirgizov*, Frunze 1972.
BASILOV, V. N.: „Albasty", *Istoriko-ètnografičeskie issledovanija po fol'kloru: Sbornik statej pamjati S. A. Tokareva*, Moskva 1994, S. 49-76.
BELILOVSKIJ, A. K., „Ob obyčajach i obrjadach pri rodach inorodčeskich ženščin v Sibiri i Srednej Azii", *Živaja starina* (Sankt-Peterburg), g. 4 (1894), vyp. 3-4, S. 375-390.
DIVAEV 1896: „Ètnografičeskie materialy ... sobrannye i perevedennye A. A. Divaevym", *Sbornik materialov dlja statistiki Syr-Dar'inskoj oblasti* (Taškent), t. V, S. 1-96.
DIVAEV 1899: A. A. DIVAEV, „Iz oblasti kirgizskich verovanij: Baksy, kak lekar' i koldun (Ètnografičeskij očerk)", *Izvestija Obščestva archeologii, istorii i ètnografii pri Imperatorskom Kazanskom universitete* (Kazan'), g. 15, vyp. 3, S. 307-341.
ERIKSON, Erik H., *Kindheit und Gesellschaft*, Stuttgart 1999.
Essstörungen: Therapieführer und psychodynamische Behandlungskonzepte, Wolfgang HERZOG, Dietrich MUNZ und Horst KÄCHELE (Hrg.), Stuttgart/New York 2004.
FESTER, Richard, *Sprache der Eiszeit: Die ersten sechs Worte der Menschheit*, München/Berlin 1980.
GEBSER, Jean, *Gesamtausgabe*, Bde. 1-8 (Schaffhausen 1999).
GORDLEVSKIJ, V. A., „A. A. Divaev (K 25-letiju naučnoj dejatel'nosti)", *Kazachskaja narodnaja poèzija* (*Iz obrazcov, sobrannych i zapisannych A. A. Divaevym*), Alma-Ata 1964, S. 173-174.
IBRAGIMOV, I. I., „Ètnografičeskie očerki kirgizskago naroda", *Russkij Turkestan*: Sbornik izdannyj po povodu Politechničeskoj vystavki, vyp. 2: Stat'i po ètnografii, technike, sel'skomu chozjajstvu, i estestvennoj istorii (Moskva 1872), S. 120-152.
KARAZIN: siehe KASTAN'E 1913.
KASTAN'E 1912: I. KASTAN'E, „Iz oblasti kirgizskich verovanij", *Vestnik Orenburgskago učebnogo okruga* (Orenburg), Nr. 3, S. 71-93.
KASTAN'E 1913: Titel und Zeitschrift wie die vorigen, Nr. 5, S. 149-166
KOMAROV, Petr, „Iz kirgizskich poverij", *Turkestanskie vedomostij* (Taškent), 36. Jg. (1905), Nr. 150 (11. Oktober = Nr. 2574), S. 790. .
KÖPP, W., H.-C. FRIEDRICH, S. ZIPFEL und W. HERZOG, „Medizinische Probleme bei der Behandlung von Essstörungen", *Essstörungen ...* (siehe dort), S. 128-144.
KUSTANAEV, Chudabaj, *Ètnografičeskie očerki kirgiz Perovskago i Kazalinskago uezdov*, Taškent 1894.

LILLY, John C., *Das Zentrum des Zyklons: Neue Wege der Bewußtseinserweiterung: Einsichten eines Delfinforschers und Psychonauten,* Aarau 2000.

MIROPIEV, M., *Demonologičeskie razskazy kirgizov* = Zapiski Imperatorskago russkago geografičeskago obščestva po otdelu ėtnografii (Sankt-Peterburg), t. X (1888), vyp. 3.

MORGAN, Marlo, *Traumfänger: Die Reise einer Frau in die Welt der Aborigines,* München 2000.

MUNZ, D., und A. CATINA, „Sind es wirklich nur Frauen?", *Essstörungen ...* (siehe dort), S. 261-265.

P., „Obyčai kirgizov Semipalatinskoj oblasti", *Russkij vestnik: žurnal literaturnyj i političeskij* (Moskva), t. 137 (1878), S. 22-66. Deutsch als „Einige Sitten und Gebräuche der Kirghizen im Gebiete Semipalatinsk I-III", *Globus: Illustrirte Zeitschrift für Länder- und Völkerkunde ...* (Braunschweig ...), 39. Bd. (1881), S. 90-93 und S. 109-111.

PANTUSOV, N. N., *Materialy k izučeniju kazak-kirgizskago narečija,* vyp. III: Kirgizskaja skazka o Kara-Mergene (Kazan' 1901).

POTANIN, G. N., „Kazak-kirgizskie i altajskie predanija, legendy i skazki", *Živaja starina* (Sankt-Peterburg), Jg. 1916 (1917), vyp. 2-3, S. 47-198.

POTAPOV 1995: *Leonid Pavlovič Potapovs Materialien zur Kulturgeschichte der Usbeken aus den Jahren 1928-1930,* hrg. von Jakob TAUBE, Wiesbaden.

RADLOFF I-IV: W. RADLOFF, *Versuch eines Wörterbuches der Türk-Dialecte,* Bde. I-IV (Sanktpeterburg/Leipzig 1893, 1899, 1905, 1911).

Rossija: Polnoe geografičeskoe opisanie našego otečestva, t. 19: Turkestanskij kraj, sostavil knjaz' V. I. MASAL'SKIJ (S.-Peterburg 1913).

STEPNOJ, A., „Iz poezdki v step' (Vstreči i nabljudenija)", *Turgajskaja gazeta* (Orenburg), 3. Jg. (1897), Nr. 63 (30. Mai), S. 2.

SUCHAREVA, O. A., „Perežitki demonologii i šamanstva u ravninnych tadžikov", *Domusul'manskie verovanija i obrjady v Srednej Azii,* otv. red. G. P. SNESAREV, V. N. BASILOV, Moskva 1975, S. 5-93.

TAUBE 1999: Jakob TAUBE, „V. N. BASILOV I «Duchi šamanki Momochal»", «*Izbranniki duchov» - «izbravšie duchov»: Tradicionnoe šamanstvo i neošamanizm: Pamjati V. N. Basilova* (1937-1998), otv. red. V. I. CHARITONOVA.

TAUBE 2000: Jakob TAUBE „Nahtod-Erfahrungen im Erzählgut Zentralasiens? Oder: Die Geschichte vom Jäger Kara", *Festschrift für György Kara anläßlich seines 65. Geburtstages am 23. Juni 2000 in Berlin,* ed. by Talat TEKIN, Mehmet ÖLMEZ, İstanbul/Berlin, S. 33-64.

TAUBE 2005: Jakob TAUBE, „Albasty in einer Überlieferung bei Č.Č. Valichanov", Anett C. OELSCHLÄGEL, Ingo NENTWIG, Jakob TAUBE (Hrsg.), „*Roter Altai, Gib dein Echo!": Festschrift für Erika Taube zum 65. Geburtstag,* Leipzig, S. 470-496.

Taube 2007: Jakob Taube, „Albasty und das Motiv der Vielbrüstigkeit", *The Role of Women in the Altaic World: Permanent International Altaistic Conference 44th Meeting, Walberberg, 26-31 August 2001*, ed. by Veronika Veit, Wiesbaden 2007, S. 293-305.

Toleubaev, A. T., *Relikty doislamskich verovanij v semejnoj obrjadnosti kazachov (XIX - načalo XX v.)*, Alma-Ata 1991.

Tursunov, E. D., *Genezis kazachskoj bytovoj skazki v aspekte svjazi s pervobytnym fol'klorom*, Alma-Ata 1973.

Valichanov 1904: *Sočinenija Čokana Čingizoviča Valichanova*, hrg. von N. I. Veselovskij, Sankt-Peterburg 1904. Dieses Buch habe ich nicht gesehen.

Valichanov 1961: Č. Č. Valichanov, *Sobranie sočinenij v pjati tomach*, Alma-Ata, t. 1.

Vavilov, Petr, „Vo mrake nevežestva. (Iz praktiki kirgizskich baks i dargerov)", *Turgajskaja gazeta* (Orenburg), 2. Jg. (1896), Nr. 73 (22. Mai), S. 2.

Ždanko, T. A., „Karakalpaki v naučnych issledovanijach perioda ich prisoedinenija k Rossii (1873-1874)", *Sredneaziatskij étnografičeskij sbornik*, vyp. IV: Pamjati Vladimira Nikolaeviča Basilova, otv. red. V. I. Buškov (Moskva 2001), S. 5-34.

Zedler, Johann Heinrich (Verleger), *Grosses Universallexicon aller Wissenschaften und Künste, welche bißhero durch menschlichen Verstand und Witz erfunden und verbessert worden*, Bde. 1-64 (Halle und Leipzig 1732-1750), photomechanischer Nachdruck Graz 1993-1998.

Auf folgende Arbeiten hinzuweisen ergab sich im Text keine passende Gelegenheit. Doch beide Autoren haben sich um die Kenntnis der Albasty-Gestalt auf ihre Weise verdient gemacht, darum für die interessierte Leserin, den interessierten Leser auch diese Angaben:

Johansen, Ulla, „Die Alpfrau: Eine Dämonengestalt der türkischen Völker", *Zeitschrift der Deutschen Morgenländischen Gesellschaft*, Bd. 109 (Neue Folge Bd. 34, Wiesbaden 1959), Heft 2, S. 303-316.

Marazzi, Ugo, „Su *albasti/almasti* tra demonologia e antropologia", G. Gnoli, L. Lanciotti (Hrg.), *Orientalia Iosephii Tucci memoriae dicata*, Roma 1987, S. 825-852.

Wortraum - Natur IV
Jakob Taube
Albasty - Kindbettdämonin und Vamp bei den Kasachen
Allgemeiner Teil

© für dieses Buch: Wortraum - Edition,
Huy-Neinstedt 2008
www.wortraum-edition.de

Alle Rechte der Verbreitung und Verarbeitung
sind vorbehalten.
Herausgegeben von Olaf Wegewitz
Herstellung und Satz: druckwerkstatth. 0391. 72 72 6 33
Umschlaggestaltung: Olaf Wegewitz
Printed in Germany

ISBN: 978-3-936174-10-6

Jakob Taube
Am Festanger 3
04416 Markkleeberg

Die Bücher von Wortraum-Edition dienen der Verbreitung wichtiger Texte. Wortraum-Natur erscheint unregelmäßig.